"Aider les Âmes"
et tout soumettre
à cette fin

Récit

IGNACE DE LOYOLA

Récit

écrit par le Père Louis Gonçalves
aussitôt qu'il l'eut recueilli
de la bouche même du Père Ignace

suivi d'une lettre du Père Jacques Lainez s.j. (1547)

Traduction par Antoine Lauras s.j.
Introduction, notes et index par Jean-Claude Dhôtel s.j.

COLLECTION CHRISTUS N° 65
Textes

DESCLÉE DE BROUWER
BELLARMIN

Imprimi potest Paris, le 4 décembre 1987
Jacques Gellard, s.j.
Imprimatur Paris, le 13 décembre 1987
Mgr E. Berrar, v.é.

76 *bis*, rue des Saints-Pères, 75007 Paris
ISBN 2-220-02686-8 Desclée de Brouwer
ISBN 2-89007-510-9 Bellarmin
ISSN 0985-6455

ABRÉVIATIONS

MHSI	*Monumenta Historica Societatis Jesus*, documents historiques de la Compagnie de Jésus, publiés par l'Institut Historique de la Compagnie de Jésus à Rome.
FD	*Fontes documentales de S.Ignatio de Loyola*, édités par Candido de Dalmases s.j., MHSI, Rome 1977.
FN	*Fontes narrativi de S.Ignatio de Loyola et de Societatis Jesu initiis*, 4 volumes, MHSI, Rome, 1943-1965.
Câmara *Mem.*	*Memoriale seu diarum Patris Ludovici Gonzales da Câmara*. FN I, pages 508-752. Cité dans la traduction de Roger Tantonnet s.j., collection Christus n° 20, Desclée de Brouwer, Paris 1966.
Polanco *Sum.Hisp.*	*Summarium hispanum de origine et progressu Societatis Jesu, auctore P.Joanne de Polanco*, 1547-1548. FN I, pages 146-256.
Lainez *Lettre*	*Epistola Patris Lainez* (1547), FN I, pages 54-145. Traduite en annexe du présent volume, par Antoine Lauras, s.j.
Ribadeneira *Vita*	*Vita Ignatii Loyolae, auctore Pedro de Ribadeneira*, FN IV.
Epist.Ign.	*Epistolae ignatianae*, MHSI, Madrid, 1903-1911, 12 volumes. Citées le plus souvent dans : Dumeige, *Lettres. Lettres de saint Ignace*, traduites et commentées par Gervais Dumeige, s.j., collection Christus, Desclée de Brouwer, 1959. Rahner, *Ignace. Ignace de Loyola et les femmes de son temps*, par Hugo Rahner, 2 volumes, collection Christus n° 13, Desclée de Brouwer, 1964.
Const.	Saint Ignace, *Constitutions de la Compagnie de Jésus*, volume I, Traduction, notes et index par François Courel s.j., collection Christus n° 23, Desclée de Brouwer, 1967.

Ex.spir.	Ignace de Loyola, *Exercices spirituels*. Traduction du texte Autographe par Edouard Gueydan, s.j. en collaboration, collection Christus n° 61, Desclée de Brouwer, 1986.
Chron.	*Chronicum Polanci. Vita Ignatii Loyolae et rerum Societatis Jesu historia, auctore Joanne de Polanco*, MHSI, 1894-1898, 6 volumes.
Favre, *Mem.*	Bienheureux Pierre Favre. *Mémorial*. Traduit et commenté par Michel de Certeau s.j., collection Christus n° 4, Desclée de Brouwer, 1959.
Journal	*Saint Ignace, Journal spirituel*. Traduit et commenté par Maurice Giuliani s.j., collection Christus, Desclée de Brouwer, 1959.
AHSI	*Archivum Historicum Societatis Jesu*. Revue éditée à Rome par l'Institut historique de la Compagnie de Jésus.
BAC	Biblioteca de Autores Cristianos, Madrid.
CIS	Publications du *Centrum Ignatianum spiritualitatis*, Rome.

Introduction

Le récit qui nous a été transmis sous le titre *Acta Patris Ignatii*[1] a été raconté par saint Ignace, entre 1553 et 1555, au Père Louis Gonçalves da Câmara. Il répondait à la demande de plusieurs compagnons de son entourage dont le Père Jérôme Nadal s'était fait le porte-parole.

La requête est ainsi formulée par Nadal dans la préface qu'il a rédigée après la mort d'Ignace : « Sachant que les saints Pères fondateurs d'un institut monastique avaient coutume de donner à leurs fils, en guise de testament, quelques avis qu'ils estimaient pouvoir les aider pour parvenir à la perfection de la vertu, je cherchais le moment où je pourrais opportunément demander la même chose au Père Ignace. » Ce moment lui paraît venu un jour de l'année 1551 : « Je prie et supplie le Père de bien vouloir nous exposer la manière dont le Seigneur l'avait dirigé depuis le début de sa conversion, afin que cette relation puisse tenir lieu pour nous de testament et d'enseignement de notre père. »

L'intention est claire : vers la fin de sa vie, les compa-

1. Les précédentes traductions françaises d'E. Thibaut (1922), A. Thiry (1956), A. Guillermou (1962) ont pour titre *Le récit du pèlerin* et *Autobiographie*. Le premier paraît être une interprétation, le second ne correspond pas à l'intention d'Ignace. Nous avons préféré un titre plus neutre, qui qualifie seulement le genre littéraire par rapport aux autres écrits de saint Ignace, en le faisant suivre d'un sous-titre traduit de celui des *Acta Patris Ignatii* : « Récit écrit par le Père Louis Gonçalves da Câmara aussitôt qu'il l'eut recueilli de la bouche même du Père Ignace. »

gnons ont demandé au fondateur de la Compagnie de Jésus un testament spirituel en forme de récit. Toujours selon Nadal, « c'était fonder vraiment la Compagnie[2] ». Celle-ci, en effet, ne repose pas seulement sur les actes de sa reconnaissance officielle par l'Église (27 septembre 1540) et sur les Constitutions qu'elle s'est données, mais aussi sur l'expérience personnelle de son fondateur, dont les compagnons, au long des âges, auront à recueillir l'esprit.

Ignace a d'abord hésité : « Il ne pouvait y consacrer ni son attention ni son temps. » Cependant, dès 1551, il promettait de le faire. Deux ans vont s'écouler où les affaires de la Compagnie, particulièrement abondantes et préoccupantes, auront la priorité. Il n'a pas oublié pour autant la promesse faite à Nadal. Sans doute l'a-t-il réfléchie et, selon son habitude, présentée à Dieu dans sa prière. Il n'était pas retenu par la crainte de la vaine gloire qu'il avait surmontée depuis longtemps déjà : il ne répugnait pas, pour la seule gloire de Dieu et l'aide de son prochain, à raconter les grâces qu'il avait reçues ni même, pour souligner le contraste, les dérèglements de sa jeunesse. La lettre de Jacques Lainez à Jean de Polanco (1547), dont nous avons cru intéressant de publier la traduction à la fin de ce volume, en est une des nombreuses preuves. Ces deux ans sont donc moins un temps d'hésitation que de maturation du projet.

Selon Louis Gonçalves da Câmara, c'est le 4 août 1553 qu'Ignace prit la décision de le mettre à exécution. Après une conversation sur le thème de la vaine gloire, « alors qu'il mangeait avec Maître Polanco et moi, notre Père dit que bien souvent Maître Nadal et d'autres de la Compagnie lui avaient demandé une chose et qu'il ne s'y était jamais décidé ; mais que, après avoir parlé avec moi et s'être recueilli dans sa chambre, il avait eu une grande dévotion et inclination à le faire et s'y était totalement décidé. Il parlait d'une manière qui montrait que Dieu lui avait clairement fait voir qu'il devait le faire. Cette chose, c'était de révéler tout ce qui s'était passé

2. Préface du Père Gonçalves da Câmara, n° 4.

dans son âme jusqu'à ce jour. Il avait aussi décidé que je serais celui à qui il découvrirait ces choses ».

Le résultat est un récit dont l'apparente facilité de lecture ne doit pas faire illusion. Au cours de rencontres échelonnées sur un an, nous l'avons relu, paragraphe par paragraphe, dans un petit groupe de travail[3], relevant à mesure les nombreuses difficultés et questions qu'il nous posait. Dans cette introduction, il suffit de les rassembler sous trois chefs : le rédacteur a-t-il exactement traduit l'expression du narrateur ? Les événements rapportés par Ignace à plusieurs années de distance répondent-ils à la requête d'un « testament » ? Enfin, dans quelle mesure Ignace a-t-il transmis ou voulu transmettre son expérience personnelle ?

Le rédacteur

Après avoir réfléchi et prié, Ignace a donc choisi Louis Gonçalves da Câmara. Nous connaissons assez bien ce Portugais myope et bredouillant qui, après d'excellentes études à Paris, était entré dans la Compagnie de Jésus en 1545. Il avait déjà exercé des responsabilités importantes, notamment comme recteur du grand collège de Coïmbre, lorsqu'il fut appelé à Rome en 1553 et nommé ministre de la maison, c'est-à-dire responsable de l'organisation matérielle et de la discipline religieuse. A ce titre, il avait des entretiens quotidiens avec Ignace et faisait partie de ses commensaux habituels. Cette familiarité le conduisit, avec l'accord d'Ignace, à noter, de janvier à octobre 1555, tout ce qu'il voyait et entendait du maître : c'est son *Mémorial*, écrit en espagnol pendant son séjour à Rome et complété en portugais quelques années

3. Ce groupe était composé de Dominique Bertrand, Adrien Demoustier, Maurice Giuliani, Jean-Claude Guy, André Ravier et moi-même, tous jésuites. Sauf Jean-Claude Guy, décédé depuis, les mêmes ont accepté de revoir et de corriger les notes qui accompagnent la traduction d'Antoine Lauras. Je profite de cette note pour leur exprimer ma profonde reconnaissance.

plus tard[4]. Cette œuvre témoigne de son souci de l'exactitude allant jusqu'à la méticulosité, de son excellente mémoire, reconnue par plusieurs témoins comme Polanco et Nadal, et aussi de son admiration sans borne pour la personne d'Ignace.

Il a donné dans sa préface de précieux renseignements sur la manière dont le *Récit* a été rédigé. Ignace n'en a pas dicté le texte, ou plutôt, il l'a fait au sens ancien du verbe *dicter* : parler à haute voix de manière à ce qu'un autre puisse écrire. Ignace « dictait en marchant », confirme Câmara (préface n° 5), faisant confiance à son interlocuteur et à sa mémoire et s'en remettant à lui du soin de la rédaction. Immédiatement après chaque entretien, celui-ci allait le résumer « en points ». Dans la technique de l'enseignement, les *points* sont des notes brèves prises pendant le cours et destinées à soutenir la mémoire en vue d'un développement ultérieur. Ils étaient, dit Câmara, écrits « de sa main », ce qui laisse entendre que le développement était « dicté » à un secrétaire. La chose est probable pour la partie rédigée en espagnol, à cause de la myopie très prononcée de Louis Gonçalves ; elle est certaine pour le dernier quart du récit, rédigé après son départ de Rome, le 23 octobre 1555 : « N'ayant pas à Gênes de secrétaire espagnol, j'ai dicté en italien ce que j'avais apporté de Rome sous forme de points. » Le tout était achevé en décembre 1555.

Il n'existe aucune preuve qu'Ignace ait lu ce manuscrit ; certainement pas la partie italienne, mais même le texte espagnol. Une incise de la préface est curieuse : Louis Gonçalves allait résumer ce qu'il avait entendu « sans en rien dire au Père ». Pourquoi ? Nous l'ignorons.

Que pouvons-nous conclure sur cette manière de procéder ? Le rédacteur nous a fait part de son souci d'exactitude : « Je me suis efforcé de ne mettre aucun mot que je n'aie entendu du Père. Ce sur quoi je crains d'avoir failli, c'est

4. Il a été traduit et présenté par Roger Tandonnet s.j., dans la collection Christus, Desclée de Brouwer, Paris, 1966. On lira avec intérêt le portrait de l'auteur, notamment aux pages 26-28 de l'introduction.

lorsque, pour ne pas m'écarter des paroles du Père, je n'ai pas pu bien faire passer la force de certains mots. » Nous en prenons volontiers acte, sachant qu'au XVIe siècle, la mémoire enregistrait plus facilement que de nos jours la parole entendue, surtout lorsque celle-ci était conforme aux règles d'un genre littéraire connu. A fortiori la mémoire de Louis Gonçalves, réputée excellente. D'ailleurs, la comparaison avec des documents antérieurs au récit permet de constater que les erreurs, de dates en particulier, sont minimes et peuvent être attribuées aussi bien à Ignace qu'à son confident ; elle révèle au contraire que, dans l'ensemble, le récit est conforme à l'histoire.

Mais l'exactitude historique est secondaire dans un écrit dont le but est de raconter un itinéraire de l'âme pour servir « de testament et d'enseignement » aux compagnons. En dépit des protestations de Louis Gonçalves, sommes-nous certains d'y recueillir les paroles mêmes d'Ignace ? Sans parler des notes marginales, écrites postérieurement et peut-être destinées à une nouvelle rédaction, si l'on retrouve aisément le vocabulaire spécifique du fondateur, il arrive aussi de rencontrer çà et là des expressions qui semblent relever plutôt du style hagiographique, qui seraient surprenantes dans la bouche d'Ignace et qui pourraient trahir l'admiration révérentielle que Louis Gonçalves lui portait[5].

Il ne s'agit cependant que de détails. Plus importante est la question posée par la distance entre l'Ignace des années 1553-1555 et l'Iñigo de Loyola des années 1521-1538[6].

---

5. Faut-il imputer à cette admiration l'excessive discrétion des premières lignes du *Récit*, alors qu'Ignace avait commencé en racontant « toute sa vie et ses écarts de jeune homme, d'une manière claire, distincte et avec toutes les circonstances » (préface de Câmara, n° 2). Cette omission, assurément regrettable pour nous, peut s'expliquer, sans que nous sachions qui en a pris l'initiative, par la teneur même de la demande exprimée par Nadal : « nous exposer la manière dont le Seigneur l'avait dirigé *depuis sa conversion* » (préface de Nadal, n° 2. C'est nous qui soulignons). Quoi qu'il en soit, selon les experts, aucun manuscrit ne porte la trace d'une mutilation postérieure.

6. Dans les notes qui accompagnent le texte, nous avons essayé de marquer cette distance en nommant *Ignace* le narrateur, et *Iñigo* le

Le narrateur

Le récit, commencé en août ou septembre 1553, a été interrompu après trois ou quatre rencontres. Ensuite, « le Père s'est sans cesse excusé en raison de certaines maladies et d'affaires qui survenaient », écrit Câmara.

D'après la correspondance de Polanco, on sait que, de la fin septembre jusqu'en janvier 1553, Ignace a été presque constamment malade. Ce qu'il appelle des maux d'estomac étaient en réalité des crises longues et très douloureuses dues à la lithiase biliaire, comme on le découvrit après sa mort. Après un bref répit en janvier et février, l'année 1554 fut pire encore. Polanco dut proposer en avril qu'une « consulte générale de la Compagnie » soit créée pour traiter des affaires importantes qui se multipliaient. Après le retour d'Espagne de Jérôme Nadal, en octobre, Ignace lui-même décida que tous les prêtres présents à Rome élisent un Vicaire général pour le seconder dans le gouvernement de la Compagnie ; c'est Nadal qui fut élu le 1er novembre. L'année suivante fut dans l'ensemble moins préoccupante pour la santé d'Ignace : il put reprendre le cours de son récit le 9 mars 1555 jusqu'à la maladie du pape Jules III, qui mourut le 23. Après une nouvelle interruption, il ne fut achevé qu'en septembre et octobre[7].

Avec la maladie, les « affaires » ont retardé la poursuite et l'achèvement du récit. On peut également se demander si les soucis immédiats qu'elles ont entraînés n'ont pas infléchi sur des points particuliers la portée du testament que saint Ignace entendait léguer à ses compagnons. Une rapide enquête sur l'état de la Compagnie de Jésus durant les dernières années de son généralat est donc utile.

Plusieurs de ceux qu'on appelait les « primi Patres » sont morts : le bachelier Hocès, recruté à Venise et « le premier

---

« pèlerin », du moins jusqu'à son départ de Paris, en 1535, époque où il s'est appelé Ignacio.

7. Sur la santé d'Ignace, voir A. Ravier s.j., *Les chroniques saint Ignace de Loyola*, Nouvelle Librairie de France, 1973, p. 177, 190-191.

qui mourut » en 1538[8], Jean Codure en 1541, Pierre Favre en 1546, Claude Jaÿ en 1552 ainsi que François Xavier, dont on n'apprendra la mort qu'en 1554. Parmi les témoins des premiers temps et co-fondateurs de la Compagnie, il ne reste que Jacques Lainez, Alphonse Salmeron, Simon Rodriguez, Nicolas Bobadilla et Paschase Broët.

La Compagnie s'est développée, surtout au Portugal, en Espagne et en Sicile : on approche du millier de membres. Mais la demande est forte pour les missions lointaines : Indes, Japon, Brésil, Congo et, récemment, Éthiopie — tandis que la multiplication des collèges tend à immobiliser de nombreux sujets de la Compagnie. L'afflux de vocations atteste sa bonne renommée mais pose de graves problèmes : la formation n'est pas partout assurée avec le sérieux qu'elle requiert et, si on enregistre beaucoup d'entrées, il y a aussi beaucoup de sorties et de renvois... Surtout, comment maintenir l'esprit originel alors que les Constitutions ne sont pas encore connues ? Le flou des institutions oblige Ignace et Polanco à entretenir une vaste correspondance : on y décèle la grande liberté spirituelle d'Ignace et son désir de donner le maximum d'initiative aux supérieurs locaux, en même temps que de multiples interventions sur des points de détails. Parmi ceux-ci, les questions de pauvreté retiennent particulièrement l'attention de Rome, soit qu'il y ait tendance au relâchement, soit que la misère de certaines maisons ou collèges paralyse l'apostolat. Les questions d'argent tiennent une grande place dans cette correspondance...

La pauvreté et l'obéissance. La crise générale de croissance a pris un tour aigu au Portugal en ces années 1552-1554. Dès 1540, le roi Jean III avait demandé des compagnons pour partir aux Indes et Ignace avait envoyé Simon Rodriguez et François Xavier. Seul ce dernier prit la mer. La Compagnie connut alors un extraordinaire développement au Portugal qui fut la première Province créée par Ignace en 1546 tandis qu'il nommait à sa tête Simon Rodriguez. Il y avait alors quatre-vingts scolastiques de la Compagnie au collège de

8. *Récit*, n° 92.

Coïmbre, on en comptait cent cinquante en 1551. La ferveur y était grande, mais son expression indiscrète et peu conforme à l'esprit de la Compagnie : flagellations publiques, invitations à la pénitence au cours de processions nocturnes, etc. Dès 1547, Ignace écrivait à ces jeunes une lettre affectueuse où il cherchait à modérer les ardeurs, encourageait aux études et à l'obéissance, montrait que le temps des études a par lui-même un sens apostolique. Une seconde lettre suivit en 1548, centrée sur l'obéissance, et une troisième en 1553, adressée cette fois « aux Pères et aux Frères du Portugal », la fameuse *Lettre sur l'obéissance*[9]. La sérénité des instructions d'Ignace ne doit pas masquer la gravité de la crise. Simon Rodriguez, tout en multipliant les protestations d'humilité dans sa correspondance, donnait des marques de sa versatilité et de son indépendance ; vivant la plupart du temps à la cour, l'esprit religieux se relâchait en lui à tel point que, recevant les plaintes de plusieurs, Ignace prit en 1551 la décision de le remplacer à la tête de la Province. L'année suivante, la crise éclatait au grand jour : on prenait partie, à l'extérieur et à l'intérieur de la Compagnie, pour ou contre le Préposé général. A Lisbonne, le bruit courut d'une dissolution de la Compagnie au Portugal et, à Rome, Ignace envisagea d'expulser Simon, l'un des premiers compagnons ! Il y eut alors beaucoup de défections et de renvois : en 1553, il ne restait plus que quatre-vingts personnes au collège de Coïmbre. Il fallut beaucoup de temps à Jérôme Nadal, envoyé sur place, pour remettre de l'ordre et ramener la confiance en promulguant les Constitutions.

L'Espagne n'a pas connu la même crise, mais des excès semblables étaient signalés parmi les étudiants de la Compagnie : un important mouvement se dessinait en faveur des oraisons prolongées au détriment des études. Or Ignace, qui n'avait pas fixé de règles pour les profès, avait limité à une heure le temps que les scolastiques devaient consacrer aux exercices de piété. Mais, au cours de sa visite en Espagne, Nadal s'était laissé persuader et voulait concéder une demi-

9. Dumeige, *Lettres*, p. 121-132, 149-154, 295-306.

heure supplémentaire. Grande fut la colère d'Ignace en apprenant la chose[10]...

Deux exemples, entre autres, des menaces que faisait peser sur l'Ordre le flou des institutions au temps où Ignace livrait son testament : on peut en trouver des traces dans le *Récit*... D'autres venaient du dehors, d'Espagne et de Paris en particulier.

Une violente campagne était menée par l'archevêque de Tolède, Jean Siliceo, orchestrée par le dominicain Melchior Cano : ils dénonçaient des traces d'illuminisme et des erreurs théologiques dans les *Exercices spirituels*. Par souci de paix, le Provincial de Castille était prêt à modifier les passages incriminés. Fort de l'approbation pontificale donnée en 1548, Ignace entendait maintenir le texte en l'état, demandant de mieux en expliquer le sens.

Plus sérieuse était la menace venue de Paris, à cause de la gravité des accusations et de leur retentissement possible dans les autres pays d'Europe. Un petit groupe avait été envoyé à Paris mais, pour avoir une existence légale, la Compagnie de Jésus devait obtenir sa « naturalisation ». Par lettres patentes, Henri II avait autorisé ses membres « à construire une maison ou un collège en la ville de Paris, pour y vivre selon leurs règles et leurs statuts », lettres que le Parlement avait refusé d'enregistrer, en appelant à la faculté de Théologie pour trancher le différend. Celle-ci promulguait le 1er décembre 1554 un terrible décret qui reprochait à la Compagnie son nom insolite, d'admettre des sujets sans discrimination, de ne pas se distinguer des prêtres séculiers, de ne pas se soumettre aux pratiques des autres ordres religieux, de profiter de ses privilèges pour se soustraire à l'autorité des évêques, etc. Elle menaçait, si la Compagnie demandait un ordre du pape pour développer son action en France, d'en appeler au concile[11]...

Enfin, si les rapports difficiles entre le cardinal Jean-Pierre Carafa et Ignace n'eurent pas de conséquences graves avant

10. Câmara, *Mem.*, nos 196, 256.
11. *Chron.*, tome V, nos 702-704.

la mort de ce dernier, l'élection du cardinal au Souverain Pontificat, le 23 mai 1555, laissait planer une nouvelle menace sur les dernières années du généralat[12].

Si la maladie ne paraît pas avoir influencé de manière perceptible la substance du récit, certains passages en revanche — rapport complexe d'Iñigo à l'argent, longues descriptions des procès, recours aux plus hautes autorités ecclésiastiques, justification des *Exercices spirituels*, etc. — trahissent parfois les soucis immédiats provoqués par les différentes « affaires » des années 1553-1555 et semblent relever davantage d'une intention apologétique que d'une disposition testamentaire. Cependant, l'étude du texte montre qu'Ignace n'a jamais perdu de vue la demande qui lui était faite. Lire le *Récit* comme un testament n'est pas une simple hypothèse de travail, mais un guide sûr de lecture, comme il apparaît d'abord dans la composition de l'ensemble, puis dans une rapide analyse des principaux thèmes.

Un testament : sa composition

Le lire « comme un roman » peut donner à penser que nous avons affaire à un récit linéaire qui n'aurait rien à voir, par exemple, avec la majestueuse architecture des *Constitutions*. On imagine le vieillard égrenant ses souvenirs en se laissant porter par le cours des événements qu'il a vécus... C'est mal le connaître. Ignace est un homme pour qui la parole a du poids, qui se contrôle sans cesse et contrôle ce

12. « Me trouvant un jour de l'Ascension, qui fut le 23 mai 1555, dans une même chambre avec le Père, lui appuyé sur le bord de la fenêtre et moi assis sur une chaise, nous entendîmes une cloche donner le signal de l'élection du nouveau pape, et aussitôt après arriva le message que l'élu était ce même cardinal théatin qui s'appela Paul IV ; à cette nouvelle, le Père éprouva une notable commotion et altération du visage et, comme je le sus plus tard, ou de lui-même ou de Pères anciens auxquels il le raconta, tous ses os en furent ébranlés. Il se leva sans dire une parole et entra pour faire oraison dans la chapelle ; et peu après il en sortit, aussi joyeux et aussi content que si l'élection avait été grandement conforme à son désir » (Câmara, *Mem.*, n° 93).

division du récit : 3 blocs

qu'il dit : ses contemporains ont souvent relevé ce trait caractéristique. Peu soucieux du style, tout comme son secrétaire, il a fait une œuvre littéraire au sens fort du mot, mûrement et, pourrait-on dire, savamment composée, une œuvre dont la finalité est constamment présente à son esprit.

Lorsqu'en 1731, les Pères bollandistes ont publié la version latine du Père Annibal du Coudray, ils l'ont divisée en onze chapitres et cent un numéros[13]. Ces repères sont commodes. Même si les paragraphes sont d'inégale longueur, le milieu du récit se situe au début des numéros cinquante.

Nous y lisons : « Une fois que ledit pèlerin comprit que c'était la volonté de Dieu qu'il ne se trouve pas à Jérusalem, il en vint à se demander sans cesse en lui-même : *quid agendum* ? A la fin, il inclinait davantage à étudier quelque temps pour pouvoir aider les âmes et décidait d'aller à Barcelone » (n° 50)... « Arrivé à Barcelone, il fit part de l'inclination qu'il avait d'étudier à Isabel Roser et à un certain maître Ardevol » (n° 54)... « Revenu à Barcelone, il commença à étudier avec grande diligence » (*ibid*).

Voilà le milieu du récit. Voilà aussi la décision qui divise en deux parties l'itinéraire du pèlerin depuis la blessure de Pampelune jusqu'à son arrivée à Rome avec les compagnons. Il y aura un avant et un après, parce que l'après ne sera plus comme avant.

Que lirons-nous *avant* ? La première partie du *Récit* est divisée en trois blocs de dimensions égales :

1. Dix-huit numéros (1 à 18) — Pampelune, Loyola, Montserrat — sont dominés par la figure du chevalier servant. Au numéro 8, à peu près au milieu de ce bloc, est mentionnée la première décision du néophyte : « Aller à Jérusalem nu-pieds. » C'est un projet de pèlerinage, puisqu'il se

---

13. Dans cette nouvelle traduction, nous avons gardé le repère des numéros, mais nous n'avons pas jugé utile de reprendre la division en chapitres. Nous avons remplacé cette division en aérant le texte par des titres qui indiquent les principales étapes de l'itinéraire.

demande plus loin (n° 12) ce qu'il fera « après être revenu de Jérusalem afin de vivre toujours dans la pénitence ».

2. Dix-sept numéros (19 à 35) ont pour cadre le village de Manrèse. L'« enseignement » qu'Iñigo a reçu de Dieu n'a pas remis en question la décision d'aller à Jérusalem, mais en a modifié l'intention. Il ne s'agit plus d'un pèlerinage qui inaugurera une vie de pénitent. Il dira au n° 45 : « Il avait le ferme propos de *rester* à Jérusalem en visitant constamment ces Lieux Saints ; et il avait aussi le propos, en plus de cette dévotion, d'aider les âmes. » Il est légitime de penser que ce double « propos » a pris naissance à Manrèse. C'est là en effet qu'il s'est attaché à la personne du Christ notre Seigneur, alors que la période précédente avait été plutôt dominée par le propos d'imiter les saints. Quant au désir d'« aider les âmes », il est apparu dès Loyola où, vers la fin de sa convalescence, s'entretenant avec les gens de la maison « il faisait du bien à leurs âmes » (n° 11) ; mais c'est à Manrèse qu'il a pris consistance : « Il s'occupait à aider quelques âmes » (n° 26) ; il voyait « le fruit qu'il faisait dans les âmes en s'en occupant » (n° 29). « Aider les âmes » est devenu l'objectif de sa vie et le thème va courir jusqu'à la fin du récit, motivant toutes les décisions à venir.

3. Dix-neuf numéros (35 à 54) décrivent le voyage à Jérusalem, aller et retour. Les deux premiers tiers de cette première partie ont été consacrés à la formation et à la transformation progressive d'Iñigo. Le dernier tiers est tout entier d'action : il met à exécution son désir. Mais, à mi-chemin (n° 46), c'est l'impasse : le Provincial des franciscains lui interdit de rester à Jérusalem et lui donne l'ordre de repartir avec les autres pèlerins. Ce qu'Iñigo interprète en deux temps : « Ce n'était pas la volonté de Dieu qu'il restât en ces Lieux Saints » (n° 47, formulation négative) ; « C'était la volonté de Dieu qu'il ne se trouve pas à Jérusalem » (n° 50, formulation positive).

La décision d'entreprendre des études marque une rupture dans la vie d'Ignace, mais la permanence de l'objectif assure sa continuité : « étudier pour aider les âmes ». L'entrée dans le monde des études — et des étudiants — va exiger

COMPOSITION DU RÉCIT

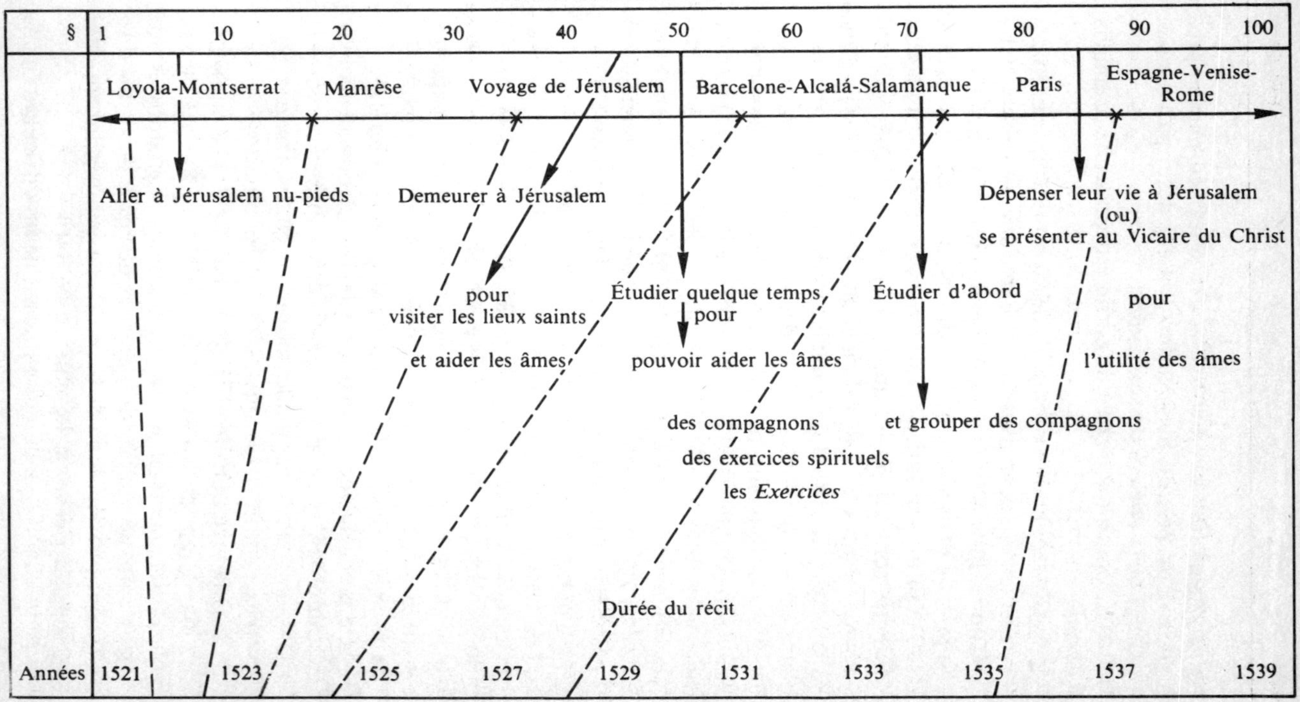

une longue formation et une nouvelle transformation progressive du pèlerin. Sa vocation s'inscrit désormais dans la culture et la société de son temps.

C'est pourquoi la seconde partie est construite comme la première :

1. Dix-sept numéros (54 à 71) décrivent le temps des études en Espagne, successivement à Barcelone, Alcalá et Salamanque. Iñigo apprend à étudier, non sans mal, mais donne la priorité dans son récit à l'aide des âmes. Une fois encore son désir est contrarié : les sentences des procès qui lui sont intentés sont des portes qui se ferment ; à Alcalá, « on lui fermait la porte à l'aide à donner aux âmes » (n° 63) ; à Salamanque, « la porte lui semblait fermée pour qu'il soit utile aux âmes » (n° 70). D'où la décision d'aller à Paris.

Mais entre-temps, deux thèmes nouveaux sont introduits, qui vont composer avec le premier (aider les âmes) comme des moyens en vue de la fin : le thème des compagnons, dès le temps de Barcelone (n° 56), est confirmé au moment de son départ pour Paris : « Les mêmes désirs ne lui manquaient pas d'être utile aux âmes et, à cet effet, d'étudier d'abord, de réunir quelques hommes ayant le même dessein que lui et de garder ceux qu'il avait » (n° 71). Le second thème est celui des exercices spirituels : dès Alcalá, « il s'exerçait à donner des exercices spirituels et à expliquer le catéchisme » (n° 57), tandis qu'à Salamanque, il est question de « papiers » remis aux juges pour être examinés, et ils sont nommés pour la première fois : « C'était les *Exercices* » (n° 67).

Ce premier bloc est marqué par des affrontements avec les autorités, qui provoquent un débat intérieur : entre la fin — aider les âmes — et les moyens — études, compagnons, exercices spirituels — quelles seront les priorités ?

2. Quatorze numéros (73 à 86) seulement sont consacrés au long séjour parisien (sept ans). C'est que tous les thèmes ont été introduits, il ne reste qu'à les mettre en ordre. Priorité est donnée aux études, reprises depuis le début : « Il se trouvait très dépourvu de bases. Il étudiait avec les enfants, en suivant l'ordre et la manière de Paris » (n° 72). Après quelques mois tumultueux en raison de ses difficultés finan-

cières et de son zèle apostolique, sa vie s'organise et il renonce provisoirement à l'objectif premier de sa vie : « Je ne parle à personne des choses de Dieu ; mais le cours achevé, nous retournerons à nos habitudes » (n° 82).

Cependant, le groupe se forme de ceux qui vont avec lui fonder la Compagnie de Jésus. C'est à eux et, semble-t-il, à eux seuls qu'il réserve les exercices spirituels : « A cette époque (depuis octobre 1529) il fréquentait Maître Pierre Favre et Maître François Xavier, qu'il gagna ensuite au service de Dieu par le moyen des Exercices » (n° 82).

A la fin, il dresse le bilan des sept années parisiennes : il a « terminé le cours des Arts, étudié la théologie pendant quelques années, et aussi gagné les compagnons » (n° 85). Le temps de l'action est venu, il est décidé d'un commun accord. C'est alors que le thème de Jérusalem est réintroduit avec éclat : les compagnons décident « d'aller à Venise et à Jérusalem et de dépenser leur vie pour être utile aux âmes ». Mais il y est mis comme une sourdine, au cas où le départ serait impossible. Dans ce cas, ils iraient « se présenter au Vicaire du Christ pour qu'il les emploie là où il jugerait que ce serait davantage à la gloire de Dieu et plus utile pour les âmes » (n° 85).

3. Comme le dernier tiers de la première partie, le dernier bloc de quinze numéros (87 à 101) est une époque d'action et de pérégrinations dont le but est Jérusalem et qui va aboutir à Rome, lieu de naissance de la Compagnie de Jésus.

Revenant au point de départ, elle commence dans la patrie d'Ignace : il se rend en Espagne pour soigner sa santé et « arranger les affaires » des compagnons avec leurs familles (n° 85). L'action d'Ignace prend une dimension sociale par une série de réformes qu'il impose aux habitants d'Azpeitia.

Il va ensuite à Venise où les compagnons viennent le rejoindre. Mais, l'espoir de Jérusalem s'éloignant à cause de la guerre, le processus de rechange est mis en place : les compagnons se répartissent dans la région de Venise et regardent vers Rome. Nouveau retour au passé pour Ignace : « Quand il commença à se préparer au sacerdoce, et quand il se préparait à dire la messe, pendant tous ses voyages, il eut de grandes visites surnaturelles, du genre de celles qu'il avait habituellement quand il était à Manrèse » (n° 95).

Aux portes de Rome, en guise de confirmation, Dieu lui-même appose comme sa signature conjointe au testament d'Ignace : « Il vit clairement que Dieu le Père le mettait avec le Christ son Fils » (n° 96).

Ainsi avons-nous la conviction que le *Récit* est une œuvre construite. L'objection, cependant, ne peut être éludée : de cette construction, c'est nous, lecteur, qui décidons. Nulle part, Ignace n'a annoncé un plan, nulle part il n'a même manifesté l'intention de répondre à la demande qui lui était faite. Le seul indice est à la fin du récit : « Le même jour, avant le souper, il m'appela avec l'air d'une personne qui était plus recueillie qu'à l'ordinaire. Il me fit une espèce de déclaration qui, en substance, consistait à manifester quelles étaient l'intention et la simplicité avec lesquelles il avait raconté ces choses, disant qu'il était bien certain qu'il ne raconterait rien de plus » (n° 100). Rien de plus : ce qu'il a dit suffit. D'autres pourront compléter : Lainez, sur ce qui s'est passé à La Storta (n° 96), Nadal, sur les « autres choses » qui se sont produites à Rome (n° 98). Quant à lui, il avait une « intention », même si nous regrettons que Câmara ne précise pas davantage, et il l'a exécutée avec « simplicité », c'est-à-dire en ne racontant que ce qu'il avait prévu. Pour le reste, il s'est conformé au genre littéraire ; or l'auteur d'un récit n'annonce pas son plan ni ne fait apparaître les articulations de ce qu'il raconte.

La lettre de Jacques Lainez fournit une contre-épreuve. Elle a été envoyée de Bologne, le 16 juin 1547. Son destinataire est Jean de Polanco qui est arrivé à Rome au début de l'année, nommé par Ignace secrétaire de la Compagnie de Jésus. Entré en fonction, il a voulu en connaître davantage sur les origines de la Compagnie et de son fondateur. Pierre Favre était mort, François Xavier était au loin ; il s'est donc adressé au plus proche confident d'Ignace. A la différence de ce dernier, Lainez annonce une sorte de plan : « Nous rapportons ce que, pour notre édification ou celle des autres qui étaient présents, en son temps et en son lieu, nous l'avons entendu dire et ce que nous avons recueilli de ses propres paroles. Pour le reste, qui touche aux débuts de la Compagnie, nous parlerons en témoin de ce que nous avons vu et de ce que nous avons entendu » (n° 1).

Ainsi, la lettre est divisée en deux parties. La première (n°s 2 à 33) est constituée de souvenirs recueillis par bribes et que Lainez a, semble-t-il, quelque difficulté à organiser, du moins au début... La conversion de Loyola débouche sur un programme de pénitence, mais qui ne prend pas la figure du pèlerinage à Jérusalem : « Il s'engagea sur la voie de la pénitence » (n° 4) et fit le vœu de chasteté (n° 5). Le séjour de Manrèse est passablement embrouillé : après une période de tentations, « au bout de quatre mois » (n° 10), c'est l'illumination du Cardoner, la crise de scrupules venant après, suivie d'une confession générale. A Barcelone, Ignace commence des études et là seulement « lui vint le désir d'aller à Jérusalem » (n° 16). Le récit est plus cohérent avec celui d'Ignace à partir d'Alcalá et surtout de Paris. Dans la seconde partie (n°s 33 à 55), le sujet n'est plus Ignace, mais « nous » les compagnons : elle décrit les voyages et les divers ministères des compagnons, constamment ponctuée de l'expression « faire du fruit ». Lainez ne revient à Ignace que pour compléter son portrait (n°s 56-61) à la manière des hagiographies qui s'achèvent ordinairement par un dernier chapitre faisant l'éloge des vertus du saint. Pour finir, une longue citation d'une des dernières lettres de Pierre Favre (n° 61), décédé récemment.

Nous avons affaire à un récit linéaire qui confirme et parfois complète les éléments d'une biographie. La lettre est apparemment composée, mais elle n'est pas construite. Elle donne des renseignements à un destinataire qui n'en demandait pas davantage. Elle n'est pas un « enseignement » comme celui qu'Ignace a voulu livrer, dont nous voudrions maintenant dégager les principaux thèmes.

Un testament : les principaux legs

Pour les jeunes jésuites aujourd'hui, comme pour beaucoup de novices des congrégations de spiritualité ignatienne, le *Récit* est un des ouvrages fondamentaux de leur formation spirituelle. Ce ne fut pas toujours le cas, il s'en faut. En effet, lorsque, dix ans après la mort du fondateur, le troisième Général de la Compagnie de Jésus, François de Borgia chargea officiellement Pierre Ribadeneira d'écrire une vie d'Ignace de Loyola, il donna l'ordre de retirer de la circulation toutes les copies du *Récit* et d'en prohiber la lecture. Il expliquait cette surprenante décision en disant que, puisqu'on allait avoir une biographie complète, la relation du pèlerin, inachevée et fragmentaire, devenait inutile. C'est ainsi que le testament de saint Ignace tomba dans l'oubli jusqu'au XVIIIe siècle, où les Pères bollandistes publièrent la version latine du Père Annibal du Coudray au tome sept des *Acta sanctorum julii* (1731). Quant au texte original hispano-italien, il fut édité pour la première fois en 1904 dans les MHSI. La première traduction en français ne parut qu'en 1922 ! Ribadeneira, il est vrai, s'est largement inspiré du *Récit*, mais aussi d'autres sources, et les nombreux biographes de saint Ignace dépendent largement de Ribadeneira... Mais les biographies reflètent toujours plus ou moins la sensibilité de leurs auteurs et de leurs époques : l'image originale en a forcément pâti. Surtout, si les progrès de la science historique ont permis de connaître de mieux en mieux la vie d'Ignace, on a ignoré longtemps ce qu'il voulait lui-même en livrer à ses compagnons pour qu'elle « serve de testament et d'enseignement ».

Ce qu'il voulait en livrer est d'abord ceci : d'un bout à l'autre, Dieu l'a dirigé. C'est l'hymne de reconnaissance qui est proclamé dès le début : « Il plut à notre Seigneur » (n° 3), « notre Seigneur le secourait » (n° 7), « le Seigneur voulut... » (n°s 16, 21, 25, 44, 47, 50, 71, 97...). C'est pourquoi, à soixante-deux ans, Ignace ne renie aucune des étapes de son existence, pas même les erreurs et les excès des premiers temps, tout en reconnaissant qu'il était encore « aveugle »,

Dieu nous rejoint dans nos désirs

mais que, pour cette raison, « notre Seigneur se comportait avec lui » d'une manière toute particulière (n° 14). Il juge que, dès le temps de Loyola, les pensées qui l'attiraient vers l'imitation des saints venaient de Dieu (n° 7), même si elles n'étaient pas correctement interprétées par lui. Ce n'est pas en un seul jour, en effet, que s'opère la transformation d'un homme qui possède « un grand désir de gagner de l'honneur » (n° 1). Dieu l'a rejoint d'abord à partir de son désir.

Désir ! Un mot qui ponctue les premières pages du *Récit* et qui, peu à peu, va être purifié : c'est d'abord celui de marcher sur les traces des saints en faisant comme eux et même « davantage » (n°s 10, 11, 12, 14, 18), puis de la perfection (n°s 14, 35, 36) et de souffrir pour le Christ (n° 69), jusqu'à ce que soit dégagé celui qui motivera toute sa vie : le désir de faire « davantage » « pour la gloire de Dieu » (n°s 14, 36, 85). Dès le commencement, Dieu et l'homme coopèrent, mais c'est Dieu qui dirige.

Il dirige d'abord en corrigeant. Car — et c'est une nouvelle leçon qu'Ignace paraît vouloir livrer — autre est l'homme en sa liberté inaliénable, autre est l'image qu'il se fait de lui-même et à laquelle il cherche vainement à se conformer. Il faut du temps pour se dégager de cette image qui a pris pour lui la figure des saints François, Dominique et autres modèles, d'autant que « l'ennemi de la nature humaine » (*Ex.spir.*, n° 135) ne tarde pas à s'insinuer au cœur des « saints désirs » pour en pervertir le but. Ainsi commence l'aventure spirituelle de Manrèse qu'Ignace a longuement décrite en la recomposant pour mieux faire apparaître l'action de Dieu durant ces onze mois déterminants. Elle commence par cette sorte d'hallucination dont l'apparition lui fait tant plaisir tandis qu'il est affecté par sa disparition : une chose extrêmement belle où des sortes d'yeux resplendissent (n° 19). Elle s'achèvera par l'identification de cette image lorsque, ayant perdu sa puissance de séduction, Ignace est devenu capable de lui donner un nom : le démon (n° 31). Entre-temps, il a dû passer par la plus rude épreuve de sa vie, où l'image-modèle dans laquelle il se projetait s'est effondrée. Alors qu'il vivait « dans une grande égalité d'allégresse » (n° 20), « le Seigneur lui a retiré sa grande ferveur, son immense amour et sa grâce intense » (*Ex.spir.*, n° 320), provoquant chez lui d'abord l'effroi devant « cette nouvelle vie » (n° 21), puis le sentiment d'être totalement abandonné au désespoir, en dépit de sa persévérance, au point d'être tenté de mettre fin à ses jours tant il était submergé par « le dégoût de la vie qu'il menait », jusqu'au moment où « le Seigneur voulut qu'il s'éveillât comme d'un rêve » (n° 25). Alors, il renonça à l'image du héros de la sainteté, à partir des simples choses qui concernent le corps : sommeil, nourriture, aspect extérieur (n°s 26, 27, 29). Il était prêt à se laisser enseigner par Dieu.

« Laisse-toi enseigner par Dieu pour découvrir ta vocation dans le monde », tel est, semble-t-il, le troisième message qu'Ignace a voulu livrer à ses compagnons. Il les renvoie certes à l'expérience fondatrice de Manrèse, matrice des *Exercices spirituels*, mais Manrèse ne doit pas faire oublier l'enseignement qu'il a reçu avant et après. Par exemple, des lectures de la vie du Christ et des saints dont il a « acquis une lumière non négligeable » (n° 9) et copié ce qu'il voulait garder en mémoire (n° 11). A Manrèse également, il a tiré un enseignement de ses lectures (n° 26), en particulier de l'*Imitation de Jésus-Christ*[14]. De même, en énumérant les « cinq points » où il résume l'enseignement de Manrèse, Ignace demeure très discret sur ce que nous appelons, abusivement peut-être, ses « visions » ; il dit : « comme s'il voyait », « il lui sembla voir » ; la seule figure qui lui soit « apparue » à Manrèse et ailleurs, est celle de l'« humanité du Christ », tandis que l'illumination du Cardoner ne fut accompagnée d'aucune « vision ». En revanche, il caractérise l'enseignement de Manrèse par le fait qu'il l'a reçu de Dieu seul, sans intermédiaire, qu'il l'a reçu sous forme de « connaissances » dans son « entendement », et que ces connaissances ont porté sur les mystères de la foi, présentés par lui dans un ordre qui n'est pas indifférent : la Trinité, la création, le mode de présence du Christ dans l'eucharistie, l'humanité du Christ,

14. Câmara, *Mem.*, n° 97.

la totalité du monde perçue comme un ensemble de « choses nouvelles » au point qu'il lui sembla « être un autre homme et avoir un autre intellect ». Il s'agit bien d'une connaissance transformante qui, par une conversion de l'intelligence, a fait entrer Ignace dans un univers nouveau où tous les dons descendent d'en-haut, des trois personnes divines, où le Christ est centre de tout, où la figure historique de Jésus devient le guide sûr de la vie, où la création, enfin, sortie de Dieu et confiée à l'homme, devient le lieu même où Dieu peut être cherché et trouvé dans sa présence et son action.

Cet homme nouveau, engendré à sa propre liberté et capable d'en faire don, peut désormais donner un objectif à sa vie, qui sera aussi « la fin principale » de la Compagnie de Jésus : « aider les âmes ».

Pour autant, le chemin n'est pas tracé à l'avance, et c'est un nouvel enseignement que le fondateur entend laisser aux siens. Pour inscrire son désir dans l'histoire et la société de son temps, le pèlerin doit, d'étape en étape, décider de la route à prendre : le verbe *determinar*, relayé par l'italien *deliberare*, revient trente-sept fois dans ce bref récit. Après Manrèse, en effet, Ignace est persuadé que son désir, même s'il est contrarié, ne sera jamais dans une impasse. Mais à chaque fois, il aura, par le discernement spirituel, à se frayer un nouveau chemin. Il doute, il hésite (nos 15, 17, 36, 50, 63, 84), il se livre à un examen des situations (nos 16, 27, 33), il repère les fausses consolations et les vraies (nos 26, 54-55, 82), il regarde vers quoi il incline davantage (n° 50) et où le porte l'assentiment de sa volonté (nos 27, 31) ; enfin, lorsqu'il ne peut plus douter (nos 27, 40, 42, 90, 96), il reconnaît la volonté de Dieu et décide.

Mais, alors, il est animé d'une telle certitude (nos 13, 16, 25, 40, 42, 57, 61, 95) et d'une telle confiance (nos 35, 71) qu'aucun obstacle ne peut l'arrêter. Le récit du voyage de Jérusalem, si riche d'anecdotes au point qu'on pourrait se demander si le narrateur ne se laisse pas aller au fil de ses souvenirs les plus chers, n'a en fait pas d'autre but que de manifester cette confiance et cette certitude inébranlable ; de même, les pérégrinations du temps de ses études : quand une porte se ferme, il cherche et trouve une autre voie ; ou son obstination à faire reconnaître par jugement l'orthodoxie des *Exercices spirituels* ou de la vie et doctrine des compagnons (n°s 81, 86, 93, 98).

En 1551, Jérôme Nadal se faisait l'interprète de plusieurs compagnons : « Je prie et supplie le Père de bien vouloir nous exposer la manière dont le Seigneur l'avait dirigé depuis le début de sa conversion. » Le *Récit* apporte la réponse : Dieu a dirigé Ignace en lui donnant les grâces qui lui ont permis de se diriger lui-même, c'est-à-dire de chercher et trouver Dieu et la volonté de Dieu en toutes choses, favorables ou contraires. Surtout, en lui faisant la grâce ardemment demandée par l'intercession de Notre-Dame, d'« être mis avec le Christ son Fils » (n° 96). C'est l'ultime legs du testament à celui qui désire être et demeurer en la « compagnie de Jésus ».

Mais on trouve encore d'autres enseignements, adressés cette fois au corps de la Compagnie de Jésus, dont la plupart ont déjà été inscrits dans les *Constitutions*. Le *Récit* montre qu'ils sont enracinés dans l'expérience personnelle du fondateur.

C'est d'abord tout ce qui concerne la formation. Les deux tiers du *Récit*, sinon sa totalité, peuvent être lus comme la lente genèse d'Ignace et de la Compagnie de Jésus. Il n'est donc pas étonnant qu'on y trouve déjà les étapes qui jalonnent la genèse de tout compagnon, telle qu'elle est décrite dans les *Constitutions*.

Elle commence par un temps dit de probation, ou noviciat, pendant lequel le candidat va, avec l'aide de ses responsables, éprouver sa vocation. Son originalité consiste dans la multiplication d'expériences, ou « expériments », dont les trois premiers sont les Exercices spirituels, le service des pauvres et des malades dans les hôpitaux et le pèlerinage. On retrouve les traits marquants des quelque trente premiers mois de la vie d'Ignace depuis le début de sa conversion jusqu'au retour de Jérusalem. Il y a fait et, dans leur substance, conçu les *Exercices spirituels*, il a séjourné dans des hôpitaux (comme il le fera plus tard encore, ainsi que les compagnons), il est allé à Jérusalem. Quant au but de ces expériments, il sont aussi ceux que s'était assignés Ignace : les Exercices « pour se vaincre soi-même et ordonner sa vie » (*Ex.spir.*, n° 23) ; le service des pauvres et des malades dans les hôpitaux, pour manifester qu'on a « entièrement quitté le siècle, son éclat et ses vanités pour servir en tout (le) Créateur et Seigneur » (*Const.*, n° 66) ; le pèlerinage, « pour abandonner toute la confiance qu'on pourrait mettre dans l'argent ou dans les autres choses créées, et pour la placer entièrement, avec une foi vraie et un amour intense, en son Créateur et Seigneur » (*Const.*, n° 67).

Après la probation, c'est le temps des études, prévues comme un moyen pour se préparer à « aider les âmes » plus efficacement. On sait les difficultés qu'Ignace a éprouvées pour s'y adonner sérieusement et comment il a appris par l'expérience que l'étude « demande d'une certaine façon l'homme tout entier » (*Const.*, n° 340) : il a dû renoncer aux consolations des oraisons prolongées et mettre un frein à son zèle apostolique. Il a dû aussi assurer sa subsistance autrement qu'en mendiant au jour le jour. Enfin, il a particulièrement apprécié « l'ordre et la manière de Paris » (*Récit*, n° 73). Autant d'aspects qui sont repris dans la quatrième partie des *Constitutions* : limitation du temps consacré aux exercices de piété (n° 343), exigence de fondation des collèges ou universités (n°s 309-332), méthodes d'enseignement (n°s 392-399, 446-480).

Après leurs études et avant d'aller se mettre à la disposition du Vicaire du Christ, Ignace et ses compagnons ont éprouvé le besoin d'un temps de retraite et de recueillement, à propos duquel Ignace dit qu'il a revécu quelque chose de ce qui s'était passé à Manrèse, « sa primitive Église » ou, peut-on dire, son noviciat. C'est peut-être en souvenir de cette époque (*Récit*, n°s 94-96) qu'il a institué, pour achever la formation, une « dernière probation » (appelée « troisième an ») où « les sujets qui avaient été envoyés faire des études, s'adonneront à l'école du cœur » (*Const.*, n° 516).

C'est ainsi que le corps de la Compagnie donnera à chacun de ses membres la possibilité de revivre l'expérience fondatrice d'Ignace et de ses compagnons[15].

Religieux, le compagnon a fait les trois vœux de pauvreté, de chasteté et d'obéissance. Le *Récit* dit seulement qu'à Venise (en 1537), les compagnons « firent tous vœu de chasteté et de pauvreté » (n° 93). Le vœu d'obéissance à l'un d'entre eux, décidé en 1539 et émis après l'approbation de la Compagnie, sort du cadre du *Récit*. Quant au vœu spécial d'obéissance au Vicaire du Christ, il est implicitement annoncé dans la « solution de rechange », au cas où les compagnons ne pourraient aller à Jérusalem (n° 85). Notons seulement qu'à Jérusalem, Iñigo ne s'est rendu à l'injonction du Provincial des franciscains qu'en apprenant que celui-ci détenait son autorité du Siège Apostolique (n° 46); qu'à Alcalá, s'il ne s'est pas privé de protester contre le jugement porté à son égard, il a obéi « tranquillement » (n° 59); qu'à Paris, pensant pouvoir se mettre au service d'un « patron » et de ses étudiants pour gagner sa vie, il imagine que, recevant un ordre de l'un ou des autres, c'est du Christ ou des Apôtres qu'il le recevra (n° 75). Ce sont quelques pierres d'attente pour l'avenir, mais la question de l'obéissance, primordiale dans la Compagnie, n'est pas posée dans le *Récit*.

En revanche, les problèmes d'argent et de pauvreté ne semblent pas avoir été simples pour Ignace. Il diffère en cela de son modèle préféré François d'Assise, pour qui l'argent est aussi méprisable que des cailloux au bord du chemin. L'époque a changé et Ignace, qui a fait son apprentissage auprès d'un Trésorier Général du Royaume, est au fait des réalités socio-économiques. La différence de comportement apparaît dès son départ de Loyola. François dépose aux pieds de son père sa bourse et ses vêtements et se réfugie, nu, sous la chape de l'évêque; Iñigo se rend chez le duc de Najera réclamer l'argent qui lui est dû (n° 19). Par la suite, cependant, et surtout durant le voyage de Jérusalem, on dirait que

15. Nous nous permettons sur le sujet de renvoyer à notre ouvrage *Les jésuites de France*, collection Christus n° 63, Desclée de Brouwer, 1987, p. 101-145.

l'argent lui brûle les doigts. S'il lui arrive d'en accepter, il le regrette aussitôt et s'empresse de le distribuer aux pauvres (n°s 40, 50). Mais une anecdote qu'il raconte à ce sujet cache peut-être une question qu'il commence à se poser : à Venise, pendant le voyage de retour, il a reçu quelques pièces de valeur assez importante. Arrivé à Ferrare, un pauvre lui demande l'aumône et il donne une petite pièce ; un autre, bien entendu, se présente, puis un troisième, etc., auxquels il distribue des pièces de plus en plus importantes. A la fin, il n'a plus rien et il y a encore des pauvres qui quémandent : « Il répondit qu'ils veuillent bien lui pardonner, qu'il n'avait plus rien » (n° 50). Pourquoi le récit détaillé de cette aventure ? Ignace ne veut-il pas attirer l'attention des siens sur l'aspect indéfini, et finalement insuffisant, de cette forme de pauvreté qui consiste à distribuer des aumônes ? Ce qui est sûr, c'est que, dans sa ville d'Azpeitia, en 1535, « il fit édicter en faveur des pauvres qu'il soit pourvu à leurs besoins, d'une manière officielle et habituelle » (n° 89 et note). Entre-temps, c'est-à-dire durant ses études à Paris, il a compris que, pour les faire sérieusement, sa subsistance devait être assurée : il partit de Barcelone avec une lettre de change de vingt-cinq écus (n° 73), puis, pendant trois ans, alla chaque année dans les Flandres recueillir l'argent nécessaire pour vivre pendant un an (n° 76). Plus tard, à Rome, il fera en sorte que les œuvres qu'il avait fondées ou soutenues (n° 98) soient administrées par des confréries.

Le rapport complexe d'Ignace à l'argent, tel qu'il apparaît dans le *Récit*, explique pourquoi, dans la Compagnie de Jésus, le sens de la pauvreté religieuse diffère de l'idéal franciscain. Elle est certes un « rempart » (*Const.*, n° 553), on doit « l'aimer comme une mère et, selon la mesure d'un saint discernement, en sentir à certains moment quelques effets » (*ibid.*, 287). Mais tout est relatif à la fin qui est l'aide des âmes : les maisons de la Compagnie, pas plus que les individus, ne peuvent avoir de revenus ni de propriétés : ils vivent de ce qu'on leur donne. Les ministères classiques sont gratuits, ainsi que l'enseignement. Mais si les études sont aussi ordonnées à l'aide des âmes, il faut que leur personnel et

Pauvreté religieuse comme un rempart

leurs élèves aient de quoi vivre : les collèges doivent donc être fondés et percevoir des revenus pour leur entretien. L'expérience personnelle d'Ignace disait déjà que son imperturbable confiance en Dieu ne le dispensait pas d'être réaliste. Pour lui, l'argent est, parmi d'autres, un moyen d'entrer en communication avec la société par la circulation des échanges : la Compagnie rend service à la société par l'éducation des classes moyennes et, par une sorte de contrat, la société assure l'entretien des collèges. L'argent est, de part et d'autre, un moyen au service de la fin. L'extrême vigilance qu'exige la pauvreté religieuse est là comme un « rempart » pour empêcher que le moyen ne soit pris pour la fin.

Un dernier point semble entrer dans la visée du testament : quels sont les moyens privilégiés d'aider les âmes ? Dès Loyola, Ignace commence à parler « des choses de Dieu avec les gens de la maison » (n° 11) et il continue à Manrèse (nos 26, 29). Les occasions les plus favorables sont les repas chez les personnes qui l'invitent. Il parlait peu pendant qu'on mangeait, il écoutait surtout et « recueillait certaines choses dont il tirerait occasion pour parler de Dieu ; et c'est ce qu'il faisait une fois le repas achevé » (n° 42) : il s'agit de conversations familières (n° 65). Les choses prennent une forme plus méthodique quand il arrive à Alcalá : « Il s'exerçait à donner des exercices spirituels et à expliquer le catéchisme » (n° 57). A Paris, il donne les exercices, non plus à des femmes comme c'était majoritairement le cas jusqu'ici, mais à des universitaires et à des étudiants : parmi eux, les premiers compagnons (nos 77, 82). A Azpeitia, il enseigne le catéchisme aux enfants, et des adultes viennent se joindre au jeune auditoire ; mais aussi, ayant désormais fait les études qui le lui permettent, il prêche les dimanches et jours de fête (n° 88). Conversations spirituelles, exercices, catéchisme et prédication, telles sont, dans le *Récit*, les diverses manières d'aider les âmes qui paraissent avoir eu sa préférence.

D'autres interventions sont signalées, qui montrent son intérêt pour les réformes de la société. En quittant Montserrat, il rencontre pour la première fois le pauvre qui est en même temps l'humilié, et cette vue lui arrache « des larmes de compassion » (n° 18). La compassion — celle qu'il invite à demander dans les *Exercices spirituels* (n° 203) en regardant le Christ pauvre et humilié au long de sa Passion, va le pousser à agir. Durant ses voyages, il partage la vie des pauvres et prend la défense des faibles (n° 38), mais il a sans doute compris que l'initiative individuelle, toujours nécessaire, est insuffisante : dès qu'il le peut, comme à Azpeitia en 1535, il prend des mesures, en collaborant avec les autorités locales, visant à une plus grande moralisation et à une plus grande justice dans la vie sociale (nos 88-89), et il est significatif qu'il achève son récit par l'énumération de quelques œuvres sociales qui ont été créées à Rome « avec l'aide du pèlerin et des compagnons » (n° 98).

La portée testamentaire de ces passages ayant trait à l'aide des âmes est évidente à la lecture des premiers textes fondateurs et législatifs de la Compagnie. Il y est dit que les formes d'apostolat qui doivent procurer le progrès des âmes sont « les prédications publiques et le ministère de la parole de Dieu, les exercices spirituels et les œuvres de charité, spécialement l'institution chrétienne des enfants et des ignorants, la consolation spirituelle des fidèles du Christ par les confessions » (Lettre Apostolique *Regimini militantis Ecclesiae* de Paul III en 1540). On ajoutera en 1550 « la réconciliation de ceux qui sont en désaccord et de ceux qui se trouvent en prison ou dans les hôpitaux » (*Exposcit debitum* de Jules III). Les *Constitutions* disent que « la Compagnie peut s'employer en des choses qui visent soit le bien des âmes, soit le bien des corps, par l'exercice de la miséricorde et de la charité » (n° 623). Elles insistent sur les entretiens spirituels, les exercices, les confessions, les prédications et l'enseignement du catéchisme.

L'Ordre se développant et les appels se diversifiant, les compagnons des années 1553-1555 et les autres à l'avenir ne risquaient-ils pas de se laisser attirer par des ministères plus brillants, de se confiner dans leur spécialité, d'occuper leurs loisirs à des conversations mondaines… ? Si l'obligation d'enseigner le catéchisme est expressément mentionnée dans la formule des vœux, ce n'est pas, disent les *Constitutions*, pour s'y obliger davantage qu'aux autres ministères, mais parce que « cet exercice risque d'être oublié et de tomber en désuétude plus facilement que d'autres plus brillants » (n° 528). Ignace est peut-être plus conscient de ces risques dans les dernières années de son généralat...

Enfin, sans prétendre jouer les prophètes, lorsque après la vision de La Storta, en arrivant à Rome, il dit qu'il voit « les fenêtres fermées », il a comme un pressentiment que les compagnons auront à subir les persécutions (n° 97) : elles ne tarderont pas, dès demain (n° 98) et dans l'avenir. N'est-ce pas le privilège de ceux qui veulent « militer pour Dieu sous l'étendard de la croix ? » Ignace a connu les procès et les prisons, les interrogatoires de la soldatesque (n° 51) aussi bien que des gens d'Église... Mais « quel si grand mal vous semble donc être la prison ? Eh bien moi, je vous dis qu'il n'y a pas à Salamanque autant de barreaux et de chaînes que je n'en désire davantage pour l'amour de Dieu » (n° 69). Cela aussi fait partie du testament.

La transmission d'une expérience ?

Reste une dernière question, importante pour notre époque friande d'histoire, de mémoires, de récits d'expériences personnelles, où l'individu est mis en relief dans la littérature et l'ensemble des médias : qu'est-ce qu'Ignace a voulu dire et transmettre de lui-même, de son expérience propre à travers les pages de ce récit ?

Les dernières lignes sont surprenantes. C'est le soir du dernier entretien. Ignace paraît ému, en tout cas « avec l'air d'une personne qui était plus recueillie qu'à l'ordinaire ». Louis Gonçalves l'est aussi sans doute. Il voulait en savoir davantage sur la manière dont les *Exercices* et les *Constitutions* avaient été rédigés. Il a déjà reçu une réponse à la première question. Et voici que ce soir, Ignace se livre pour la première fois à ce qu'on peut appeler des confidences : il parle de sa « facilité à trouver Dieu », de ses « visions » surnaturelles, de son oraison et de ses larmes pendant qu'il rédi-

Sensibilité à la beauté
à la misère
violence de ses émotions

geait les *Constitutions*. Il y a sur sa table « une assez grande liasse de manuscrits » où il a écrit « chaque jour ce qui se passait dans son âme ». Il en lit quelques pages à Louis Gonçalves qui nous en laissera un pâle résumé. Et voici les derniers mots : « Je désirais voir tous ces papiers et je le priai de me les laisser quelque temps. Il ne le voulut pas. »

Un non catégorique. Pourquoi ? Écartons immédiatement l'hypothèse de la vraie ou de la fausse humilité : elle est démentie par les lignes précédentes. Nous sommes reconduits à ce qu'il a dit plus haut : ce qu'il a raconté suffit, même s'il n'a pas tout raconté.

Il ne faut jamais oublier, quand on lit le *Récit*, que c'est le dernier écrit d'Ignace — ou plutôt ses « *novissima verba* » car ce n'est pas lui qui tient la plume — après les *Exercices* et les *Constitutions*. (Laissons de côté le fragment du *Journal*, dont on discute sur le point de savoir s'il a volontairement ou non échappé à la destruction.) Or les *Exercices* et les *Constitutions* sont aussi le fruit d'une expérience personnelle, celle d'Ignace d'une part, celle des compagnons d'autre part. Le *Récit*, mis à part son genre littéraire, apporte-t-il quelque chose de plus ?

Sur l'homme, certainement. Des traits d'humanité se dégagent que nous ne connaîtrions pas par ailleurs (sauf, çà et là, dans la correspondance).

Une grande sensibilité d'abord : à la beauté — une belle écriture (n° 11), une belle image (n° 13), une belle chevelure (n° 19) —, au point de se laisser séduire par elle : la « chose belle, extrêmement belle » (n° 19). A la misère humaine, qui lui arrache des larmes ou le fait réagir avec véhémence (n°s 18, 38). La violence de ses émotions se traduit par des « cris » de supplication (n°s 23, 24, 32), d'indignation (n° 38) ou de joie (n° 79). Cet homme qui serre les poings en endurant la souffrance physique (n° 2) et qu'aucune crainte ne fait reculer quand il est sûr de Dieu (n°s 42, 46, 72, 90), est brusquement saisi de frayeurs en face de situations imprévues ou imaginaires (n°s 21, 79, 83, 90). Enfin le *Récit* témoigne qu'il est très sensible à son corps, à la maladie et à la perspective de la mort. Froid et impassible, Ignace de description des lieux : décor extérieur d'un événement de l'âme

Loyola ? Le *Récit* dément d'un bout à l'autre l'image de la légende.

Son imagination n'est pas pittoresque. On dirait que ce voyageur n'a rien vu sur sa route : la montagne de Montserrat, la place Saint-Marc où il dormait comme un clochard, le panorama de Jérusalem, les chantiers de Rome au temps de Michel-Ange... Les rares descriptions du *Récit* sont comme les « compositions de lieu » dans les *Exercices* : elles plantent sobrement le décor extérieur d'un événement de l'âme ; ainsi du chemin qui longe le Cardoner (n° 30), de la campagne à la tombée de la nuit où le Christ lui apparaît (n° 41), des champs sur les hauteurs d'Argenteuil quand il crie son allégresse (n° 79), du sentier qui va se rétrécissant au point qu'il est obligé, la peur au ventre, de marcher à quatre pattes (n° 90)... C'est pourtant un visuel : les révélations de Manrèse sont traduites en termes de « visions » et non de messages entendus. Mais son imagination, pourtant féconde, s'exprime plutôt en projets de réalisation : les moyens qu'il prendra pour le service d'une dame de haute noblesse ou, à la manière des saints, pour le service de Dieu (n°s 6 et 7), ce qu'il fera au retour du pèlerinage (n° 12), le cérémonial de la veillée d'armes de Montserrat, imaginé en route (n° 17), le plan du séjour à Jérusalem (n° 45), etc., jusqu'à l'ultime projet des compagnons en 1534 (n° 85).

Au plan littéraire (car l'homme se révèle aussi sur ce plan), il faut souligner quelques touches d'un humour discret. On imagine la tête de cet homme, clochard comme lui peut-être, qui, au réveil sous un portique, prend la fuite en le voyant, « parce qu'il devait lui paraître très pâle » (n° 41). Et le fait qu'il a pris une purge juste le jour de l'embarquement pour Jérusalem : « Si c'est pour y être enterré, dit le médecin consulté, il peut fort bien s'embarquer » (n° 43). Et lorsque les juges de Salamanque lui demandent d'expliquer le premier commandement, « il se mit à le faire, il s'y arrêta tellement et dit tellement de choses sur le premier commandement qu'ils n'eurent pas envie de lui en demander davantage » (n° 68). La myopie de Louis Gonçalves lui a-t-elle néanmoins permis de lire le sourire d'Ignace quand il racontait ces traits ?

C'est que, malgré l'intensité et, parfois, le caractère dramatique du récit, une impression de jeunesse et d'allégresse se dégage de sa lecture. On a tout dit sur la volonté d'Ignace, mais sans toujours remarquer qu'il n'est vraiment volontaire que lorsque son entendement a été illuminé par la connaissance et la consolation divines. Il ne veut que par consentement de lui-même à la lumière reçue et perçue « clairement », accompagnée de la consolation. Au début de l'aventure de Manrèse, il parle des « alternances » de consolations et de désolations. Mais par la suite, quelle différence de traitement, au simple comptage des mots ! Pour vingt-quatre emplois du mot *consolation* (ou *consoler*), un seul du mot *désolation* (n° 21). *Joie, allégresse, contentement* : treize emplois ; *tristesse, affliction, mécontentement, déplaisir* : sept. *Goût* : cinq emplois ; *dégoût* : deux. *Force* spirituelle : dix emplois ; *épreuve* et *tourment* spirituels : huit. *Visites* et *visions* surnaturelles : vingt emplois ; *tentations* : huit. Encore faut-il tenir compte du fait que le vocabulaire de la désolation est massivement concentré dans le récit de la crise de Manrèse (n°s 21 à 25), tandis que celui de la consolation court d'un bout à l'autre du *Récit*. A soixante-deux ans passés, Ignace relit sa vie comme un chant d'action de grâces.

Faut-il aller plus loin ? Nous ne le pensons pas, car nous sommes réduits aux conjectures. Ignace dit souvent qu'il prie ou fait son oraison, qu'il « recommande à Dieu » une question qu'il se pose. Mais presque jamais il ne dit ce que fut sa prière, sauf qu'il en a reçu « un grand élan pour servir notre Seigneur » (n° 11), ou une lumière, une consolation, ou qu'il a supplié le Seigneur de lui « montrer le remède » à ses scrupules (n° 23)... Dans les révélations de Manrèse, l'image évoquée cache le contenu mystique et intellectuel : qu'a-t-il perçu de la sainte Trinité, de la manière dont Dieu avait créé le monde, de la présence de Jésus-Christ dans le sacrement de l'eucharistie ? Qu'a-t-il « compris » sur les bords du Cardoner ? Il prend prétexte des défaillances de sa mémoire, ce qui est étonnant alors qu'il avoue en même temps que ces choses ont été fortement « imprimées » dans son âme (n° 29). Nous avons relevé nombre de décisions prises après discernement, mais quelles sont les motions et les raisons qui ont fait pencher la balance ? Pourquoi, en particulier, au retour de Jérusalem, a-t-il « incliné davantage » à faire des études (n° 50) ? Nous ne le savons pas. Sur quels critères a-t-il choisi ses compagnons, alors que les *Constitutions* s'étendent longuement sur les conditions de choix des candidats ? Nous l'ignorons... Et bien d'autres questions restent sans réponse. Il faut en revenir aux derniers mots du *Récit* : il n'a pas « voulu » transmettre ce qu'il y avait de plus personnel dans son expérience de Dieu.

Mais la déception que nous pouvons éprouver est elle-même source de lumière. Il en va de la confection du *Récit* comme de celle des *Exercices spirituels* : « Lorsqu'il observait certaines choses dans son âme et les trouvait utiles, il lui semblait qu'elles pouvaient aussi être utiles aux autres ; aussi les mettait-il par écrit » (n° 99). Tout est parti d'une expérience personnelle. Mais celle-ci, pour être transmise à d'autres, doit être universalisée. Le passage du particulier à l'universel s'est fait par le concept de l'*utilité*. Ignace croit que l'expérience de Manrèse est possible, parce que Dieu veut se donner et se communiquer (*Ex.spir.*, n°s 15, 234). Pour la rendre possible, elle ne doit pas être décrite pour être livrée. Ignace n'a livré qu'un outil : les *Exercices spirituels*.

De même, dans le *Récit*, Ignace n'a pas voulu se raconter. Il n'a pas transmis une autobiographie, mais un testament, ne retenant de sa vie que ce qui pouvait être utile aux compagnons de tous les temps et de tous les pays. Et c'est par là que le *Récit* est vraiment fondateur. A sa lecture, certains ont été et seront séduits par la personnalité d'Ignace et son aventure, comme l'ont été, tour à tour, les premiers compagnons, comme lui-même a d'abord été séduit par François et Dominique. Mais le Seigneur ne voulait pas qu'il devienne une copie conforme de François ou de Dominique à l'usage du XVIe siècle. De même, Ignace n'a pas voulu que ses compagnons le prennent pour modèle : il les a renvoyés à Dieu, les « gagnant au service de Dieu par le moyen des exercices » (n° 82). Chacun gardant sa personnalité propre s'est alors attaché à la personne de Jésus, et c'est cela qui a fondé la Compagnie de Jésus. Fonder la Compagnie de Jésus aujourd'hui, ou telle congrégation religieuse ou groupe de laïcs de spiritualité ignatienne, ce n'est pas faire l'expérience d'Ignace mais, grâce à lui, faire l'expérience de Dieu pour consacrer sa vie à « aider les âmes » en acceptant d'entrer dans la culture d'aujourd'hui par l'étude et l'expérience sans cesser de suivre le Christ pauvre et humble, se mettre ensemble à la disposition de l'Église et de son chef visible, afin de continuer la mission du Christ « partout dans le monde » : car l'horizon de Jérusalem, jamais perdu de vue, doit reculer jusqu'aux extrémités de la terre.

Jérôme Nadal avait raison de dire à Louis Gonçalves da Câmara qu'il fallait « importuner » le Père jusqu'à ce qu'il achève son récit : « C'était fonder vraiment la Compagnie. »

Jean-Claude Dhôtel s.j.

Remarques concernant la traduction

La traduction que nous proposons pourra sans doute surprendre au premier abord. C'est qu'elle a voulu avant tout rendre le plus exactement possible en français les caractéristiques du texte original.

Ce texte, essentiellement, n'est pas un texte *écrit*, mais manifestement un texte *dicté* rapidement sans aucune recherche de style. Ce qu'il nous est donné de lire est très proche de ce que serait aujourd'hui un texte enregistré devant un magnétophone, sans que l'auteur ne cherche à corriger ses répétitions ou ses approximations. Sans doute le Père Gonçalves da Câmara avait-il « une excellente mémoire », comme le dit le Père Nadal dans sa préface. Mais il se hâte de dicter au secrétaire qu'il a sous la main l'essentiel de ce qu'il se rappelle des confidences d'Ignace, après avoir pris lui-même rapidement des notes. Aussi se contente-t-il à plusieurs reprises d'un simple « etc. » pour abréger son récit, laissant à ses lecteurs le soin de compléter eux-mêmes ce qui va de soi.

Nombreuses sont les caractéristiques de ce style oral de notre texte. Signalons, entre autres, la continuelle répétition en espagnol de « *y...y...y* » ; ou encore les nombreuses phrases commençant par l'expression « *y asi...* ». On a vraiment l'impression de quelqu'un qui raconte une histoire et commence indéfiniment ses phrases par : « et puis », « et puis », « et alors ». Malgré notre souci de serrer de près le texte, pour que celui-ci soit lisible en français, il ne nous a pas paru possible de traduire tous ces « *y* » et « *y asi* » ; du moins avons-nous essayé d'en traduire un certain nombre pour faire sentir au lecteur français le caractère propre de ce récit.

Dictant son texte à l'un ou l'autre secrétaires, le Père da Câmara ne s'embarrasse pas de recherches de vocabulaire. Il est frappant de voir que, dans la seule partie dictée en espagnol, des mots aussi peu expressifs que *hacer* (faire) ou *cosas* (choses) reviennent sans cesse : on a relevé 157 emplois du premier et 107 du second ; le verbe *decir* (dire) revient 144 fois et le verbe *tener* (avoir) 111 fois. Et des remarques semblables pourraient être faites pour un certain nombre d'expressions usuelles du langage parlé. Nous avons estimé que ce serait une trahison de traduire ces expressions et ces mots fort banals par des expressions ou des mots plus expressifs en français. On ne sera donc pas étonné de voir si souvent apparaître des « choses » que l'on « fait », que l'on « dit », que l'on « a »...

D'une manière générale, cette traduction a délibérément refusé de donner une fausse élégance à un texte qui nous a été transmis dans l'état où il nous est parvenu. Elle tente plutôt de donner l'impression d'un récit à l'état brut, avec ses maladresses et ses répétitions, dans la pauvreté de son vocabulaire et la sécheresse de nombre de ses notations. Grâce à quoi, espérons-le, n'en apparaîtra que davantage la profonde originalité du message qu'il nous transmet.

Antoine Lauras s.j.

Préface du Père Nadal

1 J'avais, moi-même ainsi que d'autres Pères, entendu dire à notre Père Ignace qu'il avait désiré que Dieu lui accorde trois bienfaits avant qu'il ne quitte cette vie[1] : le premier, que l'Institut de la Compagnie fût confirmé par le Siège Apostolique ; le second, que les Exercices spirituels le fussent également ; le troisième, qu'il pût écrire les Constitutions[2].

2 Me souvenant de cela et voyant qu'il avait tout obtenu, je craignais qu'il ne fût appelé à nous quitter pour une vie meilleure. Sachant que les saints Pères fondateurs d'un institut monastique avaient coutume de donner à leurs fils, en guise de testament, quelques avis qu'ils estimaient pouvoir les aider pour parvenir à la perfection de la vertu, je cherchais le

1. Cette préface de Jérôme Nadal est postérieure à celle de Louis Gonçalves da Câmara qui va suivre : elle a été rédigée entre 1561 et 1567, après la mort de saint Ignace (1556). Jérôme Nadal, entré dans la Compagnie de Jésus en 1545, gagna rapidement la confiance d'Ignace qui le chargea de « déclarer » les Constitutions de la Compagnie de Jésus et l'adjoignit à son gouvernement à partir de 1554. La préface de Câmara confirme que c'est bien lui qui a pris l'initiative de demander au Père Ignace de raconter son itinéraire spirituel.

2. La Compagnie de Jésus avait été confirmée par Paul III le 27 septembre 1540 et les *Exercices spirituels* approuvés par le même pontife en 1548. Quant aux *Constitutions*, si une première rédaction avait été faite entre 1547 et 1551, elles furent complétées ensuite d'après les remarques des premiers compagnons et approuvées par la Congrégation Générale de 1558.

moment où je pourrais opportunément demander la même chose au Père Ignace.
Or il arriva qu'un jour de l'année 1551 où nous étions ensemble, le Père Ignace me dit : « J'étais à l'instant plus haut que le ciel » ; il avait eu, je crois, une extase ou un ravissement, comme cela lui arrivait fréquemment[3]. Avec grand respect, je lui demande : « Qu'est-ce à dire, Père ? » Il détourne la conversation sur d'autres sujets. Pour moi, pensant donc le moment opportun, je prie et supplie le Père de bien vouloir nous exposer la manière dont le Seigneur l'avait dirigé depuis le début de sa conversion ; afin que cette relation puisse tenir lieu pour nous de testament et d'enseignement de notre Père. « Car, dis-je, comme vous avez obtenu, Père, les trois choses que vous désiriez voir avant votre mort, nous craignons que vous ne soyez appelé au ciel. »

3 Le Père prit pour excuses ses occupations : il ne pouvait consacrer à cela ni son attention ni son temps. Et pourtant, dit-il : « Célébrez trois messes à cette intention, Polanco, Ponce et vous ; et après avoir prié, rapportez-moi ce que vous pensez[4]. » « Père, dis-je, nous penserons la même chose que maintenant. » Il ajouta avec une grande douceur : « Faites ce que je dis. » Nous avons célébré les messes ; nous avons rapporté la même chose ; il promit de le faire.
L'année suivante, de retour de Sicile pour être envoyé en Espagne, je demandai au Père s'il avait fait quelque chose. « Rien », me dit-il. Lorsque je revins d'Espagne en 1554, je lui pose de nouveau la question : il n'avait pas commencé[5]. Mû alors par je ne sais quelle pensée, je dis fermement au Père : « Il y a presque quatre ans que je vous

---

3. Sur ces grâces mystiques accordées à Ignace voir le *Journal spirituel* et notre *Récit*, n°s 99 et 100.

4. Cf. la manière de faire élection dans les *Exercices*, n°s 135, 175-189. Jean de Polanco (1517-1576) fut, à partir de 1547, secrétaire d'Ignace. Ponce Cogordan était à l'époque procureur de la maison de Rome.

5. Sur ce point, Nadal commet une erreur : Ignace a commencé son récit en septembre 1553 (cf. *infra*, préface de Câmara, n° 3).

demande, Père, non seulement en mon nom, mais aussi au nom des autres Pères, de nous expliquer comment le Seigneur vous a formé depuis le début de votre conversion ; nous sommes persuadés que cela sera extrêmement utile et pour nous et pour la Compagnie. Mais comme je vois que vous ne nous donnez rien de cela, je veux vous assurer d'une chose : si vous faites ce que nous désirons tant, nous tirerons grand profit de ce bienfait ; si vous ne le faites pas, nous ne perdrons pas pour autant courage, mais nous aurons une aussi grande confiance dans le Seigneur que si vous aviez tout écrit. »

4 Le Père ne répondit rien, mais (le jour même, à ce que je crois), il appela le Père Louis Gonçalves[6] et commença à lui raconter ce que ce Père, doué d'une excellente mémoire, mettait ensuite par écrit. Ce sont les *Acta Patris Ignatii* qui passent maintenant de main en main.
Le Père Louis fut électeur à la première Congrégation Générale et y fut élu assistant du Préposé Général, le Père Lainez. Plus tard, il forma aux lettres et aux mœurs chrétiennes le roi du Portugal, don Sébastien. C'est un Père remarquable par sa piété et sa vertu. Le Père Gonçalves a écrit en partie en espagnol et en partie en italien, selon les secrétaires dont il pouvait disposer. Le Père Annibal du Coudray[7], homme très savant et pieux, l'a traduit en latin. Tous deux, auteur et traducteur, vivent encore.

---

6. Sur Louis Gonçalves da Câmara, voir notre introduction, p. 11-13.
7. Annibal du Coudray, né à Sallanches en 1525, entré dans la Compagnie en 1546, mort à Avignon en 1599, fit une traduction latine des *Acta Patris Ignatii* durant un séjour à Rome entre 1559 et 1561.

LES ITINÉRAIRES DU PÈLERIN

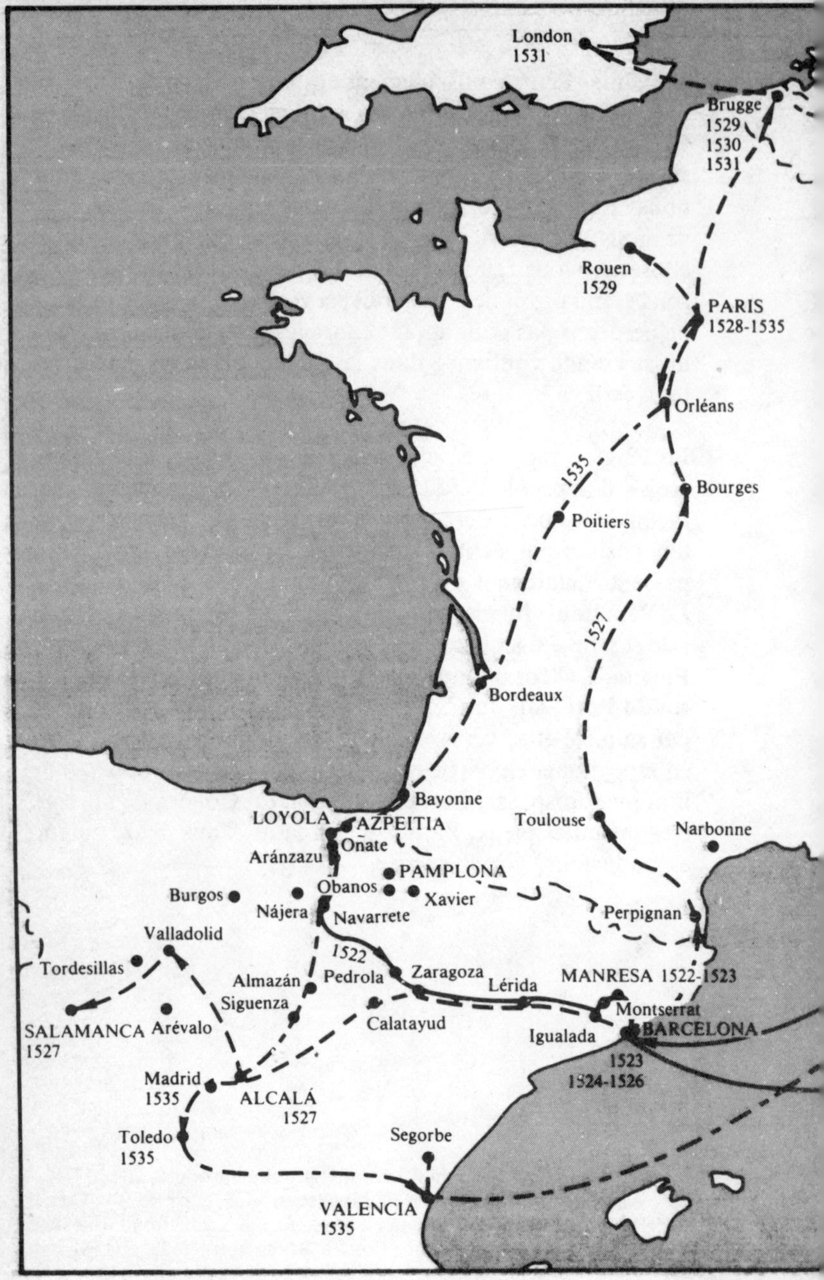

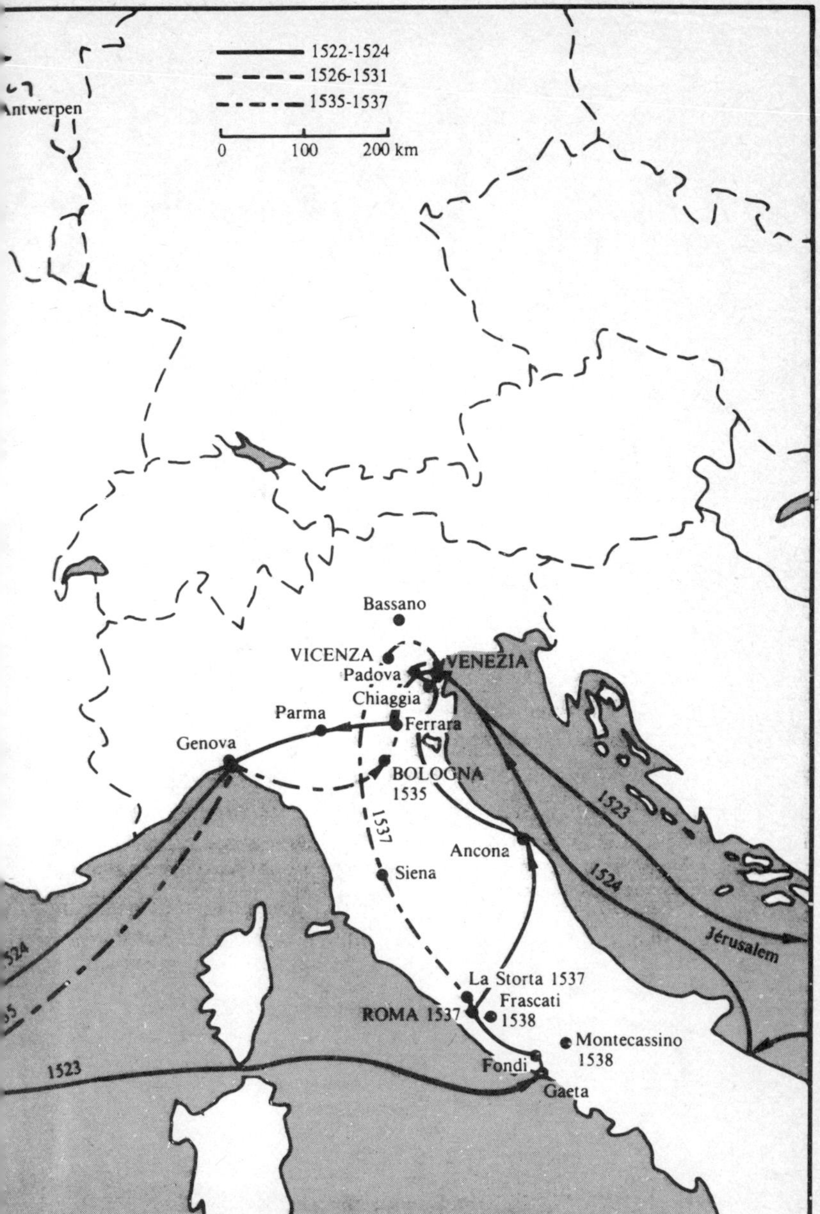

1522-1524
1526-1531
1535-1537
0
100
200 km
Antwerpen
Bassano
VICENZA
VENEZIA
Padova
Chiaggia
Parma
Ferrara
Genova
BOLOGNA
1535
1523
1537
Ancona
1524
Siena
Jérusalem
La Storta 1537
Frascati
1538
ROMA 1537
Montecassino
1538
Fondi
1523
Gaeta

il n'osait dire à personne qu'il allait à Jérusalem

Préface du Père Gonçalves da Câmara

1 En 1553, le vendredi matin 4 août, veille de Notre-Dame-des-Neiges, alors que le Père était dans le jardin attenant à ce qu'on appelle la maison ou les appartements du Duc[1], je me mis à lui rendre compte de certains points particuliers de mon âme ; entre autres choses, je lui parlai de la vaine gloire. Le Père me donna comme remède de rapporter souvent toutes mes choses à Dieu, en m'efforçant de lui offrir tout ce qu'il y a de bon en moi, le reconnaissant pour sien et lui en rendant grâce. Et il me parla de cela d'une manière qui me consola beaucoup, au point que je ne pus contenir mes larmes. Et c'est ainsi que le Père me raconta comment il avait été travaillé par ce vice pendant deux ans, tellement que, alors qu'il s'embarquait à Barcelone pour Jérusalem, il n'osait dire à personne qu'il allait à Jérusalem[2] ; et il en fut ainsi en d'autres cas semblables. Et il ajouta encore quelle grande paix il avait ressentie depuis sur ce point en son âme. Une ou deux heures après, nous sommes allés manger. Alors qu'il mangeait avec Maître Polanco et moi, notre Père dit

1. La maison de Rome, dont il ne reste aujourd'hui que les petites chambres où saint Ignace a vécu les dernières années de sa vie, était composée d'éléments disparates, acquis par achats ou par dons, à mesure que les besoins grandissaient. On avait donné le nom « du Duc » à une partie de la maison, parce que, à l'occasion du jubilé de 1550, François de Borgia, duc de Gandie, y avait séjourné, alors qu'il n'avait pas encore rendu publique son appartenance à la Compagnie de Jésus.

2. *Infra*, n° 36 du *Récit*.

que bien souvent Maître Nadal et d'autres de la Compagnie lui avaient demandé une chose et qu'il ne s'y était jamais décidé ; mais que, après avoir parlé avec moi et s'être recueilli dans sa chambre, il avait eu une grande dévotion et inclination à le faire et s'y était totalement décidé. Il parlait d'une manière qui montrait que Dieu lui avait clairement fait voir qu'il devait le faire. Cette chose, c'était de révéler tout ce qui s'était passé dans son âme jusqu'à ce jour[3]. Il avait aussi décidé que je serais celui à qui il découvrirait ces choses.

2 Le Père allait alors très mal, et il avait accoutumé de ne jamais se promettre un jour de vie. Au contraire, lorsque quelqu'un dit : « Je ferai cela dans les quinze jours, ou dans les huit jours qui viennent », le Père dit toujours[4], comme étonné : « Comment ? vous pensez vivre si longtemps ? » Et pourtant il me dit cette fois qu'il espérait vivre trois ou quatre mois pour achever cette chose. Le lendemain je lui parlai et lui demandai quand il voulait que nous commencions. Il me répondit de le lui rappeler chaque jour (je ne me rappelle plus quel jour c'était) jusqu'à ce qu'il soit disposé à le faire. Et comme il ne l'était pas en raison de ses occupations, il en vint ensuite à ce qu'on le lui rappelle chaque dimanche. C'est ainsi qu'en septembre (je ne me rappelle plus quel jour c'était), le Père m'appela et commença à me dire toute sa vie et ses écarts de jeune homme, d'une manière claire, distincte, et avec toutes les circonstances. Ensuite il m'appela trois ou quatre fois pendant le même mois et arriva dans son récit aux premiers jours de son temps à Manrèse, comme cela se voit au changement d'écriture[5].

3. La décision du 4 août 1553 ne porte pas sur la réponse positive donnée à la demande des compagnons, puisque selon Nadal (Préface, n° 3), Ignace en a fait la promesse en 1551, mais sur son exécution.

4. L'usage du présent, ici et au début du n° 3, laisse entendre qu'en rédigeant cette préface, Louis Gonçalves ignorait la mort du Père Ignace le 31 juillet 1556. La nouvelle n'est parvenue à Lisbonne qu'au mois de septembre.

5. Cependant, au numéro 10 du récit, il est question du mois d'« août où ceci est écrit » (et non septembre). Le manuscrit original ayant disparu, on ne peut déterminer précisément le point où Ignace en était

3 La manière de raconter du Père est celle qu'il a habituellement en toutes choses : avec tant de clarté qu'il semble vous rendre présent à tout ce qui est du passé. Et avec cela, il n'était pas nécessaire de lui demander quoi que ce soit, parce que le Père pensait à dire tout ce qui était important pour que l'on comprenne. Quant à moi, j'allais ensuite l'écrire immédiatement, sans en rien dire au Père, d'abord en points écrits de ma main, puis plus longuement, tel que c'est écrit ici[6]. Je me suis efforcé de ne mettre aucun mot que je n'aie entendu du Père. Ce en quoi je crains d'avoir failli, c'est lorsque, pour ne pas m'écarter des paroles du Père, je n'ai pas bien pu faire passer la force de certains mots.
Comme il est dit plus haut, j'ai écrit ceci jusqu'en septembre 1553 ; puis ensuite, jusqu'à l'arrivée du P. Nadal, le 18 octobre 1554, le Père s'est sans cesse excusé en raison de certaines maladies et d'affaires diverses qui survenaient ; il me disait : « Quand telle affaire sera terminée, rappelez-le-moi. » Celle-ci terminée, je le lui rappelai, et il me disait : « Nous sommes maintenant dans cette autre affaire ; quand elle sera terminée, rappelez-le-moi. »

4 Quand il arriva, le Père Nadal se réjouit beaucoup de ce que l'on avait commencé et me recommanda d'importuner le Père, me disant à plusieurs reprises que le Père ne pouvait faire plus de bien à la Compagnie en aucune chose qu'en faisant cela, et que c'était fonder vraiment la Compagnie[7]. Et lui-même parla au Père à plusieurs reprises. Et le Père me dit que je le lui rappelle une fois que serait terminée

---

parvenu avant d'interrompre son récit qu'il ne reprendra que le 9 mars 1555.

6. Sur cette manière de procéder voir notre introduction, p. 12.

7. Ce thème, cher à Jérôme Nadal, fut exploité par lui dès janvier 1557 au cours de conférences qu'il donna au Collège romain (FN II, p. 3-10) et repris à diverses reprises : la Compagnie de Jésus est fondée non seulement sur la grâce de sa reconnaissance officielle par l'Église, mais aussi sur la manière dont la Compagnie de tous les temps et chacun de ses membres, selon sa vocation, s'approprie l'expérience du fondateur.

l'affaire de la dotation du collège[8]. Et celle-ci terminée, une fois que serait terminée celle du Prêtre et que le courrier serait expédié[9].

Nous nous mîmes à la suite du récit le 9 mars. Puis le pape Jules III commença à être en danger et mourut le 23. Le Père différa la chose jusqu'à ce qu'il y eut un pape ; celui-ci, une fois élu, tomba lui aussi malade et mourut ; c'était Marcel (II). Le Père ajourna jusqu'à l'élection de Paul IV[10]. Ensuite, parce qu'il faisait très chaud et qu'il était très occupé, il fut toujours empêché jusqu'au 21 septembre, date à laquelle on commença à parler de m'envoyer en Espagne. Aussi ai-je beaucoup pressé le Père de réaliser ce qu'il m'avait promis. Il me donna rendez-vous pour le 22 au matin, à la Tour Rouge[11]. Aussi, ayant achevé de dire la messe[12], je me suis présenté à lui pour lui demander si c'était l'heure.

5 Il me répondit d'aller l'attendre à la Tour Rouge pour que j'y sois quand il y arriverait. Je compris que j'aurais à l'attendre là longtemps. Tandis que je me trouvais sous un portique en train de parler avec un Frère qui m'avait intéressé sur une affaire, le Père arriva et me reprit pour avoir manqué à l'obéissance en ne l'attendant pas là-bas. Et il ne voulut rien faire ce jour-là. Nous avons ensuite de nouveau

8. Le Collège romain, aujourd'hui Université pontificale grégorienne, avait été créé par Ignace en 1551. La gratuité de l'enseignement lui valut un grand succès, mais la recherche de subsides et la grande pauvreté du collège fut l'un des soucis d'Ignace durant ses dernières années.

9. Il s'agit du « Prêtre Jean » comme on appelait communément l'empereur d'Éthiopie. A la demande du roi du Portugal, Ignace décida d'envoyer plusieurs missionnaires (un patriarche, deux évêques, des compagnons) pour tenter de le rallier à Rome. Ils n'arrivèrent jamais à destination, sauf un, et durent s'arrêter en Inde.

10. Le cardinal Cervini, très favorable à la Compagnie, fut élu le 10 avril sous le nom de Marcel II et mourut le 1er mai. L'élection du cardinal Jean-Pierre Carafa, Paul IV, eut lieu le 23 mai.

11. Un bâtiment annexe de la maison, qui servait d'infirmerie.

12. Les manuscrits espagnols connus actuellement se terminent ici, laissant la phrase inachevée. En 1730, les Pères bollandistes en avaient découvert un qui contenait la fin de cette préface et qu'ils traduisirent en latin.

insisté beaucoup auprès de lui... Et c'est ainsi qu'il retourna à la Tour Rouge. Il dictait en marchant, comme il avait toujours fait auparavant. Quant à moi, pour observer son visage, je m'approchais toujours un peu de lui. Le Père me disait : « Observez la règle. » Et une fois, négligeant son avertissement, je m'approchai de lui — et je retombai à deux ou trois reprises dans cette faute —, le Père m'en fit la remarque et s'en alla.

Enfin, par la suite, il revint finir de me dicter à la même Tour Rouge ce qui est maintenant écrit. Mais j'étais depuis un certain temps sur le point de partir en voyage (en effet la veille de mon départ fut le dernier jour où le Père parla avec moi de ce sujet) ; aussi n'ai-je pas pu tout rédiger au complet à Rome. N'ayant pas à Gênes de secrétaire espagnol, j'ai dicté en italien ce que j'avais apporté de Rome sous forme de points. J'ai mis un point final au manuscrit en décembre 1555, à Gênes.

1
Loyola

1 Jusqu'à la vingt-sixième année de sa vie[1], il fut un homme adonné aux vanités du monde ; il se délectait surtout dans l'exercice des armes, avec un grand et vain désir de gagner de l'honneur[2].

Et ainsi, se trouvant dans une forteresse que les Français attaquaient, alors que tous étaient d'avis qu'on se rende si l'on

---

1. Les historiens disposent aujourd'hui d'arguments solides pour fixer la naissance d'Iñigo de Loyola en 1491. Si donc, comme le fait Polanco dans des écrits antérieurs au nôtre (*Sum.hisp.*, FN 1, p. 154 et 261) on rapproche explicitement l'âge de vingt-six ans et la blessure de Pampelune (20 mai 1521), Ignace commet une erreur : il avait en réalité trente ans. Mais, outre qu'il ne fait pas lui-même ce rapprochement explicite, des historiens avancent une autre hypothèse : l'année de ses vingt-six ans, 1517, a été marquée par un important changement dans la vie d'Iñigo. Il a vu se précipiter la disgrâce, bientôt suivie de la mort, le 12 août, de Jean Velasquez de Cuellar, trésorier général de Castille, à la cour duquel il servait comme page à Arevalo. Il entra alors au service d'Antoine de Manrique, duc de Najera et vice-roi de Navarre. Autant sa vie avait été frivole et relâchée à la cour d'Arevalo, autant elle fut sérieuse et utile auprès du duc qui d'ailleurs sut apprécier l'éminence de ses services (cf. *infra*, n° 13).

2. Louis Gonçalves da Câmara résume en ces quelques lignes le premier entretien qu'il eut avec Ignace (Préface, n° 2). Polanco est plus complet : « Bien que très attaché à la foi, il ne vivait pas en conformité avec celle-ci et ne prenait pas garde aux péchés ; il était spécialement adonné aux jeux et aux affaires de femmes, ainsi qu'aux rixes et à l'usage des armes » (*Sum.Hisp.*, FN 1, p. 154). On notera cependant le choix des mots typiquement ignatiens : adonné, vanité, se délecter, gagner de l'honneur... Quant à « l'exercice des armes », il faisait partie de l'éducation des jeunes nobles, mais leur usage n'était pas réservé au métier militaire.

avait la vie sauve, — car ils voyaient clairement qu'ils ne pouvaient pas se défendre —, il donna à l'alcade[3] tant de raisons qu'il le persuada malgré tout de se défendre, à l'encontre de l'avis de tous les chevaliers, lesquels étaient réconfortés par son courage et son énergie. Et le jour venu où l'on attendait l'attaque de l'artillerie, il se confessa[4] à l'un de ses compagnons d'armes. Après que la canonnade eut duré un bon moment, une bombarde l'atteignit à une jambe, la brisant toute ; et, parce que le boulet passa entre les deux jambes, l'autre reçut aussi une mauvaise blessure[5].

2 Et alors, lui tombé, ceux de la forteresse se rendirent aussitôt aux Français. Ces derniers, après avoir pris possession de la place, traitèrent fort bien le blessé, le traitant d'une manière courtoise et amicale. Et après qu'il fut resté douze ou quinze jours à Pampelune, ils l'emmenèrent sur une litière dans sa patrie.

Là, comme il se trouvait très mal, et qu'on avait appelé tous

3. Ce titre s'applique au commandant de la forteresse de Pampelune, Michel de Herrera. Profitant de l'absence de Charles Quint et de la « guerre des Communes » en Castille, en vue de favoriser les prétentions d'Henri d'Albret au trône de Navarre, François Ier avait envoyé une armée sous les ordres d'André de Foix pour assiéger la ville et appuyer l'armée navarraise, dans laquelle combattaient deux frères aînés de Françoix Xavier... De son côté, le chef de la famille de Loyola, Martin Garcia, accompagné de son jeune frère, était arrivé à Pampelune avec un maigre renfort du Guipúzcoa, alors que la ville avait déjà décidé de se rendre aux Français. Il se retira avec ses hommes, tandis qu'Iñigo s'enfermait dans la forteresse. Il s'y trouvait donc de sa propre initiative.

4. Cette confession, qui n'a pas valeur sacramentelle, était d'usage dans l'ancienne chevalerie. On en trouve des exemples dans les chansons de geste.

5. En novembre 1519, Iñigo avait sollicité et obtenu la licence de porter l'épée, ce qui supose qu'il en avait perdu le droit, peut-être lorsqu'en 1515, pour échapper à la justice civile, il s'était livré à l'officialité diocésaine de Pampelune, en qualité de tonsuré... (cf. Luis Fernandez Martin, *Un episodio desconocido de la juventud de Ignacio de Loyola*, AHSI, tome 44, 1975, p. 131-138). On imagine que, ce 20 mai 1520, il rêvait d'en découdre à la manière des chevaliers. Il est brutalement ramené à son époque, où la guerre déjà moderne se gagne grâce à la préparation de l'artillerie.

dévotion = facilité à trouver Dieu —

les médecins et chirurgiens de beaucoup d'endroits, ceux-ci jugèrent que la jambe devait à nouveau être démise et les os remis à leur place ; ils disaient que, ayant été mal remis précédemment ou s'étant démis pendant le voyage, les os n'étaient pas à leur place et que, en conséquence, il ne pouvait pas guérir. Et l'on fit de nouveau cette boucherie durant laquelle, comme lors de toutes les autres qu'il avait supportées auparavant ou qu'il supporta par la suite, il ne dit jamais un mot et ne manifesta d'autre signe de douleur que de serrer beaucoup les poings[6].

3 Cependant il allait de plus en plus mal, sans pouvoir manger et avec tous les autres symptômes qui sont ordinairement l'annonce de la mort. Arrivé au jour de la Saint-Jean, comme les médecins avaient très peu d'espoir de le sauver, il lui fut conseillé de se confesser. Et alors, ayant reçu les sacrements, la veille de Saint-Pierre et Saint-Paul, les médecins dirent que si, d'ici minuit, il ne ressentait pas d'amélioration, on pouvait le compter pour mort. Ledit malade avait toujours été dévot envers saint Pierre ; et ainsi notre Seigneur voulut qu'au milieu de cette même nuit il commença à se trouver mieux[7]. Et l'amélioration se confirma tellement qu'au bout de quelques jours on jugea qu'il était hors du danger de mort.

4 Et les os venant bientôt à se ressouder les uns aux autres,

---

6. On remarquera, ici et dans la suite du récit, des excès de langage et de style. Le genre littéraire tend à dramatiser les situations. Est-ce Ignace ou Louis Gonçalves qui adopte ce style ? Impossible d'en décider. La mémoire est portée par le genre littéraire et réciproquement.

7. Ce passage éclaire la religion d'Iñigo avant sa conversion, conforme à la piété de son époque. La « dévotion » se traduit par des pratiques extérieures dont font partie les sacrements et le culte des saints. Un ermitage proche de la maison familiale était placé sous le patronage de saint Pierre, de même que l'église d'Arevalo. Selon Polanco, il aurait composé une ode au Prince des Apôtres quand il était page à la cour. Autre trait de cette religion : l'heureuse issue d'une alternative est interprétée comme un signe divin. Ainsi du chemin que prit la mule sur la route de Montserrat (*infra*, n° 16). Cette religion de pratiques et de signes s'intériorisera progressivement : à la fin du récit, la « dévotion » est définie comme « facilité à trouver Dieu » (n° 99).

Ignace ne peut accepter de garder une jambe laide → prêt à souffrir pour ...

il lui resta sous le genou un os qui chevauchait sur un autre, en raison de quoi la jambe restait plus courte; et l'os était à cet endroit si proéminent que c'était chose laide. Lui, ne pouvant souffrir cela, parce qu'il était décidé à suivre le monde et jugeait que cela l'enlaidirait[8], demanda aux chirurgiens si l'on pouvait couper cela. Ils lui dirent qu'on pouvait fort bien couper, mais que les douleurs seraient plus grandes que toutes celles qu'il avait connues, parce que cet os était maintenant guéri et qu'il faudrait du temps pour le couper. Et cependant il se décida à se martyriser de son propre gré, bien que son frère aîné s'épouvantât et dît que lui n'oserait pas souffrir une telle douleur. Le blessé la souffrit avec sa patience habituelle.

5 Et la chair une fois coupée ainsi que l'os qui dépassait là, on s'appliqua à employer des remèdes pour que la jambe ne restât pas si courte, en recourant à beaucoup d'onguents et en l'étirant de façon continue avec des instruments qui le martyrisèrent de nombreux jours. Mais notre Seigneur lui donna la santé; et il alla si bien qu'il était en bonne santé pour tout le reste, mais ne pouvait se tenir bien sur sa jambe et était ainsi contraint de rester au lit. Et comme il était très adonné à la lecture des livres[9] mondains et menteurs, que l'on a coutume d'appeler livres de chevalerie[10], se sentant

8. Cette insistance sur la laideur manifeste le sens esthétique d'Ignace. Il était soigneux de sa personne (n° 19), de son écriture aussi (n° 11). La protubérance de l'os l'aurait empêché, selon Ribadeneira (*Vita*, FN IV, p. 85), de porter « une botte très ajustée et très élégante », lui qui aimait « les beaux atours et bien s'habiller ». Ce sens esthétique se retrouve dans les *Exercices* : laideur du péché, laideur corporelle (n°s 57, 58), le Christ « beau et gracieux » (n° 144).

9. Le thème du livre introduit ici va jouer dans la conversion d'Iñigo et par la suite un rôle majeur. Il décide de changer de vie à la suite de ses lectures (n°s 6 et 7), en recopie des passages dans un livre (n° 11), puis des notes plus personnelles (n° 18) qui seront à l'origine du livret des *Exercices spirituels* (n° 99). L'invention de l'imprimerie est récente (1450), mais déjà le livre imprimé pénètre dans les maisons particulières, comme la demeure de Loyola, a fortiori dans les milieux cultivés comme à la cour d'Arevalo, au cœur de la vieille Castille.

10. Les romans de chevalerie sont une forme dégradée de l'antique

il ne voyait pas combien il était impossible de réaliser cela

bien, il demanda qu'on lui en donne quelques-uns pour passer le temps. Mais il ne se trouva dans cette maison aucun de ceux qu'il avait l'habitude de lire ; et c'est ainsi qu'on lui donna une *Vita Christi* et un livre de la vie des saints en espagnol[11].

6 En en faisant souvent la lecture, il s'attachait quelque peu à ce qui s'y trouvait écrit. Mais, cessant de les lire, il s'arrêtait quelquefois pour penser aux choses qu'il avait lues ; d'autres fois aux choses du monde auxquelles il avait autrefois l'habitude de penser. Et parmi les nombreuses choses vaines qui s'offraient à lui, l'une occupait tellement son cœur qu'il était ensuite plongé dans cette pensée pendant deux, trois, quatre heures sans s'en apercevoir ; il imaginait ce qu'il devait faire au service d'une dame, les moyens qu'il prendrait pour pouvoir aller au pays où elle se trouvait, les pièces de vers et les paroles qu'il lui dirait, les faits d'armes qu'il ferait à son service. Et il était si vaniteux de cela qu'il ne voyait pas combien il était impossible de pouvoir réaliser cela ;

---

chanson de geste, elle-même relayée par les romans du cycle breton (*Tristan et Yseult, Lancelot du Lac*, etc.). Ils exploitent le thème du chevalier errant, amoureux d'une femme idéale qui devient sa « maîtresse » au sens fort et chaste du mot, celle qui commande, éprouve le chevalier et lui permet de se dépasser ; il en reçoit le courage d'accomplir des exploits au cours d'interminables pérégrinations. Le plus célèbre de ces romans, en Espagne, était *Amadis de Gaule*, publié en 1508 par Garcia de Montalvo. En raison de leur caractère nostalgique et morbide, qui faisait leur succès, les romans de chevalerie ont été condamnés sans discrimination par les auteurs spirituels. D'où le jugement rétrospectif qu'Ignace porte sur eux en 1553.

11. Jérôme Nadal est, semble-t-il, le premier qui ait identifié, en 1557, cette *Vita Christi*, comme étant la *Vida de Cristo* de Ludolphe de Saxe, dit le Chartreux († 1377), traduite en castillan par Ambrosio Montesino et imprimé à Alcalá en 1502 (*Apologia contra censuram Facultatis theologicae parisiensis*, FN II, p. 64). L'auteur commente en longs développements les récits évangéliques, pour fournir au lecteur une matière à sa méditation. L'autre livre est la traduction, faite par le cistercien Gauberto Maria Vagad, de la *Legenda aurea* ou *Flos sanctorum* du dominicain Jacques de Voragine († 1298), qui a longtemps bénéficié de la faveur de l'Occident chrétien. Chaque chapitre du livre est consacré à une fête de l'année liturgique, où l'héroïsme des saints côtoie sans cesse le merveilleux.

car la dame n'était pas d'une noblesse ordinaire : ni comtesse, ni duchesse, mais d'une condition plus élevée que celle de l'une ou de l'autre[12].

7 Cependant notre Seigneur venait à son secours en faisant qu'à ces pensées en succèdent d'autres qui naissaient des choses qu'il lisait. Car en lisant la vie de notre Seigneur et des saints, il s'arrêtait pour penser, raisonnant en lui-même : « Que serait-ce si je faisais ce qu'a fait saint François et ce qu'a fait saint Dominique[13] ? » Et il réfléchissait ainsi à de nombreuses choses difficiles et pénibles ; quand il se les propo-

12. En dépit de la précision apportée par Ignace — « ni comtesse ni duchesse » — qui semble indiquer une personne de sang royal, est-il nécessaire de pousser plus loin l'investigation ? On a cité les noms de Germaine de Foix, veuve de Ferdinand le Catholique ; d'Éléonor, sœur aînée de Charles Quint, et, surtout, de l'infortunée Catherine, fille de Jeanne la Folle et sœur cadette de l'Empereur, qui épousera Jean III de Portugal en 1525... Il est possible que cette dame inaccessible ait existé, mais surtout dans l'imagination d'Iñigo, stimulée par le souvenir des romans de chevalerie. C'est en effet un lieu commun de cette littérature : ainsi Amadis multiplie ses exploits pour le service de la reine Oriane. Certains récits hagiographiques ont exploité la même veine : « Je vais prendre l'épouse la plus belle et la plus noble que vous ayez jamais vue », fait dire Thomas de Celano à François d'Assise, parlant de Dame Pauvreté (*Vie*, I, 7).

13. Les franciscains ont joué un rôle important dans le renouveau spirituel de Castille au début du XVIe siècle, grâce au cardinal François Jimenes de Cisneros, franciscain lui-même et confesseur de la reine Isabelle (Mark Rotsaert, *Ignace de Loyola et les renouveaux spirituels en Castille au début du XVIe siècle*, CIS, Rome 1982, p. 24-25, 44-45, 56-64) ; une cousine d'Iñigo, Marie Lopez de Emparan, était entrée dans le Tiers-Ordre de saint François ; à Arevalo, Marie de Guevara, mère de Marie de Velasco, avait fondé le couvent des Clarisses que Jean de Velasquez, son gendre, avait doté ; le duc de Najera favorisait la réforme franciscaine. Quelques faits de la vie de saint François, lus dans la *Légende dorée*, semblent avoir inspiré Iñigo après sa conversion : réparation d'une statue (n° 13), don de ses vêtements à un pauvre (n° 18), fréquentation des pauvres dans les hôpitaux, visite d'une maison pestiférée (n° 83)... En revanche, il n'avait pas de liens antécédents avec saint Dominique. Du long chapitre que Jacques de Voragine a consacré au fondateur de son Ordre, Iñigo a sans doute retenu les austérités et le zèle apostolique de Dominique. Par la suite, l'influence de François est plus sensible dans les *Exercices* (contemplation de la Nativité, n° 114), celle de Dominique dans les *Constitutions*.

il s'attardait à la pensée qui se présentait et au sentiment qu'elle laissait

sait, il lui semblait trouver en lui la facilité de les réaliser. Mais toute sa réflexion était de se dire en lui-même : « Saint Dominique a fait ceci : eh bien, moi, il faut que je le fasse. Saint François a fait cela : eh bien, moi, il faut que je le fasse. » Ces pensées duraient, elles aussi, un bon moment ; et puis d'autres choses survenaient auxquelles succédaient les pensées du monde dont il a été parlé plus haut, et il s'arrêtait aussi à celles-ci un grand moment. Et cette succession de pensées si diverses dura pour lui un long temps, et il s'attardait toujours à la pensée qui se présentait, qu'il s'agisse de ces exploits mondains qu'il désirait faire ou de ces autres exploits pour Dieu qui s'offraient à son imagination, jusqu'à ce que, fatigué, il la laisse et porte son attention sur d'autres choses[14].

8 Il y avait pourtant cette différence : quand il pensait à cette chose du monde il s'y délectait ; mais quand ensuite, fatigué, il la laissait, il se trouvait sec et mécontent. Mais quand il pensait à aller nu-pieds à Jérusalem, à ne manger que des herbes, à faire toutes les autres austérités qu'il voyait avoir été faites par les saints[15], non seulement il était consolé

14. Les lectures donnent naissance à des *pensées*, puis à des projets conçus sous la forme d'*exploits* pour Dieu qui entrent en conflit avec ceux qu'il imagine pour le service d'une dame : « *aller* jusqu'à la terre où elle était / *aller* nu-pieds à Jérusalem… des faits d'armes qu'il *ferait* / *faire* toutes les austérités » des saints (n°s 6 et 8). Est amorcé ici ce qui est devenu la structure des deux parties de la méditation du Règne (*Ex.spir.*, n°s 91-98).

15. Les œuvres projetées viennent des lectures : l'abstinence d'aliments, des récits tirés du monachisme ancien ; les pénitences extérieures, des récits de l'époque médiévale. Quant au pèlerinage à Jérusalem, il était une pratique assez courante, mais Iñigo renchérit sur la manière de l'accomplir : nu-pieds et accompagné d'austérités. Si on ne trouve pas trace du pèlerinage en Terre Sainte dans la *Légende Dorée*, Ludolphe le Chartreux en fait un vif éloge dans le Prologue à sa *Vita Christi* : « C'est assurément un saint et pieux exercice de contempler la terre sainte de Jérusalem, parce que toutes les églises de notre Rédempteur ne cessent nuit et jour de s'y associer, car le souverain roi notre Christ, en mourant sur elle et en l'illuminant de sa parole et de sa doctrine, l'a finalement consacrée avec son précieux sang. Et j'ai souhaité qu'il en soit ainsi : c'est une entreprise encore plus délectable de la voir avec

Peser la différence entre
Tristesse et contentement
=> la diversité des esprits

quand il se trouvait dans de telles pensées, mais encore, après les avoir laissées, il restait content et allègre. Mais il ne faisait pas attention à cela et ne s'arrêtait pas à peser cette différence jusqu'à ce que, une fois, ses yeux s'ouvrirent un peu : il commença à s'étonner de cette diversité et à faire réflexion sur elle ; saisissant par expérience qu'après certaines pensées il restait triste et après d'autres allègre, il en vint peu à peu à connaître la diversité des esprits qui l'agitaient, l'un du démon, l'autre de Dieu.

Ce fut la première réflexion qu'il fit sur les choses de Dieu ; et, ensuite, quand il fit les Exercices, c'est à partir de là qu'il commença à être éclairé sur ce qui concerne la diversité des esprits[16].

9 Et ayant acquis de cette lecture une lumière non négligeable, il commença à penser plus sérieusement à sa vie passée et à la grande nécessité où il était d'en faire pénitence[17]. Et alors les désirs se présentaient à lui d'imiter les saints, considérant moins les circonstances que le fait de se promettre ainsi avec la grâce de Dieu de faire comme eux avaient fait. Plus que tout, ce qu'il désirait faire, dès qu'il serait guéri, était d'aller à Jérusalem, comme il a été dit plus haut, avec autant de disciplines[18] et autant d'abstinences qu'un cœur

---

les yeux du corps et de la méditer avec l'entendement, parce qu'en chacun de ses lieux le Seigneur a opéré notre salut. Qui peut raconter combien de dévots ont parcouru et ont visité chacun de ses lieux et, d'un cœur enflammé, ont baisé la terre et embrassé les lieux dans lesquels ils savaient et entendaient que notre Seigneur s'est tenu ou s'est assis ou a fait quelque chose ? Et tantôt ils se frappent la poitrine, tantôt ils pleurent et gémissent, poussent des soupirs vers le ciel avec des gestes de lamentation, avec dévotion et parfois avec une contrition qui paraît au dehors, car en vérité ils la possèdent au dedans : ils provoquent aux larmes les Maures. »

16. La note marginale de Câmara a été certainement ajoutée après la rédaction finale, lorsqu'Ignace eut raconté comment il avait composé le livre des *Exercices* (n° 99).

17. Les lumières reçues, qui ont engendré des projets encore imaginaires, obligent Iñigo à jeter un regard lucide sur son passé. Dès lors, le projet se précise : comme il l'a lu dans la vie des saints, il décide de faire pénitence en adoptant le statut social du pénitent-pèlerin.

18. Il s'agit soit de l'instrument de pénitence utilisé pour se flageller, soit de la flagellation elle-même (cf. n°s 13 et 57 : *disciplinar*, se donner la discipline).

généreux et enflammé de Dieu désire ordinairement faire.

10 Et déjà s'en allaient à l'oubli les pensées d'autrefois grâce aux saints désirs qu'il avait, lesquels lui furent confirmés par une visitation, de la manière suivante. Étant éveillé une nuit, il vit clairement une image de Notre-Dame avec le saint Enfant Jésus : de cette vue, qui dura un espace de temps notable, il reçut une très excessive consolation et il demeura avec un tel dégoût de toute sa vie passée, et spécialement des choses de la chair, qu'il lui semblait qu'on avait enlevé de son âme toutes les images qui y étaient peintes auparavant. Ainsi depuis cette heure jusqu'en août 1553, où ceci est écrit, il n'eut jamais plus même le plus petit consentement aux choses de la chair[19]. Et par cet effet on peut juger que la chose était de Dieu bien que lui n'osât pas en décider et ne dît rien de plus qu'affirmer ce qui vient d'être dit. Mais son frère et toutes les autres personnes de la maison en vinrent à connaître par l'extérieur le changement qui s'était fait dans son âme intérieurement.

11 Lui, ne se souciant de rien, persévérait dans sa lecture et dans ses bons projets. Et le temps où il s'entretenait avec les gens de la maison, il le passait tout entier aux choses de Dieu, grâce à quoi, il faisait du bien à leurs âmes. Et comme il

19. Sans mettre en doute la sincérité ni même la véracité du récit, on doit reconnaître que ce genre de vision est commun dans la littérature hagiographique. Dans la *Légende des trois compagnons* (n° 8), après une visite du Seigneur, « François se jugea misérable et il n'eut que mépris pour ce qu'auparavant il avait aimé ». De même, Iñigo a lu dans la *Légende dorée* le récit d'une vision de la Vierge obtenue par la prière de saint Dominique : « La Mère de Dieu revint auprès de Réginald et lui oignit de nouveau le corps, de telle façon que non seulement sa fièvre disparut à jamais, mais que toute ardeur de concupiscence l'abandonna. Lui-même a avoué que, pas une seule fois depuis lors, il n'a ressenti même le premier mouvement d'un désir charnel. » Le récit d'Ignace est plus sobre : il ne parle que d'une absence de « consentement » aux pulsions charnelles. On notera aussi la précision du terme : il a vu une « image ». Il ne se prononce pas sur l'origine divine de la « visitation », mais seulement sur son effet : une consolation jointe à une purification.

Il goûtait beaucoup ses livres
3 activités dont l'écriture
pour la relecture

goûtait beaucoup ses livres, la pensée lui vint d'en tirer, en résumé, certaines choses plus essentielles de la vie du Christ et des saints. C'est ainsi qu'il se mit à écrire un livre avec beaucoup de soin (car il commençait à se lever un peu dans la maison) : les paroles du Christ à l'encre rouge, celles de Notre-Dame à l'encre bleue, le papier était lisse et rayé, et cela était bien écrit, car il était très bon calligraphe. Il passait une partie du temps à écrire et une partie en oraison. Et la plus grande consolation qu'il recevait était de regarder le ciel et les étoiles, ce qu'il faisait souvent et pendant un bon espace de temps, parce qu'il en ressentait en lui un très grand élan pour servir notre Seigneur[20]. Il pensait souvent à son projet, désirant être déjà tout à fait guéri pour se mettre en route.

Ce livre eut environ 300 feuilles toutes écrites au format in-quarto.

12 Et quand il formait des plans sur ce qu'il ferait après être revenu de Jérusalem afin de vivre toujours dans la pénitence, l'idée se présentait à lui d'entrer à la Chartreuse de Séville, sans dire qui il était, pour qu'on fît moins de cas de lui, et de n'y manger jamais que des herbes[21]. Mais quand, à un

20. Trois activités nouvelles sont décrites ici et prendront une importance croissante : la conversation spirituelle pour le profit des âmes, qui deviendra la forme privilégiée de l'apostolat d'Ignace. Le rapport à l'écriture, joint ici au goût de l'esthète, mais qui deviendra de plus en plus opératoire : servir à la relecture de l'expérience spirituelle, puis à la transmission de ce qui peut aider les autres dans leur vie spirituelle (n°s 99 et 100). L'oraison enfin, qui prend déjà la forme caractéristique de la prière d'Ignace : de la contemplation du ciel et des étoiles, comme il aimera le faire à Rome (cf. Ribadeneira, *Vita*, FN IV, 747) jaillit non un « Cantique des créatures », mais un « grand élan pour servir notre Seigneur ».

21. N'envisageant qu'un pèlerinage à Jérusalem — le projet d'un séjour définitif ne viendra qu'après Manrèse (n° 45) —, Iñigo réfléchit sur ce qu'il fera à son retour, à la manière de ses délibérations ultérieures : ou bien/ou bien... Il eut par la suite de nombreux contacts avec les chartreux (*infra* n°s 75, 90). Plus tard, en 1544, un pacte de communication des biens spirituels sera conclu entre la Compagnie de Jésus et l'Ordre de la Chartreuse. Allant plus loin dans un article au titre insolite et quelque peu provocant : « Saint Ignace de Loyola chartreux »... (*Nouvelle revue théologique*, tome 78 [1957], p. 937-951), le Père Jean Beyer analyse les traits communs entre les deux Ordres.

Il a un grand scrupule de ne pas se détourner de la vérité

autre moment, il recommençait à penser aux pénitences qu'il désirait faire en allant par le monde, le désir de la Chartreuse se refroidissait en lui, craignant de ne pouvoir exercer la haine qu'il avait conçue contre lui-même[22]. Cependant il chargea un serviteur de la maison qui allait à Burgos de s'informer sur la règle de la Chartreuse. Et les informations qu'il eut sur celle-ci lui parurent bonnes. Mais, pour la raison dite plus haut, et parce qu'il était tout occupé par le voyage qu'il pensait faire bientôt et qu'il ne devait s'occuper de cela qu'après son retour, il ne la considérait pas tellement.

Au contraire, se trouvant déjà avoir quelques forces, il lui parut qu'il était temps de partir et il dit à son frère : « Messire, le duc de Najera, comme vous le savez, sait que je vais bien. Il sera bon que j'aille à Navarrete. » (Le duc s'y trouvait alors.) Son frère le mena dans une chambre, puis dans une autre et, avec beaucoup de marques d'étonnement, se mit à le prier de ne pas aller à sa perte : qu'il considère quelle espérance les gens mettent en lui et toute sa valeur, ainsi que d'autres paroles semblables, toutes dans l'intention de le détourner du bon désir qu'il avait. Mais la réponse fut telle que, sans se détourner de la vérité, point sur lequel, en effet, il avait déjà un grand scrupule, il se débarrassa de son frère[23].

Son frère et certaines personnes de la maison soupçonnaient qu'il voulait faire quelque grand changement.

22. « Haine de soi » : l'expression ne sera jamais reprise dans le *Récit* et n'est jamais employée dans les *Exercices spirituels*. De même, le mot *péché (pecado)* n'a pas encore été prononcé dans le *Récit* : lorsqu'il apparaîtra pour la première fois, Ignace dit que, dans sa détermination de faire de grandes pénitences, il n'avait « plus tellement en vue de satisfaire pour ses péchés que d'être agréable à Dieu » (n° 14).

23. L'ultime conversation d'Iñigo avec son frère Martin Garcia, le chef de la famille, est très énigmatique. La mise en scène est soignée, les propos de Martin Garcia sont bien résumés, mais on ne saura jamais quelle fut la teneur de la réponse d'Iñigo. Le verbe *se descabulló* laisse entendre qu'empêtré dans les arguments de son frère, il a dû faire preuve d'une certaine ruse... C'était probablement dans les derniers jours de février 1522 ; huit mois s'étaient écoulés depuis la blessure de Pampelune.

2
Vers Montserrat

13 Et ainsi, alors qu'il chevauchait sur une mule, un autre de ses frères voulut aller avec lui jusqu'à Oñate[1]. Il le persuada, chemin faisant, de bien vouloir faire avec lui une veillée à Notre-Dame d'Aranzazu[2]. Après y avoir fait

Depuis le jour où il partit de sa terre, il se donnait toujours chaque nuit la discipline.

oraison pendant cette nuit afin d'acquérir de nouvelles forces pour son chemin, il laissa son frère à Oñate chez une sœur qu'il allait visiter, et lui-même s'en alla à Navarrete. Et venant à se souvenir qu'on lui devait quelques ducats chez le duc, il lui sembla qu'il serait bien de les percevoir, et il écrivit à cette fin un billet au trésorier. Et le trésorier ayant dit qu'il n'avait pas d'argent et le duc l'ayant su, ce dernier dit que l'argent pouvait manquer pour tout le monde, mais qu'il ne manquerait pas pour Loyola, auquel il désirait donner une bonne lieutenance, s'il voulait bien l'accepter, en raison du crédit qu'il avait acquis dans

---

1. Sans doute Pero Lopez, recteur de la paroisse d'Azpeitia. C'est lui qui a voulu, probablement en accord avec l'aîné et peut-être sur son ordre, accompagner Iñigo avec deux serviteurs. Celui-ci aurait préféré partir seul ; mais voyager seul, sur une mule et non à cheval, n'est pas digne d'un gentilhomme.

2. Lieu de pèlerinage marial dans la montagne, à une trentaine de kilomètres au sud de Loyola, au-delà d'Oñate. Selon la *Lettre* de Lainez (*infra* p. 164, n° 5), Iñigo a fait en chemin « le vœu de chasteté à Notre-Dame ». Comme il ne semble pas qu'il ait visité un autre sanctuaire marial avant Montserrat, on suppose que c'est à Aranzazu qu'il a fait ce vœu.

Limites de conversion
opposition vertus intérieures et oeuvres extérieures

toute sa consolation dans ces pensées

le passé[3]. Il recouvra l'argent ; il en fit distribuer une partie à certaines personnes envers qui il se sentait obligé et une autre partie pour une image de Notre-Dame qui était en mauvais état, pour qu'on la remette en état et qu'on l'orne très bien[4]. Puis, renvoyant les deux serviteurs qui étaient avec lui, il partit seul sur sa mule de Navarrete pour Montserrat.

Il avait une si grande aversion pour ses péchés passés et un si vif désir de faire de grandes choses par amour pour Dieu que, sans préjuger que ses péchés étaient pardonnés, il ne s'en souvenait pas beaucoup dans les pénitences qu'il entreprenait de faire.

14 Et sur ce chemin il lui arriva une chose qu'il sera bon d'écrire pour que l'on comprenne comment notre Seigneur se comportait avec cette âme qui était encore aveugle, bien qu'elle eût de grands désirs de le servir en tout ce qu'elle pouvait connaître[5]. Et ainsi il décidait de faire de grandes pénitences, n'ayant plus tellement en vue de satisfaire pour ses péchés que d'être agréable à Dieu et de lui plaire. Et ainsi, lorsqu'il se souvenait de faire quelque pénitence que les saints avaient faite, il se proposait de la faire et même davantage. Et il trouvait toute sa consolation dans ces pensées, ne considérant aucune chose intérieure et ne sachant pas ce qu'étaient l'humilité, ni la charité, ni la patience, ni le discernement pour régler et mesurer ces vertus. Mais toute son

3. Pour Iñigo, l'économie monétaire qui est en train de se développer a un sens. En cela, il n'est plus du temps de saint François d'Assise, un de ses modèles, pour qui l'argent n'a pas plus de valeur que « les cailloux ». Il a acquis auprès du duc de Najera un double « crédit » : de valeur morale selon le code médiéval, et de valeur pécuniaire selon le code socio-économique. Il refuse la lieutenance qui lui est offerte en récompense de son crédit moral, mais il réclame l'argent qui lui est dû. C'est une manière exemplaire de se délier à la fois de son patron et des personnes auprès desquelles il s'est lui-même endetté.

4. Le geste rappelle celui de saint François réparant l'église délabrée de Saint-Damien.

5. L'Ignace de 1553 explique pourquoi il va raconter le récit qui suit, non comme une histoire édifiante, mais pour marquer les limites de sa conversion : il est passé du désir aux actes (le verbe *faire* est répété six fois en quelques lignes), mais selon la problématique des exploits et des records *(faire davantage)*. Il souligne donc l'opposition entre les vertus *intérieures* sans lesquelles les pénitences n'ont pas de valeur, et les grandes œuvres *extérieures*.

intention était de faire de grandes œuvres extérieures parce que les saints les avaient faites pour la gloire de Dieu, sans considérer aucune circonstance plus particulière.

15 Donc, alors qu'il allait son chemin, un Maure le rejoignit, monté sur un mulet[6]. Et tous deux, faisant route en parlant, en vinrent à parler de Notre-Dame[7]. Et le Maure disait qu'à son avis la Vierge avait bien conçu sans un homme ; mais qu'elle demeure vierge en enfantant, il ne pouvait le croire ; et il donnait pour cela les causes naturelles qui se présentaient à lui. En dépit des nombreuses raisons avancées par le Pèlerin[8], il ne put le faire renoncer à cette opinion. Et alors, le Maure s'élança si rapidement qu'il le perdit de vue ; il resta là à penser à ce qui s'était passé avec le Maure. Là-dessus lui vinrent des motions qui provoquaient du mécontentement dans son âme, parce qu'il lui semblait qu'il n'avait pas fait son devoir, et qui lui causaient aussi de l'indignation contre le Maure, parce qu'il lui semblait qu'il avait mal fait en laissant un Maure dire de telles choses de Notre-Dame et qu'il était tenu de le rattraper pour l'honneur de celle-ci. Et c'est ainsi que lui venaient des désirs d'aller chercher le Maure et de lui donner des coups de poignard pour ce qu'il

---

6. Il s'agit d'un de ces musulmans amenés par la loi à se convertir depuis les mesures prises par Ferdinand et Isabelle, souverains d'Espagne, en même temps qu'ils achevaient la reconquête du sud du pays sur l'islam. En 1478, ils ont érigé l'Inquisition d'abord contre les juifs, sommés en 1492 de se convertir ou de s'expatrier, puis, avec une moindre rigueur parce qu'ils étaient de condition plus humble, contre les maures.

7. Depuis l'apparition de Loyola (n° 10), la Vierge Marie est la figure dominante de l'itinéraire d'Iñigo et le voyage est ponctué de haltes mariales : la veillée d'Aranzazu et la réparation de la statue (n° 13), la dispute avec le Maure, jusqu'à la veillé de Montserrat (nos 17-19). C'est pourquoi il entre dans un débat théologique, oubliant les lois de la chevalerie qui interdisent au chevalier de discuter avec un infidèle et lui ordonnent de tuer celui qui s'entête (cf. Pedro de Leturia, *El gentilhombre Iñigo de Loyola*, Ed. Labor, Barcelone, 1949, p. 248).

8. C'est désormais le titre que se donne Ignace jusqu'à la fin du récit. Il exprime à la fois le sens de ses pérégrinations et « le chemin par lequel le Seigneur l'a dirigé depuis les premiers jours de sa conversion » (Préface de Nadal, n° 2).

avait dit. Et demeurant longtemps dans le combat intérieur de ces désirs, il resta à la fin dans le doute, sans savoir ce qu'il était obligé de faire. Le Maure, qui était parti en avant, lui avait dit qu'il allait à un endroit qui se trouvait un peu plus loin sur le même chemin que le sien, très près du chemin royal, mais sans que le chemin royal passât par cet endroit.

16 Et alors, après s'être fatigué à examiner ce qu'il serait bon de faire et ne trouvant aucune chose certaine à laquelle se décider, il se décida à ceci, à savoir laisser aller la mule les rênes lâches jusqu'à l'endroit où les chemins se séparaient[9]. Et si la mule allait par le chemin du village, il chercherait le Maure et lui donnerait des coups de poignard ; si elle n'allait pas en direction du village, mais prenait le chemin royal, il le laisserait tranquille. Et ayant fait comme il l'avait pensé, notre Seigneur voulut que, bien que le village fût à un peu plus de trente ou quarante pas et le chemin qui y allait très large et excellent, la mule prît le chemin royal et laissât celui du village.
Et parvenu à une grande agglomération avant Montserrat, il voulut y acheter le vêtement qu'il avait décidé de porter, avec lequel il devait aller à Jérusalem. Il acheta donc de la toile dont on fait d'ordinaire des sacs, de celle qui est grossièrement tissée et a beaucoup de piquants ; et il en fit ensuite faire un vêtement descendant jusqu'aux pieds. Il acheta un bourdon et une petite calebasse et plaça le tout devant l'arçon de sa mule.

Il acheta aussi des espadrilles, dont il ne porta qu'une seule ; et cela non pas par affectation, mais parce qu'une jambe était tout entourée par une bande et en assez mauvais état ; tellement que, bien qu'il allât à cheval, chaque soir il la trouvait enflée : il lui parut nécessaire d'avoir ce pied chaussé.

17 Et il prit son chemin vers Montserrat en pensant, comme il en avait toujours l'habitude, aux exploits qu'il avait à faire

9. Utilisant le vocabulaire du discernement spirituel en face d'une alternative devant conduire à une décision — motion, désir, combat intérieur, examen —, Ignace veut surtout montrer combien, à cette époque, le passage de l'idéal chevaleresque aux conduites évangéliques est loin d'être achevé.

pour l'amour de Dieu. Et comme il avait tout l'esprit plein de ces choses d'*Amadis de Gaule* et de livres semblables, certaines choses semblables à celles-là lui venaient à la pensée[10]. Et c'est ainsi qu'il décida de faire une veillée d'armes toute une nuit, sans s'asseoir ni se coucher, mais tantôt debout et tantôt à genoux, devant l'autel de Notre-Dame de Montserrat où il avait décidé de laisser ses vêtements et de revêtir les armes du Christ[11]. Ayant donc quitté cet endroit, il s'en fut, selon son habitude, en pensant à ses projets. Et arrivé à Montserrat[12], après avoir fait oraison et

---

10. Iñigo est inspiré par un passage du quatrième livre d'*Amadis de Gaule* où est décrite la veillée d'Esplandian, fils d'Amadis et d'Oriane. Entouré de quatre damoiseaux, « il se tenait au milieu de ses compagnons. Agenouillés devant l'autel de la Vierge Marie, ils firent leur veillée d'armes, comme c'était alors la coutume. Tous avaient déposé casque et gantelets. Esplandian était si beau au milieu d'eux que son visage resplendissait comme les rayons du soleil. Il était magnifique à voir, agenouillé avec beaucoup de dévotion et grande humilité, il priait celle qui serait son avocate auprès de son Fils glorieux, qui l'aiderait et le dirigerait dans son service, pour qu'il travaille à son honneur et reçoive la grâce par sa bonté infinie... Il resta ainsi toute la nuit, sans rien dire d'autre que ces demandes et beaucoup d'autres prières ». (Cité par P. de Leturia, *El gentilhombre...*, p. 257). Le rituel de l'investiture était celui que va suivre Iñigo à Montserrat : confession (et bain rituel), vêture, veillée, messe.

11. L'expression « armes du Christ » peut désigner les instruments du combat spirituel, comme dans saint Paul (Rm 13,13 ; Ep 6,11). Elle est à prendre ici plutôt dans le sens héraldique et désigner le vêtement qui permet de reconnaître que tel serviteur appartient à tel maître. Elle est synonyme de « livrée », comme dans les *Constitutions*, n° 101 : « se revêtir du vêtement et de la livrée de leur Seigneur ». Le changement de vêtement, signifiant un changement d'état, a une portée sociale.

12. Au plus tard le 21 mars 1522. Le sanctuaire marial de Montserrat, érigé en abbaye bénédictine au XIe siècle, est devenu un des hauts lieux de la réforme religieuse au temps des rois catholiques, grâce à son abbé Garcia Jimenez de Cisneros, cousin du cardinal confesseur de la reine Isabelle. Cette réforme fut marquée par une plus grande importance donnée à l'oraison méthodique et à la *lectio divina* (lecture méditée de l'Écriture), entraînant un raccourcissement des heures canoniales, de l'office liturgique et du temps donné au travail manuel. La bibliothèque s'est également enrichie de nombreux ouvrages traitant de l'oraison affective, d'origine franciscaine. En outre, Garcia de Cisneros, chargé d'une mission diplomatique en France, y a découvert la spiritualité de la *Devotio moderna*, qui a inspiré son *Exercitatorio de la vida espiritual*, publié en 1500, qu'Iñigo a probablement connu.

s'être entendu avec le confesseur, il fit par écrit une confession générale; et cette confession dura trois jours[13]. Et il s'entendit avec le confesseur pour qu'il fasse recueillir la mule et qu'il suspende l'épée et le poignard dans l'église à l'autel de Notre-Dame. Et ce fut le premier homme à qui il découvrit sa décision car, jusqu'ici, il ne l'avait découverte à aucun confesseur.

18 La veille de Notre-Dame de mars, la nuit, en l'an 1522, il s'en alla le plus secrètement qu'il put vers un pauvre; se dépouillant de tous ses vêtements, il les donna à un pauvre et se vêtit de son vêtement désiré, et il alla s'agenouiller devant l'autel de Notre-Dame; et tantôt dans cette position, tantôt debout, son bourdon à la main, il passa toute la nuit.
Et au lever du jour il partit pour ne pas être reconnu; et il ne prit pas le chemin direct de Barcelone où il aurait trouvé beaucoup de gens qui l'auraient reconnu et lui auraient fait honneur, mais il obliqua vers une localité appelée Manrèse où il décida de rester quelques jours dans un hôpital et de noter aussi certaines choses dans son livre qu'il gardait avec beaucoup de soin et avec lequel il était très consolé[14].

13. Jean Chanon, confesseur des pèlerins, était ancien curé de Mirepoix en France. La confession d'Iñigo, en trois jours et par écrit, n'est pas un exploit : il s'y est préparé par la lecture et la méditation de quelque opuscule de piété, faisant ce qu'on appelle aujourd'hui une petite retraite, ponctuée d'entretiens avec son confesseur.

14. Le récit dit clairement que ce fut à l'aube du 25 mars. Selon des témoignages plus tardifs, celui d'Antoine Araoz s.j. en particulier, son séjour aurait été plus long, mais ils sont contredits par les premiers témoins (cf. la note du Père Candido de Dalmases dans *Obras completas*, BAC, quatrième édition, Madrid, 1982, p. 101). Il est fort possible, en revanche, que, de Manrèse, Iñigo soit retourné quelquefois à l'abbaye. Quant au détour et au choix de Manrèse, Ignace en donne deux raisons : la première fait sans doute allusion au cortège triomphal qui accompagnait le cardinal d'Utrecht, récemment élu pape sous le nom d'Adrien VI, qui devait s'embarquer à Barcelone pour Rome. En réalité, le danger était assez lointain, puisque le cortège était encore à Saragosse le 29 mars. La seconde raison est le désir de prendre des notes dans son livre, celui qu'il avait commencé à Loyola. Il établit un lien entre ces notes et la consolation : il ne se contente plus de copier des passages tirés de ses lectures.

Et il était déjà à une lieue de Montserrat quand le rejoignit un homme qui venait en grande hâte sur ses traces ; il lui demanda s'il avait donné des vêtements à un pauvre, comme le disait ce pauvre. Tout en répondant que oui, les larmes lui montèrent aux yeux par compassion pour le pauvre auquel il avait donné ses vêtements ; par compassion, parce qu'il comprit qu'on humiliait celui-ci en pensant qu'il les avait dérobés[15]. Mais, bien qu'il fit beaucoup pour fuir l'estime, il ne put être beaucoup à Manrèse sans que les gens ne disent de grandes choses, leur opinion venant de ce qui s'était passé à Montserrat. Et bientôt la renommée grandit jusqu'à dire plus que ce qui était : qu'il avait abandonné tant de rente, etc.[16]

---

15. « Les premières larmes » d'Ignace, note Lainez (*Lettre*, n° 6, infra p. 165), sont interprétées comme un signe de conversion intérieure.

16. Iñigo a dû révéler son identité à l'officier de police. La crainte de la vaine gloire se prolongera jusqu'à son départ pour Jérusalem (cf. Préface de Câmara, n° 1).

3
Manrèse

19 Et à Manrèse[1] il demandait l'aumône chaque jour. Il ne mangeait pas de viande et ne buvait pas de vin, même si on lui en donnait ; les dimanches il ne jeûnait pas, et si on lui donnait un peu de vin, il le buvait. Et parce qu'il avait été très soucieux de soigner sa chevelure, comme on avait l'habitude de faire à cette époque, et qu'il en avait une fort belle, il décida de la laisser pousser comme elle venait naturelle-

---

1. Manrèse est à l'époque une ville d'environ 2000 habitants. Un pont romain, enjambant le Cardoner, ouvre la route vers Montserrat. La ville possède une cathédrale (la *Seo*), bien qu'il n'y ait plus d'évêché, plusieurs chapelles et églises non paroissiales, des couvents (carmes, dominicains, cisterciens, clarisses) et trois hôpitaux ou hospices dont celui de Sainte-Lucie pour les malades pauvres. Ignace aimera se retirer dans la solitude de quelques ermitages environnants (Saint-Paul et Notre-Dame de Villadordis) ou dans une des grottes à flanc de rochers qui surplombent le Cardoner. Cependant sa vie n'a pas été celle d'un ermite : reçu d'abord à l'hôpital Sainte-Lucie, il a logé ensuite dans le couvent des dominicains qui lui ont affecté une cellule et, lorsqu'il a été malade, chez des habitants de la cité. Son séjour a duré de la fin mars 1522 à la mi-février 1523. Dans son récit, Iñigo paraît distinguer trois périodes : la première, vécue dans l'allégresse et l'égalité d'âme, aurait, selon Lainez, duré quatre mois (*Lettre*, n° 8, *infra* p. 165) ; la seconde a été un temps de grandes peines et de scrupules dont il dit qu'il fut tourmenté « de nombreux mois » (n° 23) ; enfin, une période de grâces et d'illuminations. Les autres récits de ce séjour ne sont pas concordants, mais il ne semble pas nécessaire de chercher à établir une chronologie exacte des événements : suivant son propos, Ignace a probablement reconstitué son récit pour mettre en relief les arêtes spirituelles ; c'est en tout cas évident à partir du n° 28.

ment, sans la peigner ni la couper, ni la couvrir avec quoi que ce soit, de nuit comme de jour. Et pour la même raison, il laissait pousser les ongles de ses pieds et de ses mains, parce qu'il en avait aussi été très soucieux[2].

Alors qu'il était dans cet hôpital, il lui arriva à maintes reprises en plein jour de voir une chose en l'air près de lui : elle lui donnait beaucoup de consolation, parce qu'elle était très belle, extrêmement belle. Il ne distinguait pas bien de quelle espèce était la chose, mais il lui semblait d'une certaine manière qu'elle avait la forme d'un serpent et qu'elle avait beaucoup de choses qui resplendissaient comme des yeux, tout en ne l'étant pas. Il se délectait beaucoup et était consolé de voir cette chose ; et plus souvent il la voyait, plus grandissait la consolation ; et quand cette chose disparaissait de sa vue, il en éprouvait du déplaisir[3].

20 Jusqu'à cette époque il avait toujours persévéré pour ainsi dire dans un même état intérieur, dans une grande égalité d'allégresse, sans avoir aucune connaissance des choses inté-

---

2. Iñigo met en œuvre son projet de faire comme les saints, « et même davantage » (n.14) par une série d'« exploits » ascétiques. Son abstinence alimentaire dépasse en rigueur celle que saint François a prescrite dans sa Règle : en dehors des jours de jeûne, « qu'il leur soit permis, selon l'Évangile, de manger de tout ce qu'on leur présente » (Première Règle des Frères Mineurs, n.3). Quant à l'excentricité des cheveux et des ongles, dont l'exemple vient de certains Pères du Désert, elle signifie en outre le reniement du passé.

3. Polanco précise la description en parlant de « sept ou huit yeux », et il ajoute que l'apparition avait lieu plusieurs fois par jour et qu'elle se produisit jusqu'à Paris et à Rome (*Sum.Hisp.*, FN 1, p. 160). L'évocation de cette sorte d'hallucination ouvre et ferme le récit de Manrèse, formant comme une inclusion (cf. n° 31) : c'est dire l'importance qu'avec le recul du temps Ignace lui accorde en racontant son récit. Elle est sans doute à mettre en rapport avec le tourment de la vaine gloire, contre laquelle Iñigo mène un combat obstiné dans sa conscience, mais qui réapparaît sous cette forme imaginaire. La « vision » jouerait alors la fonction d'un miroir, reflétant l'image séduisante *(belle, yeux, serpent)* qu'Iñigo veut, bien qu'il s'en défende, donner de lui-même. D'où le plaisir qu'il éprouve lorsqu'elle apparaît (cf. Louis Beirnaert, « L'expérience fondamentale d'Ignace de Loyola et l'expérience psychanalytique », dans *Expérience chrétienne et psychologie*, Éditions de l'Épi, Paris, 1964, p. 303-307).

aucune connaissance des choses intérieures spirituelles
reconnaissance de l'ennemi intérieur

rieures spirituelles. Pendant les jours où dura cette vision, ou un peu avant qu'elle ne commençât (car elle dura beaucoup de jours), il lui vint une pensée lancinante qui le tourmenta : elle lui représentait la difficulté de sa vie, comme si on lui avait dit au fond de son âme : « Et comment pourras-tu supporter cette vie pendant les soixante-dix ans que tu dois vivre[4] ? » Mais, à cela il répondit intérieurement aussi avec une grande force (sentant bien que cela venait de l'ennemi) : « Oh misérable ! Peux-tu, toi, promettre une heure de vie ? » Et ainsi il vainquit la tentation et demeura tranquille. Ce fut la première tentation qui lui vint après celle mentionnée plus haut. Et ceci eut lieu alors qu'il entrait dans une église où il entendait chaque jour la grand-messe, les vêpres et les complies, toutes chantées, sentant une grande consolation à les entendre[5] ; et ordinairement il lisait la

4. C'est la tentation de ceux qui commencent à progresser dans le service de Dieu, « pour qu'on n'aille pas plus loin » (*Ex.spir.*, n° 315). Une lettre de 1536 à Thérèse Rejadell, bénédictine de Barcelone, évoque le souvenir de cette première tentation d'Iñigo : « La tactique de l'ennemi à l'égard des commençants qui veulent servir Dieu notre Seigneur consiste à leur susciter des empêchements et des obstacles. C'est la première arme dont il essaie de les frapper. Par exemple : "Comment vas-tu pouvoir passer toute ta vie dans une si grande pénitence, privé de la joie de tes parents, de tes amis, de tes biens, dans une vie solitaire, sans jamais un peu de repos ? N'y a-t-il pas d'autres manières de sauver ton âme sans te mettre en tant de périls ?" Il nous donne à entendre, dans les souffrances qu'il nous fait passer devant les yeux, que nous aurons à vivre la vie la plus longue qu'on ait jamais vécue, mais il ne nous montre pas les soulagements et les consolations si nombreuses accordées habituellement par le Seigneur quand son nouveau serviteur surmonte toutes ces difficultés en choisissant de vouloir souffrir avec son Créateur et Seigneur » (Dumeige, *Lettres*, p. 50). A noter, dans cette même lettre, que la seconde tentation est précisément celle de la vaine gloire.

5. Ces remarques à l'imparfait, éparses dans le récit, permettent de reconstituer l'emploi du temps ou le règlement de vie d'Iñigo à Manrèse : la prière personnelle, sept heures par jour (nos 23, 26), des lectures (n° 26), la participation aux offices liturgiques et aux processions (nos 20, 28, 29), la demande de nourriture (n° 19), les entretiens spirituels (nos 21, 26, 29, 34), des promenades (n° 30), un temps fixé pour le sommeil (n° 28), confession et communion chaque dimanche (nos 21, 25).

Passion pendant la messe[6], agissant toujours avec la même égalité d'âme.

21 Mais bientôt après la tentation susdite, il commença à avoir de grandes alternances dans son âme, se trouvant parfois dans une telle fadeur qu'il ne trouvait pas de goût à dire des prières, ni à entendre la messe, ni à quelque autre prière qu'il faisait. Et d'autres fois, c'était tellement le contraire de cela qui survenait, et tellement subitement, qu'il lui semblait qu'on lui avait enlevé tristesse et désolation, comme on enlève une cape des épaules de quelqu'un[7].

Et il se mit alors à s'effrayer de ces alternances qu'il n'avait jamais éprouvées auparavant et à se dire en lui-même : « Quelle est cette nouvelle vie que nous commençons maintenant ? » A cette époque encore, il conversait parfois avec des personnes spirituelles qui l'avaient en estime et désiraient converser avec lui. En effet, bien qu'il n'eût pas de connaissance des choses spirituelles, il montrait toutefois dans ses paroles beaucoup de ferveur et une grande volonté d'aller de l'avant dans le service de Dieu. Il y avait en ce temps-là, à Manrèse, une femme avancée en âge et très vieille aussi dans l'état de servante de Dieu, connue comme telle en bien des régions de l'Espagne ; tellement que le roi catholique l'avait appelée une fois pour lui communiquer certaines choses[8]. Cette femme s'entretenant un jour avec le nouveau

---

6. Cette pratique n'est pas une singularité. Iñigo avait, comme beaucoup de fidèles non illettrés, un des nombreux *Livres d'Heures* où l'on pouvait suivre la messe comme une représentation de la Passion, chaque partie étant rapportée à une scène de la Passion du Christ. Ces manuels connurent longtemps une grande fortune (cf. Jean-Claude Dhôtel, *Les origines du catéchisme moderne*, collection Théologie 71, Aubier-Montaigne, Paris, 1964, p. 380-384).

7. Annoncée par les tentations, commence ici une période d'épreuve. A la « grande égalité d'allégresse » succède l'« effroi » en face des alternances de désolation et de consolation, bientôt relayées par une désolation constante du fait des scrupules qui vont tourmenter Iñigo pendant « de nombreux mois ».

8. Aucun autre document n'a permis de préciser l'identité de cette femme, la seule, au dire d'Ignace, qui l'ait efficacement aidé à Manrèse (n° 37). On peut la ranger parmi les « béates » qui, entre 1500

soldat du Christ[9], lui dit : « Oh ! plaise à mon Seigneur Jésus-Christ qu'il veuille vous apparaître un jour ! » Mais il s'effraya de cela, prenant la chose matériellement : « Comment Jésus-Christ doit-il m'apparaître à moi[10] ? » Il persévérait toujours dans son habitude de se confesser et de communier chaque dimanche.

22 Mais ce faisant il en vint à être très travaillé par des scrupules[11]. Car, bien que la confession générale qu'il avait faite à Montserrat l'avait été avec beaucoup de soin et tout entière par écrit, comme il a été dit, il lui paraissait cependant parfois qu'il n'avait pas confessé certaines choses, et cela lui donnait bien du tourment ; en effet, bien qu'il s'en confessât, il n'était pas satisfait. Aussi se mit-il à chercher des hommes spirituels qui le guériraient de ces scrupules ; mais aucune chose ne l'aidait. Et enfin un docteur de la cathé-

---

et 1530, ont exercé une influence sur la vie spirituelle en Castille. L'histoire a retenu les noms de quelques-unes, appartenant le plus souvent aux tiers ordres de saint François et de saint Dominique. Les béates « jouissent d'une haute considération auprès du peuple parce qu'elles mènent une vie de prière et de pénitence et plus encore parce qu'elles sont favorisées de grâces mystiques (ou pseudo-mystiques). Elles sont consultées par les prêtres et les religieux, les simples fidèles, mais aussi par le roi Ferdinand, le très influent duc d'Albe, et par le puissant cardinal Cisneros en personne » (Mark Rotsaert, *op. cit.*, p. 67). Le rôle discret de direction spirituelle rempli par des femmes, comme sainte Angèle Merici en Italie, est assez répandu dans toute l'Europe depuis la fin du Moyen Age.

9. L'expression est unique dans le récit. Fréquente dans la littérature spirituelle (Érasme, *Enchiridion militis Christi*), elle n'est pas reprise par Ignace dans les *Exercices spirituels* ni dans les *Constitutions*.

10. Iñigo est si désemparé que tout l'effraie : « Quelle est cette nouvelle vie ? ». Il ne sait pas que commence une seconde conversion où il passera de l'activité à la passivité, de la conquête héroïque à l'humilité de l'accueil.

11. Nouvelle étape : Iñigo a l'obscure conscience que sa vie n'est pas vraie et va chercher dans sa vie passée, dans quel péché non avoué se trouve le mensonge. De l'expérience de Manrèse, il a élaboré une pensée nuancée, quoiqu'incomplète, au sujet des scrupules (*Ex.spir.*, n°s 345-351). Mais pour lors, il assiste à la progressive détérioration de l'image qu'il avait de lui-même qui, de positive qu'elle était, devient totalement négative.

drale, homme très spirituel qui y prêchait[12], lui dit un jour lors de sa confession d'écrire tout ce qu'il pouvait se rappeler. Il fit ainsi ; et après qu'il se fut confessé, les scrupules recommençaient encore, les choses devenant chaque fois plus subtiles, en sorte qu'il se trouvait très tourmenté. Et bien que d'une certaine manière il sût que ces scrupules lui faisaient grand tort et qu'il serait bon de s'en débarrasser, il ne pouvait en venir à bout par lui-même. Il pensait parfois que le remède pour lui serait que son confesseur lui ordonnât, au nom de Jésus-Christ, de ne confesser aucune des choses passées ; et il désirait ainsi que le confesseur le lui ordonnât, mais il n'avait pas la hardiesse de le dire au confesseur[13].

23 Mais, sans qu'il le lui dît, le confesseur en vint à lui ordonner de ne confesser aucune des choses passées, à moins que ce ne fût quelque chose de bien clair. Mais comme il tenait toutes ces choses pour très claires, il ne tira aucun profit de cet ordre. Aussi restait-il toujours travaillé. A cette époque il était dans une petite chambre que les dominicains lui avaient donnée dans leur monastère et il persévérait[14] dans ses sept heures d'oraison à genoux, — se levant régulièrement à minuit[15] —, et dans tous les autres exercices déjà mention-

---

12. En énumérant les éminentes qualités de ce confesseur — docteur, prédicateur à la cathédrale, homme très spirituel — Iñigo annonce que « le remède » ne peut venir d'aucune créature (n° 23), mais de Dieu seul.

13. Ce manque de hardiesse est ici une conséquence de la crise de scrupules qui paralyse Iñigo. Cependant, en d'autres occasions (cf. n° 36 et, plus tard, lorsqu'il sera élu Général), il veut recevoir d'un autre, parlant « au nom de Jésus-Christ », la confirmation de ce qu'il pense être juste.

14. Le verbe *perseverar*, appliqué au règlement de vie et aux exercices inscrits à son programme, est répété quatre fois durant cette période (nos 21, 23, 25, 27). Ne sachant plus sur quoi fonder son existence et Dieu lui-même restant muet, Iñigo s'accroche à la loi et exprime sa prière par des « cris ». Il recommande dans les *Exercices spirituels*, de ne rien changer en période de désolation (n° 318).

15. Les sept heures d'oraison et le lever de minuit sont peut-être inspirés par le rythme des « heures » de l'office monastique. Dans les *Exercices*, les temps d'oraison sont réduits à cinq, le premier étant à minuit.

nés. Mais il ne trouvait en tous ceux-ci aucun remède à ses scrupules, lesquels le torturaient depuis de nombreux mois. Et une fois, étant très tourmenté par eux, il se mit en prière ; dans la ferveur de celle-ci, il commença à pousser des cris vers Dieu à haute voix en disant : « Secours-moi, Seigneur, car je ne trouve aucun remède chez les hommes ni dans aucune créature. Si je pensais pouvoir le trouver, aucune peine ne me serait grande. Montre-moi, toi, Seigneur, où le trouver ; même s'il est nécessaire de suivre un petit chien pour qu'il me donne le remède, je le ferai. »

24 Alors qu'il était dans ces pensées, lui venaient bien souvent des tentations, avec grande violence, de se jeter par un grand trou qu'il y avait dans sa chambre et qui se trouvait tout à côté du lieu où il faisait oraison. Mais sachant que se tuer était un péché, il se remettait à crier : « Seigneur, je ne ferai pas de chose qui t'offense. » Il répétait souvent ces paroles, comme aussi les précédentes.
Et alors il lui revint à la pensée l'histoire d'un saint qui, pour obtenir de Dieu une chose qu'il désirait beaucoup, resta sans manger pendant de nombreux jours jusqu'à ce qu'il l'obtienne[16]. Et après avoir pensé à cela, un bon moment, à la fin il se décida à le faire, se disant en lui-même qu'il ne boirait ni ne mangerait jusqu'à ce que Dieu lui vienne en aide ou qu'il se voie tout proche de la mort ; en effet, s'il lui arrivait de se voir *in extremis* au point que, s'il ne mangeait pas, il lui faudrait mourir bientôt, il était alors décidé à demander du pain et à manger (comme si, en une telle extrémité, il pouvait le demander et manger).

25 Ceci se passa un dimanche après qu'il eut communié ; et il continua toute la semaine à ne rien mettre en sa bouche, ne

---

16. Dans la notice de la *Légende dorée* consacrée à saint André, on lit que pour obtenir le salut d'un vieillard adonné à la luxure, l'apôtre prit cette résolution : « Je ne mangerai pas jusqu'à ce que je sache si le Seigneur a eu pitié de ce pauvre vieillard. » L'usage des pénitences est recommandé « pour chercher et trouver quelque grâce ou quelque don que l'on souhaite et désire » (*Ex.spir.*, n° 87).

cessant pas de faire ses exercices habituels, ni même d'aller aussi aux offices divins et de faire son oraison à genoux, même à minuit, etc. Mais quand arriva le dimanche suivant, où il lui fallait aller se confesser, comme il avait l'habitude de dire à son confesseur ce qu'il faisait, très en détail, il lui dit aussi comment cette semaine-là il n'avait rien mangé. Le confesseur lui ordonna de rompre cette abstinence.

Bien qu'il se sentît des forces, il obéit pourtant au confesseur, et se trouva ce jour-là et le jour suivant libre de scrupules. Mais le troisième jour, le mardi, étant en oraison, il commença à se souvenir de ses péchés ; et, comme une chose qui allait s'enfilant après une autre, il allait en pensée d'un péché à un autre péché du temps passé, et il lui semblait qu'il était obligé de les confesser à nouveau. Mais à la fin de ces pensées il lui vint certains dégoûts de la vie qu'il menait avec de grandes envies de l'abandonner. Et là-dessus le Seigneur voulut qu'il s'éveillât comme d'un rêve[17]. Et comme il avait déjà une certaine expérience de la diversité des esprits grâce aux leçons que Dieu lui avait données, il se mit à considérer par quels moyens cet esprit était venu. Et alors il décida avec une grande clarté de ne plus confesser aucune des choses passées. Et alors, à partir de ce jour, il demeura libéré de ces scrupules, tenant pour certain que notre Seigneur avait voulu le délivrer par sa miséricorde.

---

17. La soudaineté du changement autorise à penser avec le Père Jean Gouvernaire qu'il s'agit là d'une « consolation sans cause précédente » (*Ex.spir.*, n° 330). Iñigo ne parle pas à proprement parler de consolation, mais il n'hésite pas à attribuer le changement à Dieu seul (cf. Jean Gouvernaire s.j., *Quand Dieu entre à l'improviste*, collection Christus, Desclée de Brouwer, 1980, p. 42). Dans un second temps, Iñigo réfléchit sur ce qui lui est arrivé, « par quels moyens cet esprit lui était venu ». S'il s'agit de l'expérience qu'il vient de vivre immédiatement, il est confirmé dans sa certitude que Dieu seul a mis fin à son désarroi, et non quelque moyen pris par lui ou quelque esprit bon ou mauvais. S'il s'agit d'une relecture de ce qui s'est passé depuis les alternances de consolation et de désolation (n° 21), il déduit que le mauvais esprit a cherché à lui faire abandonner le genre de vie qu'il menait. Quoi qu'il en soit, il conclut librement et sans pouvoir douter, qu'il ne doit plus « confesser aucune de ses fautes passées ».

26 En dehors de ses sept heures d'oraison, il s'occupait à aider quelques âmes[18], qui venaient le chercher, dans les choses spirituelles. Et tout le reste du jour dont il disposait il le consacrait à penser aux choses de Dieu, à ce qu'il avait médité ou lu ce jour-là[19]. Mais quand il allait se coucher, il lui venait souvent de grandes connaissances, de grandes consolations spirituelles ; si bien qu'elles lui faisaient perdre beaucoup du temps qu'il avait destiné au sommeil — et ce n'était pas beaucoup. Et considérant parfois cela, il vint à penser en lui-même qu'il avait décidé un certain temps pour traiter avec Dieu et, en plus, tout le reste de la journée. Et, à partir de là, il se mit à se demander si ces connaissances venaient du bon esprit. Et il en vint à conclure en lui-même qu'il était mieux de les laisser et de dormir pendant le temps destiné au sommeil[20]. Et il fit ainsi.

27 Il persévérait dans son abstinence, sans manger de viande, en s'y tenant fermement, et il ne pensait en aucune manière à la changer. Un jour, au matin, après qu'il se fut levé, se présenta devant lui de la viande pour qu'il la mange, comme s'il la voyait avec les yeux du corps, sans avoir eu précédemment aucun désir de viande[21]. Et en même temps lui vint

---

18. « *Ayudar... almas* » : apparaît ici pour la première fois une expression qui, avec son synonyme « *aprovechar las animas* » reviendra comme un refrain dans la suite du récit et sera le motif des principales décisions ultérieures.

19. Des livres qu'Iñigo a lus pendant son séjour à Manrèse, il ne citera que l'*Imitation de Jésus-Christ* (Câmara, *Mémorial,* n° 97), également recommandée, avec les Évangiles et des vies de saints à partir de la seconde semaine des *Exercices* (n° 100). Mais « lire » est à prendre au sens fort d'une lecture méditée et travaillée. Il n'est pas vraisemblable qu'Iñigo n'ait pas lu, au sens moderne du mot, d'autres ouvrages qu'on lui avait conseillé de lire à Montserrat (on cite ainsi l'*Ejercitatorio de la vida espiritual* de Garcia de Cisneros). Quoi qu'il en soit, l'affirmation souvent répétée d'un Ignace pratiquement inculte (cf. *Lettre* de Lainez, n° 12, *infra*, p. 166) signifie seulement qu'il n'a pas fait d'études classiques socialement reconnues.

20. Iñigo n'affirme rien sur l'origine de ces connaissances et consolations spirituelles. Dans le doute, il décide de s'en tenir au temps fixé pour le sommeil.

21. La « vision » rappelle celle de l'apôtre Pierre à Joppé (Ac 10,

aussi un grand assentiment de la volonté pour que, dorénavant, il en mangeât. Et bien qu'il se souvînt de son propos antérieur, il ne pouvait avoir de doute à ce sujet, mais déciderait qu'il devait manger de la viande. Quand il raconta ensuite cela à son confesseur, le confesseur lui dit de voir si, par hasard, cela n'était pas une tentation ; mais lui, en examinant bien cela, ne put jamais avoir de doute à ce sujet. En ce temps-là[22] Dieu se comportait avec lui de la même manière qu'un maître d'école se comporte avec un enfant : il l'enseignait. Que cela fût à cause de sa rudesse et de son esprit grossier, ou parce qu'il n'avait personne pour l'enseigner, ou à cause de la ferme volonté que Dieu même lui avait donné de le servir : il jugeait clairement et a toujours jugé que Dieu le traitait de cette manière. Bien plus, s'il en doutait, il penserait offenser sa Divine Majesté. On peut voir quelque chose de cela dans les cinq points suivants[23].

9-13). Avec, toutefois, une différence : il était midi et Pierre avait faim ! Ignace prend soin de noter que c'était le matin et qu'il n'avait eu précédemment « aucun désir de viande ». Cette absence de désir, jointe à l'« assentiment de la volonté », le conduit à abandonner la résolution qu'il avait prise (n° 19). Le cas peut être rapproché de l'élection selon le premier temps dans les *Exercices*, « lorsque Dieu notre Seigneur meut et attire la volonté de telle façon que, sans douter ni pouvoir douter, l'âme qui lui est fidèle suit ce qui lui est indiqué » (n° 175). Ces décisions, comme celle de se couper les ongles et les cheveux (*infra*, n° 29), s'appliquant aux choses du corps, traduisent le renoncement d'Iñigo à l'image qu'il voulait donner de lui-même à l'imitation des saints.

22. Selon le Père de Dalmases (*Obras completas*, BAC, 1982, p. 71) c'est ici que saint Ignace aurait repris le fil de son récit en mars 1555, après l'avoir interrompu en septembre 1553 (cf. Préface de Câmara, n° 2).

23. Dans ce paragraphe, Ignace annonce solennellement ce qu'il a reçu à Manrèse : un enseignement donné par Dieu sans intermédiaire. Seul témoin de ces révélations, il fait comme un serment : douter serait offenser la divine Majesté. D'autre part, il va changer sa manière de raconter, abandonnant le récit chronologique pour un exposé systématique. Pourquoi ce changement ? En 1555, Ignace est conscient de l'importance déterminante des révélations de Manrèse sur la suite de sa vie et de son œuvre, non seulement les *Exercices spirituels*, mais aussi la fondation de la Compagnie et les *Constitutions*. Dans l'intention de livrer son testament, on comprend pourquoi il éprouve ici le besoin d'organiser autrement son récit : d'une part, pour exposer sur quels fondements repose ce que nous appelons aujourd'hui sa mys-

28 Premièrement. Il avait beaucoup de dévotion à la Très Sainte Trinité[24]; et ainsi faisait-il chaque jour oraison aux trois Personnes séparément. Et comme il en faisait aussi à la Très Sainte Trinité, une pensée lui venait : comment faisait-il quatre oraisons à la Trinité ? Mais cette pensée ne le travaillait que peu ou pas du tout, comme étant une chose de peu d'importance[25]. Et un jour que, sur les marches du même monastère, il était en train de dire les heures de Notre-Dame, son entendement commença à s'élever, comme s'il voyait la Très Sainte Trinité sous la figure de trois touches, et cela avec tant de larmes et tant de sanglots qu'il ne pouvait se dominer. Et tandis qu'il suivait ce matin-là une procession qui sortait du monastère, il ne put à aucun moment retenir ses larmes jusqu'au repas. Et après le repas il ne pouvait s'arrêter de parler de la Très Sainte Trinité, et cela à l'aide de comparaisons nombreuses et très diverses, avec beaucoup de joie et de consolation[26]. Si bien que pendant toute sa vie

---

tique ou spiritualité, d'autre part pour affirmer l'origine divine de ces révélations. De là à déduire l'« inspiration » divine des *Exercices* et même l'intuition consciente, dès Manrèse, de la future Compagnie de Jésus, il y a un pas que des compagnons ont trop légèrement franchi...

24. Cette dévotion, commune à la chrétienté, s'est développée de manière plus spécifique en Espagne. Dans l'Antiquité et au Moyen Age, l'Espagne a été l'une des régions où le dogme trinitaire a été le plus sérieusement menacé d'abord par le priscillianisme et l'arianisme, puis par la pénétration juive et islamique. C'est pourquoi la liturgie dite mozarabe met si fortement en relief le dogme trinitaire (cf. Robert Ricard, *Deux traits de l'expérience mystique de saint Ignace*, AHSI, 25, n° 49, 1956, p. 431-436).

25. « Chose de peu d'importance », pensait-il alors ; s'il la rappelle c'est parce que l'Ignace de 1555 se souvient de conversations et de débats théologiques qui montraient que la question n'était pas aussi anodine.

26. Il est donné à Iñigo de percevoir par l'activité mentale mue par la grâce divine, d'une manière analogue à l'exercice de la vue. Ce n'est pas une vision au sens d'image vue, mais un acte de compréhension semblable à celui qu'on peut faire à partir d'un objet vu. Les trois touches évoquent d'abord une expérience sonore : l'accord résultant de l'acte de frapper trois touches d'un instrument à clavier. Mais, au-delà de l'image musicale, il y a l'expérience d'être « touché », caractéristique d'un grand nombre de phénomènes spirituels (cf. *Ex.spir.*, n° 335). L'expérience se situe sur trois plans : voir, entendre, toucher-être touché.

2) Manière dont Dieu créa le monde
3) vision des rayons du St-Sacrement

est resté imprimé en lui le fait de sentir une grande dévotion quand il fait oraison à la Très Sainte Trinité[27].

29 Deuxièmement. Une fois se représenta en son entendement, avec une grande allégresse spirituelle, la manière dont Dieu avait créé le monde : il lui semblait voir une chose blanche, d'où sortaient quelques rayons, et avec laquelle Dieu faisait de la lumière. Mais ces choses, il ne savait pas les expliquer ; et il ne se souvenait pas non plus très bien de ces connaissances spirituelles que Dieu imprimait en ce temps-là dans son âme.

Troisièmement. En la même ville de Manrèse, où il fut presque un an, après qu'il eut commencé à être consolé par Dieu et vu le fruit qu'il faisait dans les âmes en traitant avec elles, il abandonna ces excès qu'il faisait auparavant ; désormais il se coupait les ongles et les cheveux[28]. Ainsi donc, alors qu'il était dans cette localité, se trouvant dans l'église dudit monastère et y entendant un jour la messe, à l'élévation du *Corpus Domini*, il vit avec les yeux intérieurs comme des rayons blancs qui venaient d'en-haut. Et bien que, après un si long temps, il ne puisse bien expliquer cela, cependant ce qu'il vit clairement avec l'entendement ce fut de voir comment Jésus-Christ notre Seigneur se trouvait dans ce Très Saint Sacrement[29].

27. Littéralement : « lui est restée cette impression » *(le ha quedado esta impresion)*, mais la traduction exprime davantage la force du mot *impresion*. Cf. *supra*, n° 10 : « Il lui sembla qu'on avait ôté de son âme toutes les images qui y étaient peintes », et plus loin, n° 29 : « Les connaissances spirituelles que Dieu imprimait dans son âme. » A propos de cette illumination, Lainez rapporte qu'Iñigo se mit alors « à écrire un livre sur ce sujet » (*Lettre*, n° 12, *infra*, p. 166). Mais le témoignage le plus irrécusable est celui que saint Ignace a laissé dans son *Journal* de 1544.

28. C'est la troisième décision d'Iñigo concernant son corps (cf. os 26 et 27). Elle est prise sous l'influence d'une double grâce : la contemplation des mystères divins et le fruit de son apostolat. Il est remarquable qu'elle soit expressément reliée au mode de présence du *Corpus Domini* dans l'eucharistie (*asi que* est plus fort que la liaison habituelle *y asi*).

29. Le troisième point occupe la place centrale dans la série, après les visions de la Trinité et de la création du monde, avant celles de

4) vision de l'humanité du X vs l'écriture

Quatrièmement. Souvent et pendant longtemps, alors qu'il était en oraison, il voyait avec les yeux intérieurs l'humanité du Christ ; et la figure qui lui apparaissait était comme un corps blanc, ni très grand, ni très petit, mais il ne voyait pas de membres distincts[30]. Il vit cela à Manrèse très souvent ; s'il disait vingt ou quarante fois, il n'oserait pas juger que ce serait un mensonge. Une autre fois il le vit alors qu'il était à Jérusalem et une autre fois sur la route près de Padoue[31]. Il a vu aussi Notre-Dame sous une forme similaire, sans y distinguer des parties. Ces choses qu'il a vues le confirmaient alors et lui donnèrent pour toujours une si grande confirmation de sa foi qu'il a souvent pensé en lui-même : s'il n'y avait pas l'Écriture qui nous enseigne ces choses de la foi, il serait décidé à mourir pour elles seulement en raison de ce qu'il a vu[32].

l'humanité du Christ et l'illumination du Cardoner. L'image des rayons a été reprise dans les *Exercices* : « Regarder comment tous les biens et tous les dons descendent d'en-haut... comme du soleil les rayons » (n° 237). Le Christ dans le sacrement est comme une émanation de la source trinitaire et au centre de la création.

30. Ici, le rôle d'une représentation mentale est nettement affirmé : il y a une figure. Elle évoque la silhouette qui donne le contour et désigne l'ensemble, sans les détails. Voir plus loin : « une chose ronde et grande, comme en or » (n° 44), « comme un soleil » (n° 99), autrement dit, comme un ostensoir, une hostie, etc.

31. Les exemples cités précisent dans quelles circonstances Iñigo a vu l'humanité du Christ. Avant d'arriver à Padoue, il se trouve seul, la nuit, en rase campagne, ses compagnons l'ayant abandonné (n° 41) ; à Jérusalem, il est ramené non sans violence du Mont des Oliviers au monastère franciscain (n° 48) ; sur la route du retour, il est pris pour un espion entre les armées françaises et impériales et conduit au capitaine pour être interrogé (n° 52). Autrement dit, le Christ vient réconforter Iñigo lorsqu'il traverse des moments difficiles et des situations humiliantes, comme pour l'accompagner, se rendre visible à lui en « compagnon » d'épreuve. Il en aura la certitude définitive avant d'arriver à Rome, où il pressent des persécutions, en voyant « clairement que le Père le mettait avec le Christ son Fils » (n° 96).

32. Ces dernières lignes sont une conclusion des quatre premiers points, comme pour mettre à part le cinquième : c'est par Dieu seul, se communiquant sans intermédiaire, pas même celui de l'Écriture, qu'Iñigo a été enseigné et confirmé dans la foi (*Ex.spir.*, n° 15). La dernière phrase explique le soupçon d'illuminisme qui pèsera sur Iñigo durant ses études à Alcalá et dont il n'eut de cesse d'être complètement lavé (*infra*, n° 58 et suivants).

5) Connaissance soudaine par illumination : en se rendant à l'église St-Paul

30 Cinquièmement[33]. Une fois il allait, par dévotion, à une église qui se trouvait à un peu plus d'un mille de Manrèse : je crois qu'elle s'appelle Saint-Paul et le chemin longe la rivière. Il allait donc ainsi, tout à ses dévotions, et s'assit un instant, le visage tourné vers la rivière qui coulait en bas. Alors qu'il était assis là, les yeux de son entendement commencèrent à s'ouvrir. Non pas qu'il vit quelque vision, mais il comprit et connut de nombreuses choses, aussi bien des choses spirituelles que des choses concernant la foi et les lettres, et cela avec une illumination si grande que toutes ces choses lui paraissaient nouvelles. Et l'on ne peut expliquer tous les points particuliers qu'il comprit alors, bien qu'il y en eût beaucoup, si ce n'est qu'il reçut une grande clarté dans son entendement ; de sorte que dans tout le cours

Et cela se passa d'une manière qui illumina tellement son entendement qu'il lui semblait être comme un autre homme et avoir un autre intellect que celui qu'il avait auparavant.

33. Dans la tradition, ce cinquième point a reçu le nom d'« illumination du Cardoner », du nom de la rivière. La description du lieu est précise, celle du contenu de cette illumination sans vision est embarrassée. On notera cependant la répétition des mots « il comprit », « entendement » qui soulignent le caractère intellectuel des connaissances reçues, portant sur « les choses spirituelles » et aussi — ce qui est nouveau — sur les « choses concernant la foi et les lettres ». Les premiers compagnons mentionnent des connaissances portant sur « les mystères divins », « le discernement des esprits », « toutes les choses divines et humaines » (Lainez, *Lettre*, n° 10 ; Polanco, FN II, p. 256 ; Nadal, FN I, p. 307) ; Ignace lui-même, au dire de Nadal : « J'ai vu, senti, compris tous les mystères de la foi chrétienne » (FN II, p. 123) ; et, selon Câmara : « une grande illumination de l'intelligence par laquelle notre Seigneur manifesta à notre Père à Manrèse ces choses et beaucoup d'autres, qu'il ordonna ensuite à la Compagnie » (*Mem.*, n° 137). En 1555, Ignace a ajouté « *lettras* », un mot qui englobe plus que la littérature et peut s'étendre à tout ce que nous appelons la culture. Bref, rien ne fut étranger à ce qu'il a perçu ce jour-là. Il ne s'agit évidemment pas d'un savoir encyclopédique, mais d'une « vue synthétique » (Leturia), d'une « sagesse architectonique » (Nadal). Au reste, Ignace insiste davantage sur sa propre transformation intérieure que sur les objets de l'illumination : toutes choses lui paraissent nouvelles, il devient un homme nouveau. C'est pourquoi les premiers témoins rattachent à l'illumination du Cardoner non seulement la « substance » des *Exercices spirituels* (Lainez, *Lettre*, n° 12), mais aussi, en germe, la future Compagnie de Jésus pour le service de l'Église.

de sa vie, jusqu'à soixante-deux ans passés, s'il rassemble toutes les nombreuses aides qu'il a obtenues de Dieu et toutes les nombreuses choses qu'il a sues, même s'il les met toutes ensemble, il ne lui semble pas avoir reçu autant que de cette seule fois.

31 Et après que cela eut duré un bon moment, il alla se mettre à genoux au pied d'une croix, qui se trouvait près de là, pour rendre grâce à Dieu. Et là lui apparut cette vision qui lui apparaissait très souvent et qu'il n'avait jamais bien connue, c'est-à-dire cette chose dont on a parlé plus haut, qui lui paraissait très belle, avec de nombreux yeux. Mais il vit bien, alors qu'il se trouvait devant la croix, que cette chose n'avait pas une aussi belle couleur qu'à l'accoutumée. Et il eut la très claire connaissance, avec un grand assentiment de la volonté, que cela était le démon. Et ainsi par la suite, très souvent et pendant un temps prolongé, cela continuait de lui apparaître ; mais lui, en signe de mépris, le chassait avec un bourdon qu'il avait l'habitude de porter à la main[34].

32 Étant une fois malade à Manrèse, survint une fièvre très forte qui l'amena au seuil de la mort ; il jugeait clairement que son âme allait bientôt le quitter[35]. Et c'est alors que lui vint une pensée lui disant qu'il était un juste. Elle lui donnait tant

34. C'est l'épilogue de l'expérience manrésienne d'Iñigo. Devant une croix où il rend grâce et qui représente pour lui le réel, la vision du commencement (*supra*, n° 19) perd de son éclat, autrement dit, elle exerce moins son pouvoir de séduction. Alors, associant et distinguant l'aspect de la connaissance et l'aspect affectif (assentiment de la volonté), Iñigo la reconnaît comme l'œuvre du « maître de l'illusion », « homicide et père du mensonge » (cf. Jean 8, 45). Il importera peu que le phénomène se reproduise par la suite : c'est en effet le propre de l'homme de se projeter dans une image illusoire. L'important est que celle-ci soit identifiée et « chassée », bien que non abolie, pas plus pour Ignace que pour nul autre.

35. Les numéros 32 et 33, sur le thème de la mort, sont un appendice pour montrer que la crainte de la vaine gloire, comme l'image séduisante dont il vient de parler, ne sera surmontée que par le souvenir des péchés, la « confusion et douleur » à cause de la mauvaise utilisation des dons reçus, la consolation, enfin, à la pensée de la mort, pensée qui, toutefois, ne doit pas détourner de l'œuvre à accomplir.

Thème de la mort : cf note 35

de peine qu'il ne faisait rien d'autre que de la repousser et de lui opposer ses péchés ; et cette pensée lui donnait plus de peine que la fièvre elle-même ; mais il ne pouvait vaincre une telle pensée, en dépit de la grande peine qu'il se donnait pour la vaincre. Mais, un peu soulagé de la fièvre, il ne fut bientôt plus à cette extrémité de la mort ; et il commença à s'adresser à grands cris à quelques dames qui étaient venues là pour lui rendre visite : pour l'amour de Dieu, si elles le voyaient une autre fois sur le point de mourir qu'elles lui crient à voix forte en lui disant « Pécheur ! » et qu'il se rappelle les offenses qu'il avait faites à Dieu.

33 Une autre fois, comme il allait par mer de Valence vers l'Italie, lors d'une grande tempête, le gouvernail du navire se brisa[36]. Et les choses en vinrent au point que, à son jugement et à celui de beaucoup de ceux qui voyageaient sur ce navire, normalement on ne pourrait échapper à la mort. A ce moment, s'examinant bien et se préparant à mourir, il ne pouvait pas avoir peur de ses péchés ni d'être condamné ; mais il avait une grande confusion et une grande douleur parce qu'il jugeait qu'il n'avait pas bien employé les dons et grâces que Dieu notre Seigneur lui avait communiqués. Une autre fois, en 1550, il se trouva très mal d'une très grave maladie qui, à son jugement et à celui de beaucoup, était tenue pour la dernière[37]. A ce moment-là, pensant à la mort, il avait une si grande allégresse et une si grande consolation spirituelle de devoir mourir qu'il fondait entièrement en larmes. Et cela en vint à être si continuel que, souvent, il renonçait à penser à la mort pour ne pas avoir si abondamment cette consolation.

34 L'hiver venu, il fut malade d'une maladie très grave. Et, pour le soigner, les autorités de la ville le placèrent dans la maison

36. En 1535 : *infra*, n° 91.
37. Cette maladie de décembre 1550, à Rome, ne fut pas étrangère à la demande qu'Ignace adressa à ses compagnons, en janvier 1551, de résilier sa charge de Général (Dumeige, *Lettres*, p. 227-228).

du père d'un certain Ferrera qui, dans la suite, fut serviteur de Baltasar de Feria. Et il était soigné là avec beaucoup de sollicitude. Et en raison de la dévotion qu'elles avaient déjà pour lui, de nombreuses dames de haut rang venaient le veiller la nuit[38]. Une fois remis de cette maladie, il resta cependant très affaibli et avec de fréquentes douleurs d'estomac. Aussi, tant pour ces raisons que parce que l'hiver était très froid, on le fit se vêtir, se chausser et se couvrir la tête. Et ainsi lui fit-on prendre deux petits manteaux bruns d'un drap très grossier et un bonnet du même tissu, une sorte de petit béret. Et à cette époque-là depuis bien des jours il était très avide de s'entretenir de choses spirituelles et de trouver des personnes qui en soient capables. Le moment approchait où il avait pensé partir pour Jérusalem.

35 Et alors, au début de l'année 1523[39], il partit pour Barcelone afin de s'y embarquer. Bien que la possibilité s'offrît à lui de la compagnie de quelques-uns, il ne voulut aller que seul. L'unique chose pour lui était d'avoir Dieu seul pour refuge. Et alors, un jour, répondant à des gens qui insistaient beaucoup, parce qu'il ne savait ni l'italien ni le latin, pour qu'il prenne de la compagnie, et lui disaient combien cela l'aiderait et en vantaient les avantages, il leur dit que même s'il s'agissait du fils ou du frère du duc de Cardona[40], il n'irait pas en sa compagnie, car il désirait avoir trois vertus, la charité, la foi et l'espérance[41]. S'il emmenait un compa-

38. La mention des autorités et de dames de haut rang donne une idée de la notoriété qu'Iñigo avait acquise à la fin de son séjour à Manrèse. On cite : Inès Pascual, Angèle d'Amigant, Michel et Anne de Canyelles, Jeronima Clavera, Briande Paguera... Inès Pascual demeura quelque temps en correspondance avec Iñigo (Hugo Rahner, *Ignace de Loyola et les femmes de son temps*, collection Christus, deux volumes, Desclée de Brouwer, 1964, I, p. 275-291).

39. Probablement à la mi-février.

40. Cette famille de Catalogne était alliée au duc de Najera.

41. Des actions extérieures, Iñigo est passé à la pratique des vertus d'humilité, charité, patience, discernement (cf. n° 14), grâce aux épreuves qu'il a subies et aux lectures qu'il a faites (l'*Imitation de Jésus-Christ*). Désormais il désire s'appliquer plus spécialement aux vertus théologales.

gnon, lorsqu'il aurait faim, il attendrait de lui une aide : et, lorsqu'il tomberait, il l'aiderait à se relever. Et alors il mettrait aussi sa confiance en lui et l'aurait en affection pour ces raisons. Or cette confiance, cette affection et cette espérance, il voulait les avoir en Dieu seul[42]. Et ce qu'il disait de cette façon, il le sentait ainsi dans son cœur.
Et avec ces pensées, il avait le désir, non seulement de s'embarquer seul, mais sans aucune provision. Et en se mettant à négocier son embarquement, il obtint du patron du navire qu'il le transportât gratuitement, étant donné qu'il n'avait pas d'argent, mais à cette condition : il devait déposer dans le navire un peu de biscuit pour se nourrir ; sinon on ne l'accepterait en aucune façon.

36 Alors qu'il cherchait à se procurer ce biscuit, de grands scrupules lui vinrent : « C'est cela, l'espérance et la foi que tu avais en Dieu, qu'il ne te manquerait pas ? », etc. Et cela avec tant de force qu'il en était très tourmenté. A la fin, ne sachant que faire parce qu'il voyait des deux côtés de bonnes raisons, il décida de se remettre entre les mains de son confesseur. Il lui déclara donc combien il désirait suivre la perfection et ce qui serait davantage la gloire de Dieu, et quels motifs lui faisaient se demander s'il devait emporter sa subsistance. Le confesseur jugea qu'il quêterait le nécessaire et qu'il le prendrait avec lui. Et comme il le quêtait auprès d'une dame, celle-ci lui demanda pour où il voulait s'embarquer. Lui hésita quelque peu à le lui dire ; et, à la fin, il osa seulement lui dire qu'il allait en Italie et à Rome. Celle-ci, comme effrayée, lui dit : « Vous voulez aller à Rome ? Mais ceux qui vont là-bas, je ne sais comment ils en reviennent ! » (Elle voulait dire qu'à Rome ils ne trouvaient que peu de profit dans les choses spirituelles.) Et le motif pour lequel il n'osa

42. C'est un objectif que saint Ignace assigne à l'expériment de pèlerinage demandé aux novices de la Compagnie de Jésus : « pour abandonner toute la confiance qu'on pourrait mettre dans l'argent ou dans les autres choses créées et pour la placer entièrement, avec une foi vraie et un amour intense, en son Créateur et Seigneur » (*Examen Général, Const.*, n° 67).

pas dire qu'il allait à Jérusalem fut la crainte de la vaine gloire, crainte qui le tourmentait tellement qu'il n'osait jamais dire de quel pays ni de quelle maison il était[43]. Enfin, ayant eu le biscuit, il s'embarqua. Mais se trouvant sur la plage avec cinq ou six « blancs[44] », reste de ceux qu'on lui avait donnés quand il quêtait de porte en porte (c'est, en effet, de cette manière qu'il avait l'habitude de vivre), il les laissa sur un banc qui se trouvait là près de la plage.

37 Et il s'embarqua après avoir été à Barcelone un peu plus de vingt jours. Pendant qu'il était encore à Barcelone, avant de s'embarquer, il cherchait selon son habitude toutes les personnes spirituelles, même si elles vivaient dans des ermitages loin de la ville, pour s'entretenir avec elles. Mais ni à Barcelone ni à Manrèse, pendant tout le temps qu'il y fut, il ne put trouver des personnes qui l'aideraient autant qu'il le désirait. Il y eut seulement à Manrèse cette femme dont il a été parlé plus haut et qui lui avait dit qu'elle priait Dieu que Jésus-Christ lui apparaisse : elle seule lui semblait entrer davantage dans les choses spirituelles. Aussi, après être parti de Barcelone, il perdit totalement cette anxiété dans la recherche de personnes spirituelles[45].

43. Préface de Câmara, n° 1. Iñigo est conscient d'être un homme qui jouit de relations nombreuses et puissantes que son statut de pèlerin n'a pas abolies; d'où son souci de ne pas en user comme d'une protection.

44. C'était la plus petite monnaie d'Espagne en ce temps-là.

45. Parlant des deux premières années de sa conversion, Ignace confiait à Pierre Ribadeneira en 1553 : « Pendant ces deux ans, c'est à peine s'il avait rencontré l'un ou l'autre dont l'esprit et la forme de vie se soient accordés avec les siens » (FN II, p. 327-328). Il cherchait des confirmations humaines dans une voie si nouvelle qu'il n'en trouvait pas. Il se sent désormais confirmé par Dieu. Il n'a pas renoncé à rencontrer des personnes spirituelles, mais il a perdu l'« avidité » (n° 34) ou l'« anxiété » de les chercher.

4
Le voyage de Jérusalem

38 Ils eurent un vent si fort en poupe que, de Barcelone[1], ils arrivèrent à Gaëte en cinq jours et cinq nuits, mais ce fut avec une grande peur de tous à cause de la forte tempête. Dans toute cette région on craignait la peste[2] ; mais lui, dès qu'il eut débarqué, se mit en route pour Rome. Parmi ceux qui avaient voyagé sur le navire se joignirent à lui une mère avec sa fille, qui portait des habits de garçon, et un jeune homme. Ils le suivaient, parce qu'ils mendiaient eux aussi. Arrivés à une ferme, ils trouvèrent un grand feu et beaucoup de soldats autour ; ces derniers leur donnèrent à manger en même temps qu'ils leur donnaient beaucoup de vin, les invitant d'une telle manière qu'il semblait qu'ils avaient l'intention de les enivrer. Puis on les sépara, mettant la mère et

1. Ayant quitté Barcelone en mars 1523, Iñigo sera de retour en février de l'année suivante. Or le voyage — où le séjour à Jérusalem n'a duré que dix-huit jours — occupe un sixième du récit, presque autant que Manrèse, alors que les événements intérieurs sont plus rares et de moindre importance. C'est que l'itinérance apostolique, autant que le chemin spirituel, doit caractériser la vie du compagnon de Jésus. Comme celle de l'Apôtre, elle est affrontée à de multiples dangers (2 Co 11,23-27) : les intempéries sur terre et sur mer, les épidémies, les excès de la soldatesque, tant sur les routes d'Italie que parmi les « infidèles ». En cela Iñigo réalise son désir d'« imiter » Jésus. D'autre part, il devra renoncer à son projet, l'obligeant à chercher une voie nouvelle, comme le renoncement des compagnons, en 1537, donnera naissance à la Compagnie de Jésus.

2. A cause de l'épidémie de peste, on a établi des cordons sanitaires aux abords des villes qu'Iñigo va traverser.

la fille en haut dans une chambre et le pèlerin avec le jeune homme dans une étable. Mais quand vint minuit, il entendit que là-haut on poussait de grands cris. Il se leva pour voir ce que c'était : il trouva la mère et la fille en bas dans la cour tout en larmes se plaignant qu'on voulait leur faire violence. Cela fit naître en lui une si forte colère qu'il se mit à crier : « Faut-il supporter une telle chose ? » et d'autres protestations semblables. Il les disait avec tant de force que tous les gens de la maison en restèrent effrayés, sans que personne ne lui fît aucun mal. Le jeune homme s'était déjà enfui, et tous trois se mirent à cheminer ainsi de nuit.

39 Arrivés à une ville qui était proche, ils la trouvèrent fermée. Ne pouvant entrer, tous trois passèrent cette nuit-là dans une église qui était là, dans laquelle il pleuvait. Le matin, on ne voulut pas leur ouvrir la ville ; et à l'extérieur ils ne trouvèrent aucune aumône, bien qu'ils soient allés à un château qui paraissait tout proche de là. En ce lieu, le pèlerin fut pris de défaillance, aussi bien par suite des peines de la traversée en mer que du reste, etc. Et ne pouvant plus continuer son chemin, il resta là ; et la mère et sa fille s'en allèrent en direction de Rome.

Ce jour-là, beaucoup de gens sortirent de la ville ; et sachant que la dame maîtresse de cette terre venait là, il se plaça devant elle : il lui dit que c'était seulement de faiblesse qu'il était malade et lui demanda de le laisser entrer dans la ville pour y chercher quelque remède. Elle le lui accorda facilement. Et se mettant à mendier de par la ville, il trouva beaucoup de *quatrini*. Après avoir refait là ses forces pendant deux jours, il reprit son chemin et arriva à Rome le dimanche des Rameaux[3].

40 Là, tous ceux qui lui parlaient, sachant qu'il n'avait pas d'argent pour aller à Jérusalem, se mirent à le dissuader de faire le voyage, lui affirmant avec beaucoup de raisons qu'il était impossible de trouver un passage sans argent. Mais lui

3. Le 29 mars 1523.

avait une grande certitude en son âme[4] : il ne pouvait douter qu'il devait trouver un moyen pour aller à Jérusalem. Après avoir reçu la bénédiction du pape Adrien VI[5], il partit ensuite pour Venise huit ou neuf jours après la fête de Pâques. Il emportait cependant six ou sept ducats qu'on lui avait donnés pour le passage de Venise à Jérusalem. Il les avait pris, quelque peu vaincu par les craintes qu'on lui donnait qu'il ne pourrait obtenir de passage autrement. Mais deux jours après être sorti de Rome, il commença à reconnaître que cela avait été un manque de confiance et il regretta beaucoup d'avoir pris les ducats se demandant s'il ne serait pas bon de les laisser. Mais à la fin il décida de les dépenser largement en les donnant à ceux qu'il rencontrait, lesquels étaient ordinairement des pauvres. Et il le fit, de sorte que, lorsqu'il arriva ensuite à Venise, il n'avait plus que quelques *quatrini*, qui lui furent nécessaires cette nuit-là.

41 Cependant, sur cette route jusqu'à Venise, à cause des gardes que l'on faisait contre la peste, il dormait sous les portiques. Et une fois il lui arriva, en se levant le matin, de tomber sur un homme qui, en le voyant, prit la fuite avec un grand effroi parce que, semble-t-il, il devait lui paraître très pâle. Marchant ainsi, il arriva à Chioggia[6] et, avec les quelques compagnons qui s'étaient joints à lui, il apprit qu'on ne les laisserait pas entrer à Venise. Ses compagnons décidèrent

4. Par deux fois dans ce voyage, Iñigo oppose sa certitude intérieure, ne laissant place à aucun « doute » (cf. *Ex.spir.*, n° 175), aux raisons qu'on lui donne (cf. n° 42). Certitude fondée sur sa confiance et confirmée par les apparitions du Christ, particulièrement fréquentes à cette époque (n°s 41, 44, 48, 52).

5. Les Archives du Vatican conservent le texte d'un indult papal, daté du 31 mars — deux jours après l'arrivée d'Iñigo — qui donne à « *Enecus de Loyola, clericus pampilonensis diocesis* » la permission de visiter le Saint-Sépulcre et l'ensemble des Lieux Saints (FD, p. 290). Comme en 1515 (cf. n° 1, note 5), il a voulu se dire clerc par intérêt évident.

6. A trente kilomètres de Venise, à l'extrémité de la lagune. Le crochet par Padoue, ville universitaire avec une faculté de médecine, était nécessaire pour obtenir un certificat de santé permettant d'entrer à Venise.

d'aller à Padoue pour s'y procurer un certificat de bonne santé ; et ainsi il y partit avec eux. Mais il ne put marcher aussi vite qu'eux, parce que ceux-ci marchaient très rapidement, le laissant, presque à la nuit tombée, en pleine campagne. Alors qu'il se trouvait là, le Christ lui apparut de la manière dont il lui apparaissait habituellement, comme nous l'avons dit plus haut, et le réconforta beaucoup. Et avec cette consolation, le lendemain matin, sans contrefaire de certificat, comme (je crois) l'avaient fait ses compagnons, il arriva à la porte de Padoue et entra sans que les gardes ne lui demandent rien. Et la même chose lui arriva à la sortie ; ce dont furent très étonnés ses compagnons qui venaient de se procurer le certificat pour aller à Venise, ce dont lui-même ne se soucia pas.

42 A leur arrivée à Venise, les gardes vinrent à leur barque pour examiner, l'un après l'autre, tous ceux qui s'y trouvaient ; il fut le seul dont ils ne s'occupèrent pas.

A Venise, il assurait sa subsistance en mendiant, et il dormait sur la place Saint-Marc. Jamais il ne voulut aller chez l'ambassadeur de l'empereur, il ne se mettait pas non plus spécialement en peine pour trouver de quoi pouvoir faire la traversée. Il avait une grande certitude en son âme : Dieu devait lui donner le moyen d'aller à Jérusalem ; et celle-ci le confirmait tellement qu'aucune des raisons et des craintes qu'on lui présentait ne pouvait l'en faire douter.

Un jour, un riche Espagnol tomba sur lui et lui demanda ce qu'il faisait et où il voulait aller. Et quand il connut son intention, il l'emmena manger chez lui et le retint ensuite pendant quelques jours jusqu'à ce que tout fut prêt pour le départ. Déjà depuis Manrèse, le pèlerin avait cette habitude : quand il mangeait avec quelques personnes, il ne parlait jamais à table, sauf pour répondre brièvement ; mais il écoutait ce que l'on disait et il recueillait certaines choses dont il tirerait occasion pour parler de Dieu ; et c'est ce qu'il faisait une fois le repas achevé[7].

---

7. Cf. n° 65. Câmara rapporte qu'à table « notre Père écoutait ce

43 Et ce fut la raison pour laquelle cet homme de bien et toute sa maison s'attachèrent tellement à lui qu'ils voulurent le garder et le forcèrent à rester chez eux[8]. Et le même hôte le conduisit au Doge de Venise[9] pour qu'il lui parle ; c'est-à-dire qu'il lui fit donner une entrée et une audience. Le Doge, ayant entendu le pèlerin, ordonna qu'on lui donne un embarquement sur le navire des gouverneurs qui se rendaient à Chypre[10].
Bien que cette année-là beaucoup de pèlerins soient venus pour aller à Jérusalem, la plupart d'entre eux étaient repartis dans leur pays à cause de la situation nouvelle survenue par suite de la prise de Rhodes[11]. Cependant il y en avait treize sur le navire de pèlerinage qui partit le premier, et huit ou neuf restaient pour celui des gouverneurs[12]. Alors que

---

que les autres disaient, plus qu'il ne parlait lui-même » ; quand il prenait la parole, il disait « uniquement les choses, en très peu de mots, ne faisant point de réflexion sur ces choses mais se bornant à les narrer » (*Mem.*, nos 192, 227). Ignace recommande d'agir de même dans les conversations spirituelles, ministère privilégié de la Compagnie, et en donnant les Exercices (*Const.*, 648-649 ; *Ex.spir.*, n° 2) : « parler peu en prenant son temps, écouter longuement et volontiers, ceci jusqu'à ce que les interlocuteurs aient achevé de dire ce qu'ils veulent » (Dumeige, *Lettres*, p. 75-76).

8. D'après le n° 50, deux hommes ont accueilli Iñigo à Venise.

9. Andrès Gritti, récemment élu le 10 mai 1523.

10. Ce navire, appelé *Negrona*, devait emmener à Chypre le nouveau gouverneur, Nicolas Dolfin. Chypre, cédée à Venise en 1489, devait être conquise par les Turcs en 1570-1571.

11. Gouvernée par les Hospitaliers de Saint-Jean de Jérusalem (Chevaliers de Rhodes), l'île était tombée le 12 décembre 1522. Sous le règne de Suleyman Ier (1520-1566), l'empire ottoman atteignit son apogée, menaçant dangereusement l'empire de Charles Quint. C'est un conflit avec Venise qui empêchera le départ des compagnons d'Ignace en 1537 (n° 94). La route de Jérusalem, si fréquentée jusque-là, achève de se fermer.

12. Parmi les vingt et un pèlerins, il y avait quatre Espagnols (Iñigo, un prêtre, un commandeur de l'Ordre de Saint-Jean et Diego Manes, mentionné plus loin, avec son domestique), trois Suisses, un Tyrolien, deux Allemands, onze Flamands et Hollandais. Ces détails sont connus grâce aux récits de deux d'entre eux, Peter Füssli, fondeur de cloches à Zurich, et Philippe Hagen, de Strasbourg, conservés et publiés en allemand. Le *Negrona* quitta Venise le 14 juillet et aborda à Famagouste le 14 août.

celui-ci allait partir, survient à notre pèlerin une grave maladie due aux fièvres ; celles-ci, après l'avoir malmené pendant quelques jours, le quittèrent. Le navire partait le jour où il avait pris une purge. Les gens de la maison demandèrent au médecin s'il pourrait s'embarquer pour Jérusalem ; le médecin dit que, si c'était pour y être enterré, il pouvait fort bien s'embarquer. Mais lui s'embarqua et partit ce même jour. Et il vomit tellement qu'il se trouva très soulagé et commença à guérir complètement. Sur ce navire se faisaient ouvertement des saletés et des turpitudes, qu'il reprenait avec sévérité.

44 Les Espagnols qui se rendaient là-bas lui conseillaient de ne pas le faire, parce que les gens du navire parlaient de le laisser dans une île. Mais notre Seigneur voulut qu'ils arrivent rapidement à Chypre, où, ayant quitté ce navire, ils se rendirent, par terre, à un autre port appelé Les Salines[13], à dix lieues de là. Ils montèrent sur le navire des pèlerins, où il n'apporta non plus rien d'autre pour sa subsistance que l'espérance qu'il mettait en Dieu, comme il avait fait sur l'autre navire.

Pendant tout ce temps, notre Seigneur lui apparaissait souvent, ce qui lui donnait beaucoup de consolation et de force. Il lui semblait voir une chose ronde et grande, comme en or ; c'est ce qu'il se représentait.

Partis de Chypre, ils arrivèrent à Jaffa[14]. Et comme ils cheminaient vers Jérusalem, montés sur de petits ânes, selon l'usage, deux milles avant d'arriver à Jérusalem un Espagnol, noble à ce qu'il semblait, portant le nom de Diégo Manes, dit avec beaucoup de dévotion à tous les pèlerins que, puisqu'ils allaient bientôt arriver à l'endroit d'où l'on pourrait voir la Ville Sainte, il serait bon que tous se préparent au fond de leur conscience et qu'ils aillent en silence.

13. Aujourd'hui Larnaka.
14. Le 25 août, mais les pèlerins ne purent débarquer que le 1er septembre : selon l'usage, le patron du navire dut aller avertir les Pères franciscains et obtenir le sauf-conduit et l'escorte des Turcs.

45 Et cela paraissant bon à tous, chacun commença à se recueillir. Et un peu avant d'arriver à l'endroit d'où l'on voyait la ville, ils mirent pied à terre parce qu'ils virent les moines, avec la croix, qui les attendaient. Et en voyant la ville, le pèlerin eut une grande consolation ; et, d'après ce que disaient les autres, elle fut commune à tous, avec une allégresse qui ne semblait pas naturelle. Et il ressentit toujours la même dévotion à la visite des Lieux Saints[15].

Il avait le ferme propos de rester à Jérusalem en visitant constamment ces Lieux Saints ; et il avait aussi le propos, en plus de cette dévotion, d'aider les âmes[16]. Et à cet effet il apportait des lettres de recommandation pour le Gardien. Il les lui donna et lui dit son intention de rester là pour sa dévotion ; mais il ne lui dit pas la seconde partie, qu'il voulait être utile aux âmes : en effet, il ne disait cela à personne, alors qu'il avait souvent parlé ouvertement de la première chose. Le Gardien lui répondit qu'il ne voyait pas comment il pourrait rester là, parce que la maison était dans un tel besoin qu'elle ne pouvait entretenir les moines et qu'il avait décidé, pour ce motif, d'en envoyer quelques-uns avec les pèlerins vers les pays d'où ceux-ci venaient. Et le pèlerin répondit qu'il ne voulait aucune chose de la maison, mais seulement que, quand il viendrait de temps en temps se confesser, on entende sa confession. Et sur ce, le Gardien lui dit que, de cette manière, cela pourrait se faire ; mais qu'il

---

15. C'était le vendredi 4 septembre. Les détails du pèlerinage, commencé le lendemain sont connus : visite du Cénacle et de l'église de la Dormition, veillée nocturne au Saint-Sépulcre suivie de la confession et de la communion des pèlerins, *Via Crucis*, Béthanie et le mont des Oliviers, Bethléem, Vallée de Josaphat et Gethsémani, Jéricho et le Jourdain. Du 16 au 22 septembre, l'arrivée de cavaliers turcs obligea les pèlerins, pour prévenir les troubles, à demeurer au monastère. Iñigo se borne à noter les sentiments qu'il éprouve : consolation, allégresse et dévotion.

16. Iñigo a modifié le projet conçu dès Loyola (n° 9) : il envisageait un pèlerinage « avec autant de disciplines et d'abstinences qu'un cœur généreux et enflammé de Dieu désire ordinairement faire », tout en pensant à son retour (n° 12). Il est maintenant décidé à rester à Jérusalem : la vie de Jésus (« visiter les Lieux Saints ») et sa mission (« aider les âmes ») sont désormais au cœur de son projet.

attende la venue du Provincial (je crois que c'était le supérieur de l'Ordre dans ce pays), lequel se trouvait à Bethléem.

46 Avec cette promesse, le pèlerin fut rassuré et il se mit à écrire des lettres pour Barcelone destinées à des personnes spirituelles. Il en avait déjà écrit une et était en train d'en écrire une autre[17], la veille du départ des pèlerins, lorsqu'on vient l'appeler de la part du Provincial — car il était arrivé — et du Gardien. Le Provincial lui dit, avec de bonnes paroles, comment il avait appris sa bonne intention de rester dans ces Lieux Saints; et qu'il avait bien réfléchi à la chose; et que, en raison de l'expérience qu'il avait d'autres pèlerins, il jugeait que cela ne convenait pas. En effet, beaucoup avaient eu le même désir, et l'un avait été fait prisonnier, l'autre était mort; et l'Ordre était ensuite obligé de racheter les prisonniers. Aussi qu'il se prépare donc à s'en aller le lendemain avec les pèlerins.
A cela il répondit que son propos était très ferme et qu'il jugeait que rien ne lui ferait renoncer à le réaliser; il donnait ainsi poliment à entendre que, bien que tel ne soit pas l'avis du Provincial, s'il ne s'agissait pas d'une chose qui l'obligeait sous peine de péché, aucune crainte ne lui ferait abandonner son propos. A cela le Provincial dit qu'ils avaient autorité du Siège Apostolique pour faire s'en aller de là ou rester là qui leur semblerait bon, et pour pouvoir excommunier quiconque ne voudrait pas leur obéir, et que dans ce cas précis ils jugeaient que lui ne devait pas rester, etc.[18]

47 Et comme il voulait lui montrer les bulles par lesquelles ils

17. Le 22 septembre. On remarque une nouvelle fois le rapport entre l'expérience spirituelle et le goût d'écrire. Selon des témoignages déposés au procès de Barcelone (1595) en vue de la canonisation, l'une de ces lettres était adressée à Inès Pascual et fut remise plus tard aux Pères de la Compagnie de Jésus. Ribadeneira y fait sans doute allusion lorsqu'il parle d'un « papier, écrit de la main d'Ignace », qu'il a lu personnellement sur ce voyage (FN I, p. 1-4; IV, p. 156-157). Elle a été perdue.

18. On lit dans les *Exercices spirituels* (n° 42) que les préceptes de l'Église et les ordonnances des supérieurs (« par exemple les bulles de croisades et autres indulgences ») obligent sous peine de péché.

pouvaient l'excommunier, il lui dit qu'il ne lui était pas nécessaire de les voir ; qu'il croyait leurs Révérences et que, puisqu'elles en jugeaient ainsi avec l'autorité qu'elles avaient, il leur obéirait.

Ceci achevé, alors qu'il retournait là où il se trouvait auparavant, il lui vint un grand désir de retourner visiter le mont des Oliviers avant de partir, puisque ce n'était pas la volonté de notre Seigneur qu'il restât en ces Lieux Saints. Au mont des Oliviers se trouve une pierre d'où notre Seigneur monta aux cieux et l'on y voit encore maintenant les empreintes de ses pieds : c'est cela que le pèlerin voulait retourner voir[19]. Et alors, sans rien dire ni prendre de guide (en effet, ceux qui vont sans Turc comme guide courent un grand danger), il se sépara furtivement des autres pèlerins et s'en alla seul au mont des Oliviers. Et les gardes ne voulaient pas le laisser entrer. Il leur donna un petit canif de l'écritoire qu'il portait avec lui. Et après avoir fait son oraison avec une intense consolation, il lui vint le désir d'aller à Bethphagé. Alors qu'il s'y trouvait, il se mit à se souvenir qu'il n'avait pas bien regardé au mont des Oliviers de quel côté était le pied droit ou de quel côté le pied gauche. Retournant là, je crois qu'il donna ses ciseaux aux gardes pour qu'ils le laissent entrer.

48 Quand on sut au monastère qu'il était ainsi parti sans guide, les moines firent diligence pour le chercher. Et alors, comme il descendait du mont des Oliviers, il tomba sur un chrétien de la ceinture[20], qui était au service du monastère. Celui-ci, avec un grand bâton et les marques d'une grande colère, fai-

19. Cette ultime visite est mise en rapport avec la découverte qu'Iñigo vient de faire : ce n'est pas la volonté de Dieu qu'il reste dans les Lieux Saints. Désemparé, ne sachant plus que faire (cf. n° 50 : *quid agendum ?*), il semble chercher un signe positif de la volonté du Seigneur en retournant examiner « de quel côté était le pied droit ou de quel côté le pied gauche ».

20. On appelait ainsi les chrétiens de Syrie qui servaient au couvent franciscain du Mont Sion. Cet épisode où Iñigo rebrousse chemin sur l'ordre d'un moine et se laisse traîner par un domestique, est son premier acte d'obéissance radicale. L'expérience a une importance considérable dans son itinéraire.

sait mine de le frapper. Arrivant jusqu'à lui, il le saisit rudement par le bras ; lui se laissa facilement emmener. Mais le brave homme ne le lâcha plus. En allant sur ce chemin ainsi tenu par le chrétien de la ceinture, il reçut de notre Seigneur une grande consolation : il lui semblait voir le Christ continuellement au-dessus de lui. Et cela dura toujours en grande abondance jusqu'à ce qu'il arrive au monastère.

49 Ils partirent le lendemain[21]. Arrivés à Chypre, les pèlerins se répartirent en différents navires. Il y avait dans le port trois ou quatre navires pour Venise. L'un était turc ; un deuxième était une embarcation très petite, et le troisième était un navire très riche et imposant, d'un riche Vénitien. C'est au patron de ce dernier que certains pèlerins demandèrent de bien vouloir emmener le pèlerin ; mais le patron, ayant appris que ce dernier n'avait pas d'argent, refusa, bien que beaucoup le lui aient demandé en faisant l'éloge du pèlerin, etc. Le patron répondit que, si c'était un saint, qu'il fasse la traversée comme saint Jacques l'avait faite, ou quelque chose de ce genre[22]. Ces mêmes intercesseurs l'obtinrent très facilement du patron du petit navire.
Ils partirent un jour avec un vent favorable le matin ; l'après-midi survint une tempête, si bien que les navires se séparèrent les uns des autres. Le grand navire alla se perdre près de ces mêmes îles de Chypre et seules les personnes furent sauvées. Le navire turc se perdit corps et biens dans la même tourmente. La petite embarcation eut beaucoup à souffrir ; et, à la fin, ils arrivèrent à toucher terre dans les Pouilles, et cela au plus fort de l'hiver ; il faisait de grands froids et il

21. Le voyage de retour, commencé le 23 septembre, s'achèvera fin février 1524 à Barcelone. Les pèlerins, arrivés à Chypre le 14 octobre, eurent du mal à trouver un bateau pour l'Italie ; celui sur lequel Iñigo s'embarqua prit la mer le 1er novembre et, après une pénible traversée, accosta dans les Pouilles à la fin de décembre. Après avoir changé d'embarcation, les passagers arrivèrent à Venise à la mi-janvier. Poursuivant seul son voyage, Iñigo fut affronté, après les dangers de la mer, à ceux de la guerre.

22. C'est-à-dire dans une barque sans rames ni voiles, au soin de la Providence, pour aboutir à Compostelle.

neigeait. Et le pèlerin ne portait pas d'autres vêtements que des chausses de toile grossière allant jusqu'aux genoux et laissant les jambes nues, des souliers, un pourpoint de toile noire ouvert en raison de nombreuses déchirures aux épaules, et un manteau court très élimé[23].

50 Il arriva à Venise au milieu de janvier de l'année 1524, ayant été en mer, depuis Chypre, pendant la totalité des mois de novembre et de décembre et pendant la partie de janvier qui précéda son arrivée. A Venise, il rencontra l'un des deux hommes qui l'avaient accueilli chez eux avant son départ pour Jérusalem; et il lui donna en aumône quinze ou seize *jules*[24] ainsi qu'un morceau d'étoffe qu'il plia plusieurs fois et qu'il mit sur son estomac en raison du grand froid qu'il faisait. Une fois que ledit pèlerin comprit que c'était la volonté de Dieu qu'il ne se trouve pas à Jérusalem, il en vint à se demander sans cesse en lui-même : *quid agendum* ? A la fin, il inclinait davantage à étudier quelque temps pour pouvoir aider les âmes et décidait d'aller à Barcelone[25]. Et ainsi il quitta

23. Apparemment insensible au pittoresque dans son voyage, Ignace paraît accorder une certaine importance à la description détaillée de ses vêtements (n° 16 : habit du pèlerin; 34 : vêtements plus chauds; 49, 50, 51 : accoutrement du voyage; 55 : des trous dans ses semelles; 58-59 : les habits teints; 62-64 : les habits d'étudiants; 66 : ceux de Calixto). L'abondance de ces détails fait contraste avec la sobriété demandée dans les documents de la Compagnie de Jésus. Dès leurs premières délibérations, les compagnons s'interdisent toutes « couleurs spéciales de vêtements »; les *Constitutions* (n° 577) prescrivent seulement que le vêtement doit être « décent », « adapté au pays où l'on vit », être conforme à la pauvreté.

24. Le *giulio* était une monnaie d'argent, tirant son nom du pape Jules II.

25. « Que faire? », en latin dans le texte. L'importante décision qu'Iñigo va prendre est ici énoncée comme en passant. On ignore quelles raisons l'ont « incliné » à entreprendre des études, toujours dans le but d'« aider les âmes ». L'« inclination » suppose en effet une pesée et une recherche de la « raison » sur les avantages et les inconvénients d'une solution par rapport à une autre (*Ex.spir.*, n°s 181-182). Pressent-il la difficulté d'aider efficacement les âmes, à cette époque, en demeurant laïc? Éprouve-t-il la nécessité d'une formation qui lui manque pour rédiger les *Exercices spirituels*? Ou bien cette période d'études, qu'il pense de brève durée, n'est-elle qu'une solution d'attente?

Venise pour Gênes. Et il se trouvait un jour à Ferrare en train de faire ses dévotions dans l'église principale quand un pauvre lui demanda l'aumône ; et il lui donna un *marquete*, qui est une pièce valant cinq ou six *quatrini*. Après celui-là il en vint un autre, auquel il donna une autre pièce de monnaie qu'il avait, d'un peu plus de valeur. Et au troisième, n'ayant plus que des *jules*, il donna un *jules*. Et comme les pauvres voyaient qu'il donnait l'aumône, ils ne faisaient que venir ; et ainsi s'épuisa tout ce qu'il avait sur lui. A la fin, beaucoup de pauvres vinrent ensemble demander une aumône. Il répondit qu'ils veuillent bien lui pardonner, qu'il n'avait plus rien.

51 Et alors, il partit de Ferrare pour Gênes. Il rencontra sur sa route quelques soldats espagnols qui le traitèrent bien cette nuit-là. Et ils s'inquiétèrent beaucoup sur la route qu'il prenait, car il était nécessaire de passer presque entre les deux armées françaises et impériales[26] ; ils lui demandaient de quitter la route royale et d'en prendre une autre, sûre, qu'ils lui indiquaient. Mais lui ne tint pas compte de leur conseil. Au contraire, suivant son chemin tout droit, il tomba sur un village incendié et détruit ; et alors jusqu'au soir il ne rencontra personne qui lui donne quelque chose à manger. Mais, au coucher du soleil, il arriva à un village fortifié ; et les gardes le saisirent aussitôt, pensant qu'il était un espion. Après l'avoir mis dans une petite maison près de la porte, ils commencèrent à l'examiner, comme on le fait d'ordinaire en cas de soupçon. Et il répondit à toutes leurs questions qu'il ne savait rien. Ils le déshabillèrent et inspectèrent même

---

Notons pourtant que le goût d'écrire est lié depuis Loyola à son expérience spirituelle (n°s 11 et 18). Dépossédé de son projet, il peut réaliser l'importance des études pour agir dans la société de son temps.

26. Après la reddition de Pampelune, c'est la deuxième allusion du récit au conflit qui oppose Charles Quint et François Ier. L'enjeu est, cette fois, le duché de Milan. Après la bataille de Pavie, dans un an (1525), le roi de France devra renoncer au duché (1526 : traité de Madrid ; 1529 : traité de Cambrai) que Charles Quint remettra à Francesco Sforza, devenu vassal de l'empereur. Iñigo n'est ni dans un camp ni dans un autre comme, en 1555, la Compagnie de Jésus se veut internationale.

ses souliers et toutes les parties de son corps, pour voir s'il ne portait pas quelque lettre. Et ne pouvant rien savoir par aucun moyen, ils l'enchaînèrent pour le conduire au capitaine : lui, le ferait parler. Et comme il demandait qu'on l'emmenât couvert de son petit manteau, ils refusèrent de le lui donner et l'emmenèrent ainsi avec ses chausses et le pourpoint mentionnés plus haut.

52 Tandis qu'il allait ainsi, le pèlerin eut comme une représentation du Christ quand on l'emmenait, bien que ce ne fût pas une vision comme les autres[27]. Et il fut emmené par trois grandes rues ; lui allait sans aucune tristesse, mais au contraire avec allégresse et contentement.
Il avait pour habitude de s'adresser à quelque personne que ce fût en usant de la deuxième personne, ayant cela à dévotion parce que le Christ et les apôtres parlaient ainsi, etc.[28] Alors qu'il marchait par ces rues, il lui passa par l'esprit qu'il serait bon de laisser cette habitude en la circonstance et parler au capitaine en lui disant « Sa Seigneurie », et cela parce qu'il avait quelque crainte des tortures qu'on pouvait lui infliger, etc. Mais, reconnaissant que c'était une tentation : « Puisqu'il en est ainsi, dit-il, je ne lui parlerai pas en disant ''Sa Seigneurie'', je ne lui ferai pas non plus de révérence ni n'ôterai mon chaperon. »

53 Ils arrivent au palais du capitaine et le laissent dans une salle basse. Et un moment plus tard, le capitaine lui parle. Et lui, sans se livrer à aucune sorte de courtoisie, répond quelques mots et avec un intervalle notable entre un mot et l'autre[29].

---

27. La vision habituelle était celle d'un corps blanc (n° 29), comme en or (n° 44) ou un soleil (n° 99). Ici, toujours dans une situation humiliante, c'est une représentation du Christ dans sa Passion, comme plus tard à La Storta (n° 96 et note).

28. L'Espagnol comme l'Italien connaît trois formes de politesse : le « tu » de la grande intimité, le « vous » qui suppose familiarité et égalité sociale, le « il » (« Sa Seigneurie »), marque de grand respect.

29. Depuis son départ de Venise, Iñigo fait preuve d'une allègre imprudence, fondée sur son inébranlable confiance. Il accepte de l'argent et le distribue aussitôt sans compter (n° 50) ; il refuse de prendre la

Et le capitaine le tint pour fou et dit en conséquence à ceux qui l'avaient amené : « Cet homme n'a pas de cervelle; donnez-lui ses affaires et jetez-le dehors. » Sorti du palais, il rencontra bientôt un Espagnol qui vivait là lequel l'emmena chez lui et lui donna de quoi mettre fin à son jeûne ainsi que tout ce qu'il lui fallait pour cette nuit-là. Et étant reparti le matin, il marcha jusqu'au soir.

Deux soldats, qui étaient sur une tour, le virent et descendirent pour le prendre. Ils l'amenèrent au capitaine, qui était français. Entre autres choses, le capitaine lui demanda de quel pays il était; et en apprenant qu'il était du Guipuzcoa, il lui dit : « Moi, je suis de là-bas, des environs »; il semble qu'il était d'un endroit proche de Bayonne. Et il dit aussitôt : « Emmenez-le et donnez-lui à souper, et traitez-le bien. » Sur le chemin de Ferrare à Gênes, il lui arriva beaucoup d'autres choses de moindre importance. A la fin, il arriva à Gênes, où un Biscayen, du nom de Portundo, le reconnut, avec qui il avait plusieurs fois parlé quand il servait à la cour du roi catholique[30]. Il le fit embarquer sur un navire qui allait à Barcelone; il y courut grand danger d'être pris par André Doria, lequel leur donna la chasse, étant alors avec les Français[31].

---

route la plus sûre qu'on lui conseille (n° 51); il décide de ne pas observer les règles de courtoisie, « par dévotion », dit-il, peut-être aussi pour ne pas se faire reconnaître (n° 52). Devant le capitaine, il joue le fou et est pris pour tel : dévotion ou habileté? Bien que ce comportement le tire effectivement d'un mauvais pas, la première hypothèse est davantage dans la ligne du récit (cf. *Ex.spir.*, n° 167).

30. Selon Ribadeneira, Rodrigo Portundo était « général des galères d'Espagne » (*Vita*, VN IV, p. 166). Mais c'est dans un sens large qu'on peut dire que le jeune Iñigo a servi à la cour du roi catholique : Jean de Velasquez, *Contador mayor* et membre du conseil royal, était souvent appelé à suivre les déplacements de la cour et son page Iñigo l'accompagnait. On note ici qu'il ne manifeste aucun déplaisir d'être reconnu, de même qu'à Chypre il ne s'est pas affligé qu'on fît son éloge (n° 40) : ne jouit-il pas d'une « grande paix » sur le point de la vaine gloire depuis qu'il a quitté Jérusalem? (cf. Préface de Câmara, n° 1).

31. Comme il était normal à l'époque, l'amiral gênois (1466-1560) proposa ses talents et les galères, armées à ses frais, à différents souverains. En 1524, il prit le commandement de la flotte française et battit Charles Quint sur les côtes de Provence. Plus tard, ayant compris de quel côté allait la victoire, il passa au service de l'empereur. D'où l'allusion d'Ignace.

5
Barcelone et Alcalá

54 Arrivé à Barcelone, il fit part de l'inclination qu'il avait d'étudier à Isabel Roser[1] et à un certain Maître Ardevol[2] qui enseignait la grammaire. A tous deux cela parut fort bien ; et lui s'offrit à l'enseigner gratuitement et elle, à lui donner ce qui serait nécessaire pour sa subsistance. Le pèlerin connaissait à Manrèse un moine — je crois qu'il était de l'Ordre de Saint-Bernard —, homme très spirituel[3]. Il désirait être auprès de lui pour apprendre et pour pouvoir s'adonner plus commodément à la vie spirituelle et même être utile aux âmes. Il répondit qu'il acceptait cette offre s'il ne trouvait pas à Manrèse la commodité qu'il espérait. Mais, étant allé là-bas, il découvrit que ce moine était mort. Et alors,

1. Isabel Roser avait rencontré Iñigo en 1523 lors de son séjour à Barcelone et, avec son époux, l'avait invité à sa table. Elle devint sa bienfaitrice pendant le temps de ses études et il fut son directeur spirituel, comme en témoigne leur correspondance. En 1543, elle vint à Rome et, avec une amie et sa servante, obtint du pape la permission de prononcer des vœux solennels dans la Compagnie de Jésus, reçus par Ignace à Noël 1545. Par la suite, de graves difficultés amenèrent Ignace à demander au pape que les trois femmes fussent relevées de leurs vœux. Isabel Roser revint à Barcelone où elle mourut en 1555, réconciliée avec Ignace (cf. Rahner, *Ignace...*, vol. 2, p. 25-66).

2. Jérôme Ardevol, bachelier ès arts, enseignait la grammaire à l'*Estudio General* de Barcelone. Payé quarante livres par la cité, il n'avait pas le droit de prendre des élèves payants en plus.

3. Probablement un moine du monastère de Saint-Paul (cf. n° 30). Le projet d'Iñigo est ici un peu précisé : en se mettant à l'école d'un moine cistercien, il semble ne pas envisager une carrière universitaire, mais plutôt une formation spirituelle.

revenu à Barcelone, il commença à étudier avec grande diligence. Mais une chose l'embarrassait beaucoup ; et c'était que quand il commençait à apprendre par cœur, comme cela est nécessaire dans les débuts de la grammaire, il lui venait de nouvelles intelligences de choses spirituelles et de nouveaux goûts ; et cela de telle manière qu'il ne pouvait pas apprendre par cœur et ne pouvait les chasser, bien qu'il luttât beaucoup contre elles.

55 Et alors, réfléchissant souvent à cela, il se disait en lui-même : « Ce n'est ni quand je me mets en prière ni quand je suis à la messe que me viennent ces intelligences si vives » ; et il en vint alors peu à peu à reconnaître que c'était une tentation[4]. Et après avoir prié il alla à Sainte-Marie-de-la-Mer, près de la maison de son maître, lui ayant demandé de bien vouloir l'entendre un peu dans cette église. Une fois assis, il lui exposa fidèlement tout ce qui se passait dans son âme et combien il avait fait peu de progrès jusqu'alors pour cette raison ; mais qu'il faisait audit maître une promesse en ces termes : « Je vous promets de ne jamais manquer d'aller vous écouter pendant ces deux ans, tant que je trouverai à Barcelone du pain et de l'eau avec quoi je puisse subsister. » Et comme il fit cette promesse avec grande fermeté, il n'eut plus jamais ces tentations.
La douleur d'estomac qui l'avait pris à Manrèse et à cause de laquelle il prit des souliers, le quitta ; et il ne souffrit plus de l'estomac depuis le moment où il partit pour Jérusalem. Et pour cette raison, pendant qu'il étudiait à Barcelone, le

4. Tentation du même type que celle de Manrèse à l'heure de dormir (n° 26), elle se reproduira à Paris (n° 82). Elle est surmontée par le fait d'en parler (*Ex.spir.*, n° 326). Instruit par l'expérience, Ignace a mis un frein aux ardeurs spirituelles des étudiants de la Compagnie dans sa correspondance et dans les *Constitutions* : « Les mortifications, les prières et les longues méditations ne prendront pas beaucoup de place pendant cette période. Car s'adonner à la science, que l'on étudie avec la pure intention du service divin et qui demande d'une certaine façon l'homme tout entier, ne sera pas moins agréable, mais plus agréable au contraire, à Dieu notre Seigneur pendant le temps des études » (*Const.*, n° 340).

désir lui vint de reprendre ses pénitences passées[5]. Et alors il se mit à faire un trou dans les semelles de ses souliers. Et il allait élargissant peu à peu les trous de telle sorte que, quand arriva le froid de l'hiver, il ne portait plus que le dessus de ses souliers.

56 Au terme de deux années d'études[6] pendant lesquelles, d'après ce qu'on lui disait, il avait considérablement progressé, son maître lui dit qu'il pouvait désormais suivre les cours des Arts et qu'il aille à Alcalá. Mais il se fit cependant examiner par un docteur en théologie, qui lui conseilla la même chose. Et alors il partit seul pour Alcalá, bien qu'il eût déjà quelques compagnons, à ce que je crois[7].

---

5. La vie d'étudiant pensionné par une bienfaitrice ne comporte plus les occasions de privations de la vie itinérante du mendiant. Iñigo reprend donc ses pénitences, mais il les pratiquera avec un plus grand discernement (cf. n° 74). Les pénitences en effet ne doivent pas « altérer la constitution » ni entraîner « de maladie notable » (*Ex.spir.*, n°s 82-86). Devenu Général, il semblera regretter ses propres excès : « Sans doute j'ai loué beaucoup les jeûnes et l'abstinence rigoureuse et le retranchement strict d'aliments communs, et pendant un certain temps j'ai trouvé cela fort bien, mais je ne pourrais plus le faire à l'avenir, quand je vois que ces jeûnes et cette abstinence empêchent l'estomac d'accomplir ses fonctions normales » (Dumeige, *Lettres*, p. 170). Surtout, le corps doit garder sa vigueur pour le service du prochain : « Il faut veiller à ce que les excès dans ce domaine n'affaiblissent pas la vigueur de leur corps ni ne leur prennent du temps, au point de ne plus leur en laisser suffisamment pour l'aide spirituelle du prochain que comporte notre Institut. » On usera donc d'une « charité pleine de discernement » *(caritas discreta)* tandis que confesseur et supérieur seront tenus au courant (*Const.*, n° 582).

6. Ces deux ans ont été consacrés à la « grammaire », c'est-à-dire à apprendre à s'exprimer oralement et par écrit en latin. Ensuite, il semble qu'Iñigo n'ait pas pris de lui-même l'initiative de la poursuite de ses études ni du choix de l'université d'Alcalá pour entreprendre le « cours des Arts » correspondant à notre « philosophie ».

7. Le « je crois » dubitatif est de Câmara. Mais dans une lettre du 6 décembre 1524 à Inès Pascual, Iñigo mentionne « un pèlerin du nom de Calixto » qui « se trouve dans votre ville » (Manrèse). Et Polanco écrit que c'est à Barcelone qu'« il commença à avoir le désir d'avoir quelques personnes en sa compagnie pour réaliser le dessein qu'il avait désormais d'aider à réformer les fautes qu'il voyait dans le service divin et pour qu'elles soient comme les trompettes de Jésus-Christ ». Il en nomme trois que nous retrouverons à Alcalá et à Salamanque : Calixto de Sa, Jean de Arteaga et Lope de Caceres (*Sum.Hisp.*, FN I, p. 170).

Arrivé à Alcalá[8], il se mit à mendier et à vivre d'aumônes. Et il y avait dix ou douze jours qu'il vivait de cette manière quand, un jour, un ecclésiastique et d'autres qui étaient avec lui, le voyant demander l'aumône, se mirent à rire de lui et à lui dire quelques injures, comme on fait d'ordinaire avec ceux qui mendient alors qu'ils sont en bonne santé. Et à ce moment passait celui qui avait la charge du nouvel hôpital d'Antezana[9]; il se montra peiné de cela, l'appela et l'emmena à l'hôpital où il lui donna une chambre et tout le nécessaire.

57 Il étudia à Alcalá à peu près un an et demi[10]. Comme c'est en 1524, pendant le Carême, qu'il était arrivé à Barcelone et qu'il y étudia deux ans, c'est en 1526 qu'il arriva à Alcalá. Il y étudia les *Termes logiques* de Soto, la *Physique* d'Albert et le Maître des Sentences[11].

Étant à Alcalá, il s'exerçait à donner des exercices spirituels et à expliquer le catéchisme[12] : et par ce moyen il se faisait

8. L'université d'Alcalá de Henáres, dans le diocèse de Tolède à une vingtaine de kilomètres de Madrid, a été fondée par le cardinal de Cisneros : les premiers cours ont commencé en 1508 et elle jouit déjà d'une grande renommée. Le primat y est donné à l'enseignement de la théologie dans l'esprit de l'humanisme : on étudie principalement l'Écriture sainte et les Pères, on enseigne les langues anciennes pour mieux lire la Bible (l'édition dite *Polyglota Complutensis* a été imprimée de 1514 à 1517), on est ouvert aux diverses écoles de théologiens. Alcalá est aussi le centre des courants du renouveau spirituel en Castille, principalement franciscain. Enfin, l'université accueille avec faveur les œuvres de l'humaniste de Rotterdam, Didier Érasme, dont la spiritualité est diffusée par la traduction de l'*Enrichidion militis christiani*, en 1526, malgré l'opposition d'une partie des religieux.

9. Il s'agit de l'hôpital de *Nuestra Señora de la Misericordia*, ici nommé du nom de son fondateur Louis de Antezana, en 1483.

10. Le calcul est approximatif : le séjour d'Iñigo a duré, au plus, de mars 1526 à juin 1527.

11. Les *Termes logiques* ou *Summulae* de Dominique Soto, les *Physicorum libri VIII* d'Albert le Grand et les *Sentenciarum libri IV* de Pierre Lombard figuraient au programme de l'université. Logique et physique sont deux étapes de la philosophie. Le *Maître des sentences* est le manuel de base universel de la théologie qu'Iñigo a donc commencée. Il mène de front les deux disciplines, mais il reconnaîtra que ses études ont été faites rapidement et « sur peu de fondement » (n° 64).

12. Même si le noyau primitif ou la « substance » du livre des *Exer-*

du fruit, pour la gloire de Dieu. Et il y eut beaucoup de personnes qui parvinrent à une très grande connaissance des choses spirituelles et à un très grand goût pour celles-ci. D'autres avaient diverses tentations. C'était, par exemple, l'une d'entre elles qui, voulant se donner la discipline, ne pouvait le faire, comme si on lui retenait la main ; et d'autres choses semblables[13] qui faisaient naître des rumeurs dans le peuple,

Je dois me rappeler la peur que lui-même éprouva une nuit[14].

---

cices remonte à Loyola et Manrèse, il n'y a aucune raison d'affecter d'un article défini et de majuscules l'expression ici employée d'« exercices spirituels » (en espagnol, *dar exercicios espirituales*). Nous sommes renseignés avec précision sur leur contenu par les dépositions de plusieurs femmes aux procès d'Alcalá (FD, p. 319-349). Iñigo expliquait les commandements, la distinction des péchés mortels et des péchés véniels, les cinq sens et les puissances de l'âme et enseignait des manières de prier (*Ex.spir.*, nos 32-43, 238-247). Il éclairait ses explications « par les Évangiles et avec saint Paul et d'autres saints ». Les exercices consistaient à faire l'examen de conscience deux fois par jour, à prier pendant une demi-heure, à se confesser et à communier tous les huit jours. Même s'ils duraient un mois, avec des entretiens réguliers, il s'agissait donc de ces exercices dits « légers » (*Ex.spir.*, n° 18), accompagnés de conseils de discernement spirituel, comme le déclare Maria de la Flor dans sa déposition : « Iñigo lui dit qu'il aurait à s'entretenir avec elle pendant un mois ; et que pendant ce mois elle devrait se confesser tous les huit jours et communier ; que la première fois elle serait très heureuse et ne saurait pas d'où cela lui venait, et que la semaine suivante elle serait très triste, mais qu'il espérait en Dieu qu'elle en tirerait un grand profit » (FD, p. 334).

13. Au cours de l'interrogatoire du 17 mai 1527, Iñigo expliqua ces désordres qui ne touchèrent que « cinq ou six femmes » : « Puisque leur vie s'améliorait et qu'elles s'écartaient des péchés, les grandes tentations qui leur venaient, soit du démon, soit de leurs proches, étaient la cause de ces évanouissements, en raison de la répugnance qu'elles sentaient en elles ; et lui les consolait quand il les voyaient ainsi, leur disant de prendre courage » (FD, p. 339-340). Les contemporains attribuaient facilement à des causes extraordinaires de simples phénomènes psychologiques.

14. C'est à un fait de ce genre que fait allusion Polanco : « Dans une partie de cette maison où il logeait, infestée par des fantômes, alors qu'il était troublé par des terreurs nocturnes qu'il estimait vaines et auxquelles il refusait de céder en se recommandant à Dieu, il se mit, en pensée et à haute voix, à provoquer les démons : s'ils avaient reçu de Dieu un pouvoir contre lui, qu'ils l'exercent ; il souffrirait volontiers tout ce qu'il lui plairait ; eux-mêmes ne pourraient rien de plus que ce que Dieu permettrait. Cette fermeté de cœur, cette constance

surtout en raison du grand concours de gens qui se produisait partout où il expliquait le catéchisme.
Dès qu'il arriva à Alcalá, il fit la connaissance de don Diego de Eguía, qui habitait chez son frère, imprimeur à Alcalá, lequel avait largement le nécessaire[15]. Et aussi ils l'aidaient, par leurs aumônes, à faire vivre des pauvres ; et l'imprimeur avait chez lui les trois compagnons du pèlerin. Une fois, comme celui-ci venait lui demander l'aumône pour faire face à certaines nécessités, don Diego lui dit qu'il n'avait pas d'argent ; mais il ouvrit pour lui un coffre dans lequel il avait diverses choses ; et alors il lui donna des parements de lit de diverses couleurs, des chandeliers et d'autres choses semblables. Après les avoir toutes enveloppées dans un drap, le pèlerin les mit sur ses épaules et s'en fut soulager les pauvres.

---

de la foi et de la confiance en Dieu, non seulement le libéra de toute terreur des démons, mais par la suite, Dieu aidant, l'immunisa de toute sorte de terreurs nocturnes » (FN II, p. 545).

15. Diego de Eguía entra dans la Compagnie de Jésus en 1540. Son frère Miguel était l'imprimeur officiel de l'université. En 1526, il imprima la première traduction en castillan de l'*Enchiridion militis christiani* d'Érasme. D'où la question controversée : Iñigo a-t-il lu cet ouvrage ? Selon Ribadeneira (*Vita*, FN IV, p. 172-174), c'est à Barcelone qu'on lui en aurait recommandé la lecture en latin, mais « il observa que l'esprit de Dieu se refroidissait en lui et que l'ardeur de sa dévotion diminuait. Ayant remarqué la chose, il rejeta le livre de ses mains et le prit en telle aversion qu'il ne lut plus jamais un seul livre de cet auteur ». Selon Câmara, « quand le Père, dans les premiers temps, se trouvait à Alcalá, bien des gens, et son confesseur même, le pressaient de lire l'*Enchiridion* d'Érasme ; mais, ayant appris qu'il y avait des soupçons et des discussions au sujet de cet auteur, jamais il ne voulut le lire » (*Mem.*, n° 245). On remarque que, non seulement les lieux, mais les raisons de la répugnance d'Iñigo diffèrent. Il est vrai qu'Érasme avait des adversaires (cf. *infra*, n° 65), mais à l'époque des faits, il n'avait jamais été condamné par aucune autorité espagnole ni romaine. La situation ne devait se retourner contre lui qu'à partir de 1550 et ses œuvres furent mises à l'Index en 1559. Les propos de Ribadeneira et de Câmara peuvent s'expliquer par ce retournement tardif. Des historiens pensent aujourd'hui qu'Ignace a certainement lu l'*Enchiridion* et qu'il en a probablement tiré profit, ce qui ne veut pas dire qu'il ait apprécié l'esprit et la manière de son auteur (cf. Maurice Bataillon, *Érasme et l'Espagne*, Paris, 1937, p. 229-231 ; Mark Rotsaert, *op. cit.*, p. 128-145 ; Dominique Bertrand, *La politique de saint Ignace de Loyola*, éd. du Cerf, Paris, 1985, p. 230-232).

58 Comme il a été dit plus haut, il y avait une grande rumeur à travers toute la région concernant les choses qui se faisaient à Alcalá et dont les uns parlaient d'une manière, les autres d'une autre. La chose arriva jusqu'à Tolède, aux inquisiteurs. Ceux-ci étant venus à Alcalá, le pèlerin en fut avisé par leur hôte, qui lui disait qu'on les appelait les « habillés de bure » et, je crois, « illuminés[16] », et qu'on allait faire d'eux une boucherie. Et alors les inquisiteurs se mirent aussitôt à faire des recherches et une enquête sur leur vie ; à la fin, ils retournèrent à Tolède sans les avoir appelés, n'étant venus que pour

16. Le terme d'« illuminés » désigne un mouvement religieux plus ou moins organisé, à la doctrine fluente et aux contours mal définis : les *Alumbrados*. Il est né dans la mouvance du renouveau spirituel, principalement franciscain. C'est à l'origine une forme de prière visant au *recogimiento* (recueillement), où l'âme se détache progressivement de tout le créé, y compris de l'humanité du Christ, pour se laisser remplir de la lumière divine, dans une sorte de « non-penser » *(no pensar nada)*. Mais en pénétrant dans des milieux non cultivés, le mouvement dégénère. Le *recogimiento* devient *dejamiento* (abandon) et le *no pensar nada* tend à se transformer en *no hacer nada* (ne rien faire). Pour certains *dejados*, l'âme qui est entièrement saisie par Dieu devient impeccable, d'où parfois, une morale relâchée et, plus généralement, un mépris affiché de toutes manifestations extérieures de la piété et de la religion. Les *Alumbrados* ne furent pas inquiétés jusqu'en 1519, date à laquelle les idées luthériennes pénétrèrent dans le milieu des « nouveaux chrétiens » déracinés du judaïsme et mal assimilés par le christianisme, menacés dans leurs personnes et dans leurs biens par l'Inquisition. C'est surtout dans ce milieu, en effet, que se recrutaient les *Alumbrados*. Le 23 septembre 1525, un Édit de Tolède condamnait 48 propositions, qui ne constituaient pas un corps de doctrine, mais rapportaient des propos tenus par tel ou tel propagateur. Évoquant ses divers procès, Ignace affirmait en 1545, dans une lettre à Jean III, roi de Portugal : « Si votre Altesse désire connaître la raison de tant de recherches et d'enquêtes sur ma personne, qu'elle sache que ce n'est nullement pour les motifs qui font poursuivre les schismatiques, les luthériens et les illuminés, que je n'ai jamais fréquentés et que je ne connais pas » (Dumeige, *Lettres*, p. 101). Il est vrai qu'il a été lavé de tout soupçon d'illuminisme, mais un certain nombre de personnes qui l'avaient fréquenté à Alcalá — Béatrice Ramirez, Anna Díaz et Miguel de Eguía — furent par la suite dénoncées par l'Inquisition de Tolède. C'est dire qu'il n'a jamais été facile de discerner, dans ces groupes, l'hétérodoxie caractérisée et le primat donné à l'expérience spirituelle intérieure. A l'époque des faits, les inquisiteurs de Tolède ont été alertés sur le groupe d'Iñigo et de ses compagnons par les « rumeurs » comme il dit, mais aussi par leur vêtement uniforme et les réunions qu'ils tenaient.

cela. Ils laissèrent l'enquête entre les mains du Vicaire Figueroa, qui est maintenant à la cour de l'empereur[17]. Quelques jours plus tard, le Vicaire les appela et leur dit comment des recherches et une enquête avaient été faits sur leur vie par les inquisiteurs, qu'il ne se trouvait aucune erreur dans leur doctrine ni dans leur vie et qu'ils pouvaient donc faire la même chose qu'ils faisaient sans aucun empêchement. Mais, comme ils n'étaient pas des religieux, il ne semblait pas bon qu'ils aillent tous vêtus d'un même habit ; il serait bon, et il leur en donnait l'ordre, que deux — et il désignait le pèlerin et Arteaga — fassent teindre leurs vêtements en noir et les deux autres, Calixto et Cáceres, en brun[18] ; quant à Juanico, qui était un jeune Français[19], il pourrait rester comme il était.

59 Le pèlerin dit qu'ils feraient ce qu'on leur ordonnait. « Mais je ne sais pas, dit-il, quel profit on tire de ces inquisitions. A un tel, un prêtre n'a pas voulu l'autre jour donner la communion parce qu'il communie tous les huit jours et à moi on m'a fait des difficultés. Nous voudrions savoir si l'on a trouvé en nous quelque hérésie[20] ? » — « Non, dit Figueroa ; s'ils viennent à en trouver, ils vous brûleront. » — « Ils

17. Cette première enquête, menée par les inquisiteurs, eut lieu le 19 novembre 1526 et la sentence fut portée par le Vicaire général d'Alcalá, Jean Rodriguez de Figueroa, le 21 novembre. Quatre témoins furent entendus. On les interrogea sur le mode de vie des compagnons et non sur leur doctrine : âge, vêtement, habitat, lieu et temps des réunions, fréquentation (des femmes et des hommes, des jeunes gens, des religieux et religieuses, des étudiants) (FD, p. 322-330).

18. La sentence ordonnait qu'« ils se conforment à l'habit commun que portent clercs et laïcs dans les royaumes de Castille » (FD, p. 331). Parce qu'ils n'étaient pas membres d'un collège, ils prenaient la figure sociale d'un groupe religieux, distingué par l'« habit ». L'idée de teindre leurs vêtements a sans doute été le résultat d'une transaction pour des raisons économiques (*infra*, n° 64).

19. Jean de Reynald, surnommé Juanico en raison de son jeune âge, s'était joint au groupe déjà constitué à Barcelone.

20. Visiblement Iñigo n'est pas satisfait de la sentence : pour lui, l'essentiel est l'orthodoxie de son enseignement ; il veut connaître les raisons qui rendent le groupe suspect et mettre fin aux « rumeurs ».

vous brûleront vous aussi, dit le pèlerin, s'ils trouvent en vous une hérésie. » Ils firent teindre leurs vêtements, comme on le leur avait ordonné ; et quinze ou vingt jours plus tard, Figueroa ordonna au pèlerin de ne pas aller pieds nus, mais qu'il se chausse. Et il fit ainsi tranquillement, comme pour toutes les choses de ce genre qu'on lui ordonnait.
Quatre mois plus tard, le même Figueroa fit à nouveau faire des recherches à leur sujet. Outre les questions habituelles, je crois que l'occasion en fut aussi qu'une femme mariée et de qualité avait une dévotion spéciale envers le pèlerin. Pour ne pas être vue, elle venait voilée, comme c'est la coutume à Alcalá de Henáres, le matin, au petit jour, à l'hôpital. En entrant elle enlevait son voile et allait à la chambre du pèlerin. Mais cette fois non plus on ne leur fit rien ; on ne les appela même pas après que l'enquête eût été faite[22] et on ne leur dit pas la moindre chose.

Me rappeler ce que m'a raconté Bustamante[21].

60 Il y avait quatre mois qu'il se trouvait dans une petite maison en dehors de l'hôpital, quand un alguazil vient un jour à sa porte, l'appelle et lui dit : « Venez un peu avec moi. » Et, le mettant en prison, il lui dit : « Ne sortez pas d'ici jusqu'à nouvel ordre[23]. » Cela se passait en été ; et il n'était pas étroitement gardé : et aussi beaucoup venaient le visiter. Et il faisait la même chose que lorsqu'il était libre : faire le catéchisme et donner des exercices. Il ne voulut jamais prendre d'avocat ni de procureur, bien que beaucoup se soient offerts[25].

M^a fut l'un d'eux : c'était son confesseur[24].

---

21. On ignore à quoi fait allusion cette note concernant le Père Barthelemy Bustamante.

22. La seconde enquête eut lieu le 6 mars 1527. Trois femmes furent citées et interrogées principalement sur les noms et qualités des femmes qui allaient voir Iñigo et ce qu'il leur enseignait. Dans la correspondance, Ignace et Polanco insistent souvent sur la recommandation de ne pas recevoir de femmes seules (cf. *infra*, n° 97).

23. Le 18 ou 19 avril. Il restera quarante-deux jours en prison (n° 62).

24. Lire Manuel Miona, professeur à l'université. Confesseur d'Iñigo à Alcalá, puis à Paris, il entra dans la Compagnie à Rome en 1545 (Câmara, *Mem.*, n° 98).

25. Nouveau signe de sa confiance en Dieu. Il n'empêche qu'en raison

Il se souvient spécialement de doña Teresa de Cárdenas[26], qui lui envoya des visites et lui offrit à de nombreuses reprises de le tirer de là ; mais il n'accepta rien, disant toujours : « Celui pour l'amour de qui je suis entré ici m'en tirera, s'il doit en être servi. »

61 Il fut dix-sept jours en prison sans qu'on l'interrogeât et sans qu'il sût la cause de tout cela. Au bout de ce temps, Figueroa vint à la prison et l'interrogea sur beaucoup de choses[27], jusqu'à lui demander s'il faisait observer le sabbat[28]. Et s'il connaissait deux femmes, mère et fille ; et il dit que oui. Et s'il avait été au courant de leur départ avant qu'elles ne partent ; et il dit que non, à cause du serment qu'il avait reçu[29]. Et le Vicaire, lui mettant alors la main sur l'épaule en manifestant sa joie, lui dit : « C'était pour cette cause que vous êtes venu ici. » Parmi les nombreuses personnes qui suivaient le pèlerin, il y avait une mère et une fille, toutes deux veuves — et la fille était très jeune et très jolie — qui étaient entrées profondément dans les choses de l'esprit, surtout la fille ; et tellement que, alors qu'elles étaient nobles, elles s'étaient rendues à pied à la Véronique de Jaén[30] — et

---

du mauvais souvenir des nombreux procès, Ignace éprouvera une certaine défiance vis-à-vis du monde de la justice, dont on trouve des traces dans sa correspondance et dans les *Constitutions*, n°s 591 et 593 (cf. Dominique Bertrand, *op. cit.*, p. 109-113).

26. Renommée pour sa libéralité à l'égard des pauvres et des prisonniers, et aussi pour sa dévotion au Saint-Sacrement.

27. Cet interrogatoire, du 5 ou 6 mai, n'est pas mentionné dans le compte rendu des procès d'Alcalá.

28. Allusion au fait que les *Alumbrados* se recrutaient dans le milieu des « nouveaux chrétiens ». Polanco rapporte la réponse d'Iñigo : « Le samedi je recommande une particulière dévotion à la bienheureuse Vierge ; je ne connais pas d'autre observance du samedi et, dans ma patrie, il n'y a pas de juifs » (FN II, p. 548).

29. Interrogé comme témoin, Iñigo a prêté serment. En style direct, comme le fait la version latine, la phrase se lirait ainsi : « Non, par le saint serment auquel je suis lié. » A leur retour, les deux femmes, Maria del Vado et Luisa Velasquez, et leur servante, confirmeront la réponse d'Iñigo (FD, p. 341-342).

30. Jaén, à trois cents kilomètres au sud de Madrid, où l'on vénérait une relique de la Sainte Face.

je ne sais si ce fut en mendiant — et toutes seules. Et cela fit grand bruit à Alcalá. Et le docteur Ciruelo, qui était un peu leur protecteur, pensa que le prisonnier les avait poussées et il l'avait fait arrêter à cause de cela. Alors, ayant entendu ce que le Vicaire lui avait dit, le prisonnier lui dit : « Voulez-vous que je vous parle un peu plus longuement sur ce sujet ? » Il dit : « Oui. » « Il vous faut donc savoir, dit le prisonnier, que ces deux femmes ont à bien des reprises insisté auprès de moi, parce qu'elles voulaient aller de par le monde entier servir les pauvres, d'hôpitaux en hôpitaux. Et je les ai toujours détournées de ce dessein, pour la raison que la fille est si jeune et si jolie, etc. Et je leur ai dit que, puisqu'elles voulaient visiter les pauvres, elles pouvaient le faire à Alcalá et suivre le Très Saint Sacrement. » Cet entretien achevé, Figueroa s'en alla avec son greffier, emportant tout cela par écrit.

62 A cette époque, Calixto était à Ségovie. Quand il sut le pèlerin emprisonné, il vint aussitôt, bien que relevant tout juste d'une grande maladie, et il se mit avec lui dans la prison. Mais le pèlerin lui dit qu'il ferait mieux d'aller se présenter au Vicaire, lequel lui fit bon accueil et lui dit qu'il lui ordonnerait d'aller à la prison : il était, en effet, nécessaire qu'il y fût jusqu'à ce que ces femmes arrivent, afin de voir si elles confirmaient ses dires. Calixto fut dans la prison pendant quelques jours ; mais comme le pèlerin voyait que cela nuisait à sa santé parce qu'il n'était pas encore totalement guéri, il l'en fit tirer par un docteur, grand ami à lui.

Quarante-deux jours s'écoulèrent entre le jour où le pèlerin entra dans la prison et celui où il en fut tiré ; au bout de ce temps, les deux dévotes étaient arrivées, le greffier se rendit à la prison lui lire le jugement : qu'il s'en aille libre, mais qu'ils s'habillent comme les autres étudiants et ne parlent pas de choses de la foi pendant quatre ans jusqu'à ce qu'ils aient étudié davantage, puisqu'ils n'avaient pas fait d'études[31]. En réalité, le pèlerin était celui qui en savait le

31. La sentence, prononcée le 1er juin, aggrave celle du 21 novembre

plus, mais c'était avec peu de bases; et c'était la première chose qu'il avait l'habitude de dire quand on l'interrogeait.

63 A la suite de ce jugement il hésita quelque peu sur ce qu'il allait faire : il lui sembla, en effet, qu'on lui fermait la porte à l'aide à donner aux âmes, en ne lui donnant aucune raison, si ce n'est qu'il n'avait pas étudié. Et à la fin il décida d'aller voir l'archevêque de Tolède, Fonseca, et de remettre la chose entre ses mains[32].

Il partit d'Alcalá et trouva l'archevêque à Valladolid; et lui racontant fidèlement la chose qui se passait, il lui dit que, bien que n'étant pas sous sa juridiction ni obligé d'observer le jugement, il ferait en cette affaire ce qu'il lui ordonnerait (il lui parlait à la deuxième personne, comme il le faisait avec tout le monde[33]). L'archevêque l'accueillit très bien et, apprenant qu'il désirait se rendre à Salamanque, lui dit qu'il avait aussi des amis à Salamanque et un collège[34], mettant tout cela à sa disposition. Et il lui fit remettre quatre écus quand il sortit.

---

alors qu'Iñigo semble avoir été disculpé. Les compagnons doivent acheter des vêtements ordinaires; comme ils n'ont pas de quoi, des aumônes y pourvoiront, avec la permission de Figueroa (n° 64). Surtout, alors qu'on les avait laissé poursuivre leur apostolat, on ordonne à Iñigo, « pendant trois ans à dater de ce jour, de n'enseigner à aucune personne, homme ou femme, de quelque état ou condition qu'elle soit, en public ou en secret, de ne pas tenir de réunion, de ne pas expliquer les commandements ni autre chose touchant à notre foi catholique... Passés ces trois ans, l'effet de la sentence sera maintenu, sauf si le juge ordinaire et vicaire général du lieu et diocèse où ledit Iñigo résidera lui donne licence d'enseigner » (FD, p. 342). Le délai correspondait à la scolarité théorique minimum en théologie. La même sentence fut notifiée aux autres compagnons.

32. Alonso de Fonseca, archevêque de Tolède de 1523 à 1534, eut des relations amicales avec Érasme et prit la défense des érasmisants espagnols. Iñigo alla le rejoindre à Valladolid où il se trouvait pour administrer le baptême au prince Philippe, héritier de Charles Quint, né le 21 mai 1527.

33. Cf. n° 52.

34. Il avait fondé le *Colegio Mayor de Santiago* où il pouvait faire admettre comme boursiers des étudiants pauvres. Sans doute pour conserver leur liberté apostolique, Iñigo et ses compagnons n'ont pas profité de l'offre.

6
Salamanque

64 Alors qu'il était arrivé à Salamanque, comme il faisait oraison dans une église, une dévote le reconnut comme étant de la compagnie — car cela faisait plusieurs jours que ses quatre compagnons étaient déjà là; elle lui demanda son nom et le conduisit alors à la demeure des compagnons[1]. Lorsque, à Alcalá, il avait été décrété par jugement qu'ils s'habillent comme des étudiants, le pèlerin avait dit : « Lorsque vous nous avez ordonné de teindre nos habits, nous l'avons fait; mais maintenant, cela, nous ne pouvons le faire parce que nous n'avons pas de quoi acheter ces habits. » Et alors le Vicaire lui-même les avait pourvus de vêtements et de bonnets et de tout le reste propre aux étudiants; et c'est habillés de cette manière qu'ils étaient partis d'Alcalá.
Il se confessait à Salamanque à un religieux de Saint-Dominique à Saint-Étienne; il y avait dix ou douze jours qu'il était arrivé quand le confesseur lui dit un jour : « Les

1. Compte tenu de son passage à Valladolid, Iñigo est arrivé à Salamanque à la fin de juillet 1527, précédé d'une double réputation : celle que lui ont faite les membres de la « compagnie » (bien qu'employé pour la première fois dans le sens de « compagnons réunis », le mot n'a évidemment pas le sens qu'il prendra plus tard) et sans doute celle des procès d'Alcalá. L'université de Salamanque, où domine l'ordre des Dominicains, est moins ouverte aux idées nouvelles que celle d'Alcalá : plusieurs de ses maîtres réputés, dont Francisco de Vitoria, font partie des adversaires déclarés d'Érasme lors de la conférence théologique qui se tient au même moment à Valladolid (du 27 juin au 13 août) et où l'on discute de vingt et une propositions d'Érasme.

Pères de la maison voudraient vous parler. » Et il dit : « Au nom de Dieu, soit. » Le confesseur dit : « Eh bien, il serait bon que vous veniez manger ici dimanche ; mais je vous avertis d'une chose : ils voudront apprendre à votre sujet bien des choses[2]. » Et alors il y vint le dimanche avec Calixto. Et après le repas, le sous-prieur, en l'absence du prieur[3], ainsi que son confesseur et, je crois, un autre religieux se rendirent avec eux dans une chapelle ; et, avec beaucoup d'affabilité, le sous-prieur se mit à dire combien de bonnes choses il avait apprises concernant leur vie et leur comportement, qu'ils allaient prêchant à l'apostolique[4] ; et qu'ils seraient heureux d'avoir plus de détails sur ces choses. Et alors il commença à demander ce qu'ils avaient étudié. Et le pèlerin répondit : « De nous tous, celui qui a le plus étu-

2. Ignace va s'étendre avec un luxe de détails étonnant sur ce procès de Salamanque, alors que la sentence sera moins sévère que celle d'Alcalá (n° 70). Cela pour deux raisons : la première, c'est qu'il y sera question du texte écrit des *Exercices spirituels* (n° 67). La seconde est relative aux événements d'Espagne à l'époque où Ignace raconte son récit : entre 1553 et 1555, en effet, plusieurs passages des *Exercices* furent mis en cause dans le diocèse de Tolède par l'archevêque Jean Siliceo et un petit nombre de dominicains, dont le théologien Melchior Cano, qui avait enseigné à Alcalá et à Salamanque avant de participer aux travaux du Concile de Trente. (Cf. Polanco, *Chron.* III, 710, 745 ; IV, 895-896 ; V, 1118, 1240, VI, 2431 ; et André Ravier, *Ignace de Loyola fonde la Compagnie de Jésus*, Collection Christus, Desclée de Brouwer, Paris 1974, p. 156, 172, 174, 189, 211).

3. Le prieur Diego de San Pedro se trouvait à la conférence de Valladolid.

4. « *Predicando a la apostolica* », c'est-à-dire à la manière des apôtres. Depuis le IVe siècle, la *vita apostolica* est une expression stéréotypée pour désigner la vie religieuse. Mais son sens a évolué. Dans le monachisme égyptien, elle se réfère à la description de l'Église primitive dans les Actes 2, 42-47. Au XIe siècle, les chanoines réguliers y incluent le ministère de la parole. A l'apparition des ordres mendiants, dominicains notamment, la *vita apostolica*, selon Matthieu 10, 9-14, désigne la prédication itinérante des religieux dans la pauvreté et la mendicité (cf. M.-H. Vicaire, *L'imitation des Apôtres*, Paris, Éd. du Cerf, 1963). Cette conception est aussi celle d'Ignace : « Là-dessus, me vinrent d'autres intelligences, c'est-à-dire comment d'abord le Fils envoya ses apôtres prêcher en pauvreté », écrit-il dans son *Journal* (n° 15), et la formule « aller partout dans le monde » est reprise plusieurs fois dans les *Constitutions* et dans notre récit (nos 12, 61, 71).

dié, c'est moi. » Et il leur rendit clairement compte du peu qu'il avait étudié et sur quel peu de fondement.

65 « Eh bien, donc, qu'est-ce que vous prêchez ? » — « Nous, dit le pèlerin, nous ne prêchons pas, mais avec certains nous parlons familièrement des choses de Dieu, par exemple, après avoir mangé avec des personnes qui nous invitent. » « Mais, dit le religieux, de quelles choses de Dieu parlez-vous ? Voilà ce que nous voudrions savoir. » — « Nous parlons, dit le pèlerin, tantôt d'une vertu, tantôt d'une autre, et en la louant, tantôt d'un vice, tantôt d'un autre, et en le réprouvant. » — « Vous n'avez pas fait d'études, dit le religieux, et vous parlez des vertus et des vices ; or personne ne peut en parler que de l'une de ces deux manières : ou par connaissances acquises ou par l'Esprit Saint. Ce n'est pas par connaissances acquises, c'est donc par l'Esprit Saint[5]. » Ici le pèlerin se tint un peu sur ses gardes, cette manière d'argumenter ne lui paraissant pas bonne ; et après s'être tu un instant, il dit qu'il n'était pas nécessaire de parler davantage de ces matières. Le religieux insista : « Eh bien, alors qu'il y a tant d'erreurs d'Érasme et de tant d'autres qui ont trompé le monde, vous ne voulez pas expliquer ce que vous dites ? »

Et ce qui est de l'Esprit Saint voilà ce que nous voudrions savoir.

66 Le pèlerin dit : « Mon Père, je ne dirai rien de plus que ce que j'ai dit, à moins que je ne sois devant mes supérieurs qui peuvent m'y obliger[6]. » Avant cela, il avait demandé pourquoi Calixto était venu habillé ainsi : il portait un court sarrau et un grand chapeau sur la tête, il avait un bourdon

5. On voit poindre ici le soupçon d'illuminisme, lié aux « erreurs d'Érasme » que les *Alumbrados* prétendaient annexer à leur cause. C'est par ailleurs un bel exemple des discussions théologiques de l'époque, par raisonnements en forme de syllogismes. Mais Iñigo semble se rappeler les leçons élémentaires de la logique : refuser de se laisser enfermer dans un dilemme.

6. « Mes supérieurs », c'est-à-dire les autorités ecclésiastiques. Iñigo récuse le tribunal de ceux qui n'ont pas juridiction sur lui.

à la main et des bottes venant presque à mi-jambes ; et comme il était très grand, il n'en paraissait que plus dégingandé. Le pèlerin lui raconta comment ils avaient été emprisonnés à Alcalá et qu'on leur avait ordonné de s'habiller en étudiants mais que son compagnon, en raison des grandes chaleurs, avait donné sa houppelande à un prêtre pauvre. Ici le religieux dit comme entre ses dents, manifestant que cela ne lui plaisait pas : « *Charitas incipit a seipsa*[7] » *[sic]*.
Mais revenons à l'histoire : le sous-prieur, ne pouvant pas tirer un autre mot du pèlerin, dit : « Eh bien, restez ici ; nous ferons bien en sorte que vous nous disiez tout. » Et, sur ce, tous les religieux s'en vont avec une certaine hâte. Comme auparavant le pèlerin avait demandé s'ils voulaient qu'eux restent dans cette chapelle ou bien où ils voulaient qu'ils restent, le sous-prieur lui répondit de rester dans la chapelle. Les religieux firent alors fermer toutes les portes et conférèrent, semble-t-il, avec les juges. Cependant tous deux restèrent trois jours dans le monastère sans que rien ne leur fût dit de la part de la justice ; et ils mangeaient au réfectoire avec les religieux. Et leur chambre était presque toujours pleine de religieux qui venaient les voir ; et le pèlerin parlait toujours de ce dont il parlait habituellement. Aussi y avait-il désormais entre les religieux comme une division, car il y en avait beaucoup qui se montraient très touchés[8].

67 Au bout de trois jours, vint un greffier qui les emmena en prison. Et on ne les mit pas en bas avec les malfaiteurs, mais dans un logement en haut qui, étant ancien et inhabité, était très sale. Et ils les fixèrent tous deux à une même chaîne, chacun par un pied ; et la chaîne était attachée à un pilier qui se trouvait au milieu de la maison : elle devait être longue

---

7. « La charité commence par soi-même » *(en latin dans le texte)*.
8. A la suite du séjour d'Iñigo, les dominicains du couvent de Saint-Étienne demeurèrent « divisés » à son sujet : si les premiers compagnons eurent beaucoup de peine à s'établir à Salamanque, dès 1548, à cause des violentes attaques de Melchior Cano, ils pouvaient en 1555 s'appuyer sur de solides amitiés, celles de Dominique de Soto entre autres (*Chron.*, V, n° 1115).

de dix à treize palmes. Et chaque fois que l'un voulait faire une chose, il fallait que l'autre l'accompagne. Et toute cette nuit, ils la passèrent éveillés. Le lendemain, lorsqu'on apprit dans la ville leur incarcération, on leur envoya à la prison de quoi dormir et tout ce qui était nécessaire en abondance. Et toujours beaucoup venaient les visiter, et le pèlerin poursuivait ses exercices : parler de Dieu, etc.
Le bachelier Friás[9] vint les examiner, chacun séparément ; et le pèlerin lui donna tous ses papiers — c'étaient les *Exercices* — pour qu'il les examine[10]. Et comme il leur demandait s'ils avaient des compagnons, ils dirent que oui et où ils étaient ; on s'y rendit aussitôt sur l'ordre du bachelier, et l'on amena à la prison Cáceres et Arteaga, mais on laissa Juánico, lequel se fit moine ensuite. Mais ils ne les mirent pas en haut avec les deux compagnons, mais en bas, là où se trouvaient les prisonniers de droit commun. Ici, encore moins, le pèlerin ne voulut prendre ni avocat ni procureur.

68 Et quelques jours après il fut appelé devant quatre juges — les trois docteurs Sanctisidoro, Paravinhas et Friás, le quatrième étant le bachelier Friás, qui tous avaient déjà vu les *Exercices*[11]. Là ils lui demandèrent beaucoup de choses, non seulement sur les *Exercices*, mais aussi sur la théologie, par exemple sur la Trinité et le Saint-Sacrement, comment il comprenait ces articles. Et il fit d'abord sa déclaration préliminaire[12]. Cependant, interrogé par les juges, il parla de

9. Sancho Friás, vicaire de l'évêque Francisco de Bobadilla, gérait le diocèse en l'absence de celui-ci, retenu à la conférence de Valladolid.

10. C'est la première mention du texte écrit des *Exercices spirituels*. Toutefois le mot « papiers » n'évoque pas encore l'idée d'une œuvre composée.

11. Il s'agirait du licencié Alonso Gómez de Paradinas (appelé ici Paravinhas), des docteurs Hernán Rodríguez de San Isidro et François Friás, et du bachelier Sancho de Friás, chargé de conduire l'enquête (C. de Dalmases, *Ignace de Loyola, fondateur des jésuites*, Paris, Le Centurion, 1984, p. 118, note 27).

12. Sans doute sur le fait qu'il a peu étudié : « C'était la première chose qu'il avait l'habitude de dire quand on l'interrogeait » (*supra*, n° 62).

telle manière qu'ils ne trouvèrent rien à lui reprocher. Le bachelier Friás, qui s'était toujours montré en ces choses plus sévère que les autres, l'interrogea aussi sur un cas de droit canon ; et il fut obligé de répondre à tout, mais en disant toujours d'abord qu'il ne savait pas ce que les docteurs disaient sur ces choses. On lui ordonna ensuite d'expliquer le premier commandement à la manière dont il avait l'habitude de l'expliquer. Il se mit à le faire, il s'y arrêta tellement et dit tant de choses sur le premier commandement qu'ils n'eurent pas envie de lui en demander davantage. Avant cela, lorsqu'ils avaient parlé des *Exercices*, ils avaient beaucoup insisté sur un seul point, qui se trouvait au début de ceux-ci : quand une pensée est-elle péché véniel et quand péché mortel ? La question était que, sans qu'il ait fait des études, il en décidait[13]. Il avait répondu : « Si c'est la vérité ou non, à vous d'en décider ; et si ce n'est pas la vérité, condamnez-le. » Quant à eux, à la fin, ils se retirèrent sans rien condamner.

69 Parmi les nombreuses personnes qui venaient lui parler dans la prison vint une fois don Francisco de Mendoza, qui est aujourd'hui cardinal de Burgos[14] ; et avec lui vint le bache-

13. Le début de l'interrogatoire a porté sur le texte des *Exercices*, précisément sur un point de l'« Examen général de conscience » (n°s 35-37). Son enseignement oral était conforme à ce qui est écrit dans les *Exercices*, selon ce témoignage apporté par Marie de la Flor dans sa déposition du 10 mai 1527, au troisième procès d'Alcalá : « Il disait que, quand une femme venait parler de mauvaise manière à une jeune fille, si cette jeune fille ne lui prêtait pas l'oreille, elle ne faisait ni péché mortel ni péché véniel ; que si cette femme revenait et que la jeune fille l'écoutait, elle péchait véniellement ; et que si la femme revenait et que la jeune fille lui parlait et faisait ce qu'on lui disait, elle péchait mortellement » (FD, p. 334). Or ni les juges d'Alcalá ni ceux de Salamanque n'ont condamné ces propos et ces écrits. Ils ont délibéré seulement sur le droit qu'avait Iñigo de trancher ainsi sans avoir fait d'études. Il est vrai qu'à l'époque, il n'avait certainement pas lu les « Sommes des confesseurs », destinées à aider les prêtres dans leur ministère. Mais il connaissait des « Manuels de confession », mis à la portée des pénitents, où l'on retrouve le contenu exposé dans l'« Examen général de conscience ».

14. Francisco de Mendoza (1508-1566), humaniste et érasmisant, fut cardinal et évêque de Coria à l'âge de vingt-cinq ans, avant de devenir

lier Friás. Comme il lui demandait familièrement comment il se portait dans la prison, et s'il lui pesait d'être prisonnier, le pèlerin lui répondit : « Je vous répondrai ce que j'ai répondu aujourd'hui à une dame qui avait des paroles de compassion à me voir prisonnier. Je lui ai dit : Vous montrez par là que vous ne désirez pas être prisonnière pour l'amour de Dieu. Quel si grand mal vous semble donc être la prison ? Eh bien moi je vous dis qu'il n'y a pas à Salamanque autant de barreaux et de chaînes que je n'en désire davantage pour l'amour de Dieu. »
Il arriva en ce temps-là que les prisonniers de la prison s'enfuirent tous, et que les deux compagnons, qui étaient avec eux, ne s'enfuirent pas. Et quand on les trouva le matin, toutes portes ouvertes, eux seuls sans personne d'autre, cela donna beaucoup d'édification à tous et fit grand bruit dans la ville. Et alors on leur donna aussitôt pour prison tout un palais qui était proche de là.

70 Au bout de vingt-deux jours qu'ils étaient prisonniers, on les appela pour entendre le jugement[15] : celui-ci était que ne se trouvait aucune erreur ni dans leur vie ni dans leur doctrine ; qu'ils pourraient alors faire comme ils faisaient auparavant, enseignant le catéchisme et parlant des choses de Dieu, pour autant qu'ils ne définissent jamais : ceci est péché mortel ou ceci est péché véniel, tant que ne seraient pas écoulées

---

évêque de Burgos en 1550. Son amitié solide et durable avec Iñigo en fit un bienfaiteur de la Compagnie, notamment à Salamanque, ainsi qu'en témoigne une lettre d'Ignace (1547) : « Il y aura bien près de trois mois que j'écrivis à Votre Grâce, et longuement, sur les bons et saints désirs que le Révérend cardinal de Coria avait et a toujours touchant le collège qu'il veut faire pour cette Compagnie à Salamanque, Compagnie plus sienne que nôtre, car à vérité, il apparaît qu'il prend toutes nos affaires comme les siennes propres » (*Epist.ign.*, I, 637, citée par Dominique Bertrand, *op. cit.*, p. 426).

15. Vers le 20 août 1527. La sentence interdit seulement aux compagnons de « définir », c'est-à-dire de déclarer avec autorité ce qui est péché mortel et péché véniel. Le délai de quatre années d'études correspond à la scolarité en théologie exigée pour l'obtention du baccalauréat.

quatre années pendant lesquelles ils auraient étudié davantage. Une fois ce jugement lu, les juges leur montrèrent beaucoup d'affection, comme s'ils voulaient qu'il fût accepté. Le pèlerin dit qu'il ferait tout ce que le jugement ordonnait, mais qu'il ne l'accepterait pas ; car, sans le condamner en aucune chose, on lui fermait la bouche pour qu'il n'aide pas le prochain dans la mesure où il le pouvait. Et malgré toute l'insistance du docteur Friás qui se montrait très affecté, le pèlerin ne dit rien de plus que, tant qu'il serait dans la juridiction de Salamanque, il ferait ce qu'on lui ordonnait. Ils furent aussitôt tirés de prison, et il commença à recommander à Dieu et à se demander ce qu'il devrait faire. Et il trouvait une grande difficulté à demeurer à Salamanque, parce que la porte lui semblait être fermée pour qu'il soit utile aux âmes à cause de cette défense de définir ce qui était péché mortel et péché véniel.

71 Et alors il se décida à aller étudier à Paris.
Quand ie pèlerin, à Barcelone, se demandait s'il étudierait et combien de temps, toute la question pour lui était de savoir si, après avoir étudié, il entrerait en religion ou s'en irait ainsi de par le monde. Et quand lui venait la pensée d'entrer en religion, le désir lui venait aussitôt d'entrer dans un ordre relâché et peu réformé, devant y entrer pour pouvoir y souffrir davantage et il pensait aussi que peut-être Dieu aiderait ces religieux. Et Dieu lui donnait une grande confiance qu'il supporterait bien tous les affronts et outrages que ceux-ci lui feraient subir.
Or, au temps de son emprisonnement à Salamanque, les mêmes désirs ne lui manquaient pas d'être utile aux âmes et, à cet effet, d'étudier d'abord, de réunir quelques hommes ayant le même dessein et de garder ceux qu'il avait[16]. Ayant

16. Le séjour à Salamanque a, semble-t-il, levé l'hésitation dans laquelle se trouvait Iñigo depuis sa conversion à Loyola (*supra* n° 12) : entrer en religion ou aller de par le monde. Sans hypothéquer l'avenir, la décision d'aller à Paris, alors qu'il ne connaît pas le français, lui permettra de se consacrer plus sérieusement aux études et de trouver, dans un nouveau milieu, d'autres compagnons.

décidé d'aller à Paris, il convint avec ces derniers qu'ils l'attendraient sur place et que lui irait pour pouvoir voir s'il pourrait trouver un moyen pour qu'ils puissent étudier.

72 Beaucoup de personnes importantes firent de grandes instances auprès de lui pour qu'il ne s'en aille pas, mais elles ne purent le convaincre. Moins de quinze ou vingt jours après être sorti de la prison, il partit seul, emportant quelques livres sur un petit âne. Une fois arrivé à Barcelone, tous ceux qui le connaissaient lui déconseillèrent de passer en France à cause des grandes guerres qu'il y avait[17]. On lui racontait des exemples très précis, en allant jusqu'à lui dire qu'on y mettait les Espagnols à la broche. Mais il n'eut jamais aucune sorte de peur.

---

17. Les hostilités n'ont pas encore officiellement repris, mais François Ier a rompu le traité de Madrid (1526), en gardant le duché de Bourgogne et en lançant une armée en Italie. L'état de guerre sera provisoirement interrompu à la paix de Cambrai, en 1529.

7
Paris

73 Et alors il partit pour Paris, seul et à pied. Il arriva à Paris plus ou moins pendant le mois de février et, selon ce qu'il me dit, ce fut en 1528 ou 1527[1]. Il s'établit dans une maison avec quelques Espagnols. Et il allait étudier les humanités à Montaigu[3]. Et la raison en fut que, comme on on l'avait fait avan-

Alors qu'il était prisonnier à Alcalá naquit le prince d'Espagne, et à partir de là on peut faire le calcul de tout, même de ce qui s'est passé avant[2].

1. Iñigo est plus précis dans une lettre du 3 mars 1528 : « Par un temps favorable et en excellente santé, je suis arrivé en cette ville de Paris, par la grâce et la bonté de Dieu notre Seigneur, le 2 février » (à Inès Pascual, *Epist.ign.* I, p. 74-85, citée par H. Rahner, *Ignace...* I, p. 286). Paris est à l'époque une des plus grandes villes d'Europe (environ 300 000 habitants). La population étudiante, évaluée à plus de 4 000, est répartie en soixante collèges et quatre « nations » : Normandie, Picardie, Angleterre et France (qui comprend, outre des Français, les Italiens, Espagnols et Portugais). Iñigo a donc fait partie de la *natio gallicana*.

2. 21 mai 1527.

3. Le collège de Montaigu (à l'emplacement de l'actuelle bibliothèque Sainte-Geneviève) avait été fondé au début du XIVe siècle. En 1483, le chapitre de Notre-Dame en avait confié l'administration à Jean Standonck qui lui donna des règlements d'une extrême austérité, cruellement décrite par Érasme et Rabelais, qui y furent élèves ainsi que Calvin. Il avait cependant une solide réputation due à l'attention portée à la progression pédagogique et à une répartition des élèves par niveau de classes : elle permettait une adaptation des manières d'enseigner à la progression des élèves. On y pratiquait aussi une bonne animation des classes, grâce à des répétitions et des concertations entre élèves de même niveau. C'est « la manière de Paris » dont Ignace se souviendra lorsque la Compagnie prendra en charge des collèges. Découvrant que ses bases

cer tellement rapidement dans les études, il se trouvait très dépourvu de bases. Il étudiait avec les enfants, en suivant l'ordre et la manière de Paris.
Contre une lettre de change de Barcelone, un marchand lui donna, dès qu'il arriva à Paris, vingt-cinq écus[4], qu'il confia à la garde de l'un des Espagnols de la maison où il habitait. Celui-ci, en peu de temps, les dépensa ; et il n'avait pas de quoi les rembourser. Ainsi, passé le carême, le pèlerin n'avait plus rien de cet argent, aussi bien par suite de ce qu'il avait dépensé que pour la cause dite plus haut. Et il fut contraint de mendier, et même de quitter la maison où il était.

74 Il fut recueilli à l'hôpital Saint-Jacques, au-delà des Innocents. Il en avait une grande incommodité pour les études, parce que l'hôpital était à une bonne distance du collège de Montaigu et il fallait, pour trouver la porte ouverte, arriver quand on sonnait l'*Ave Maria* et ne sortir qu'au lever du jour ; et ainsi ne pouvait-il pas très bien suivre ses cours[5]. Un autre empêchement était de demander l'aumône pour subsister. Il y avait déjà près de cinq ans que ne le prenaient plus ses douleurs d'estomac ; et aussi commença-t-il à s'imposer de plus grandes pénitences et abstinences[6]. Après un certain temps de cette vie d'hôpital et de mendicité, voyant qu'il progressait peu dans les études, il se mit à réfléchir sur ce

---

sont insuffisantes, Iñigo a le courage de tout reprendre. Plus tard, il exigera de commencer l'enseignement par en bas (la « grammaire ») pour assurer de bons départs (*Const.* 352, 448, 457).

4. Il était ainsi largement à l'abri du besoin : un écu suffisait pour assurer la pension complète d'un étudiant pendant un mois.

5. L'hôpital *Saint-Jacques aux Espagnols*, fondé pour les pèlerins de Compostelle, se trouvait sur la rive droite de la Seine, rue Saint-Denis. Iñigo devait donc traverser le fleuve et l'île de la Cité, puis gravir la pente de la Montagne Sainte-Geneviève. Or la première leçon à Montaigu commençait à quatre heures du matin et la dernière répétition s'achevait avant les Complies (cf. Paul Dudon, *Saint Ignace de Loyola*, Paris, Beauchesne, 1934, p. 633). L'*Ave Maria*, dévotion dont les origines sont obscures, n'a pris le nom d'*angelus* qu'au XVIIe siècle (*Dictionnaire d'histoire et de géographie ecclésiastique*, tome 3, col. 71-74).

6. Comme à Barcelone en 1524 (*supra*, n° 55).

qu'il allait faire. Voyant que certains étaient au service de régents dans les collèges et avaient le temps d'étudier, il décida de chercher un patron[7].

75 Et il faisait en lui-même cette considération et ce projet, en quoi il trouvait de la consolation : il imaginerait que le maître serait le Christ et il donnerait à l'un des étudiants le nom de saint Pierre, à un autre celui de saint Jean, et ainsi pour chacun des apôtres. « Et quand le maître me donnera un ordre, je penserai que le Christ me donne un ordre ; et quand un autre me donnera un ordre, je penserai que saint Pierre me donne un ordre[8]. » Il prit beaucoup de peine pour trouver un patron ; il parla d'une part au bachelier Castro[9] et aussi à un moine du couvent des Chartreux[10] qui connaissait beaucoup de maîtres, et à d'autres. Jamais il ne leur fut possible de lui trouver un patron.

76 A la fin, comme il ne trouvait pas de solution, un moine espagnol lui dit un jour qu'il vaudrait mieux aller chaque année dans les Flandres et y perdre deux mois, peut-être moins, pour rapporter de quoi pouvoir étudier toute l'année. Ce moyen, après l'avoir recommandé à Dieu, lui parut bon. Et mettant ce conseil en pratique, il rapportait chaque année des Flandres de quoi passer l'année vaille que vaille. Une

---

7. Pour se mettre au service d'un régent chargé d'un petit groupe d'étudiants cohabitant dans une même chambrée. « Maître » a ici le sens d'enseignant.

8. Cf. *Ex.spir.*, n° 114, à la contemplation de la Nativité : « me faisant, moi, comme un petit pauvre et un petit esclave indigne qui les regarde, les contemple et les sert dans leurs besoins. » Et *Const.*, n° 286 : « ne pas regarder qui est la personne à laquelle on obéit, mais qui est celui pour qui et à qui on obéit en tous, c'est-à-dire le Christ notre Seigneur. »

9. *Infra*, note 12.

10. C'est donc très tôt qu'Iñigo a fréquenté la Chartreuse de Paris, *Notre-Dame de Vauvert*, établie depuis 1258 sur un terrain cédé par saint Louis. Le monastère était situé à peu près à l'emplacement de l'actuel jardin du Luxembourg. Il s'y rendait le dimanche pour se confesser et communier. Plus tard, il y entraînera ses compagnons (*Chron.*, II, n° 192). Les chartreuses étaient alors des centres de diffusion d'un tradition spirituelle vigoureuse.

fois, il passa aussi en Angleterre et recueillit plus d'aumônes qu'ordinairement les autres années[11].

77 Revenu pour la première fois des Flandres, il se mit à se consacrer avec plus d'intensité qu'il n'en avait l'habitude à des entretiens spirituels. Et il donnait presque en même temps des exercices à trois personnes, à savoir à Peralta, au bachelier Castro, qui était en Sorbonne, et à un Biscayen du nom d'Amador, qui était à Sainte-Barbe[12]. Ceux-ci changèrent considérablement ; ils donnèrent bientôt tout ce qu'ils avaient à des pauvres, même leurs livres, se mirent à demander l'aumône dans Paris et allèrent loger à l'hôpital Saint-Jacques, où le pèlerin était auparavant et dont il était parti pour les raisons dites plus haut. Cela fit grand bruit dans l'université, les deux premiers étant des personnes considérées et très connues. Et bientôt les Espagnols commencèrent à s'attaquer aux deux maîtres et, ne pouvant les convaincre, par toutes sortes de raisonnements et de persuasion, de revenir à l'université, ils vinrent un jour en grand nombre et l'arme à la main, et ils les tirèrent de l'hôpital[13].

---

11. Il fit ainsi trois voyages : durant le carême 1529, où il rencontra l'humaniste et ami d'Érasme, Louis Vivès (FN II, p. 557-558) ; en août et septembre 1530 et 1531. C'est durant le dernier voyage qu'il alla jusqu'à Londres. Le centre économique et financier de l'Europe est en train de se déplacer de l'Italie vers les Flandres et Londres.

12. Pierre de Peralta, du diocèse de Tolède, fut ensuite un célèbre prédicateur, fidèle à la Compagnie de Jésus. Jean Castro (1485-1556), de Burgos, entrera à la Chartreuse de Ségorbe où Ignace lui rendra visite en 1535 (*infra*, n° 90) ; c'est à lui que, sur les conseils d'Ignace, Pierre Favre s'adressa pour sa confession générale (*Mémorial*, n° 10). Amador de Elduayen était du diocèse de Pampelune. Ignace leur a-t-il donné les Exercices intégralement, pendant un mois, comme il le fit avec ses compagnons à partir de 1534 ? Avait-il l'intention d'en faire le premier noyau parisien des compagnons ? Nous l'ignorons. Mais il est significatif qu'après Alcalá, où il avait donné des exercices dits « légers » principalement à des femmes, il entreprend désormais de les donner à des universitaires plus avancés que lui dans leurs études.

13. Ce tapage dans la colonie espagnole s'explique par l'effervescence qui règne à Paris et dans le monde universitaire entre 1528 et 1534. Les écrits de Luther, condamnés en 1521, circulent clandestinement. A la Pentecôte de 1528, une statue de la Vierge est mutilée et une procession de réparation est ordonnée. De tels événements se repro-

78 Les ayant ramenés à l'université, ils en vinrent à l'accord suivant : après qu'ils auraient achevé leurs études, ils poursuivraient alors leurs desseins. Le bachelier Castro se rendit plus tard en Espagne, prêcha quelque temps à Burgos et se fit chartreux à Valence. Peralta partit pour Jérusalem à pied en pèlerin. C'est ainsi qu'il fut pris en Italie par un capitaine de ses parents, lequel trouva le moyen de le conduire au pape et lui fit donner l'ordre de retourner en Espagne. Ces choses ne se passèrent pas immédiatement, mais quelques années plus tard.
De grandes médisances s'élevèrent à Paris, surtout parmi les Espagnols, contre le pèlerin ; et notre Maître de Gouvea, disant qu'il avait rendu fou Amador, qui était dans son collège, décida et dit au pèlerin que la première fois qu'il viendrait à Sainte-Barbe, il lui ferait donner une salle, parce qu'il était séducteur des étudiants[14].

79 L'Espagnol, en compagnie duquel il avait été au début et

---

duiront jusqu'à l'Affaire des Placards (octobre 1534). Louis de Berquin est brûlé en 1529. En octobre 1533, Nicolas Cop, disciple de Calvin (rentré à Paris en juin) sera élu principal du collège Sainte-Barbe et, le mois suivant, en sa qualité de recteur de l'université, prononcera un discours inspiré, sinon rédigé par son maître. Dans le même temps, les critiques des humanistes contre les institutions et les méthodes de l'enseignement ecclésiastique peuvent frayer la voie à la pénétration des idées protestantes : Rabelais publie *Pantagruel* en 1532 et *Gargantua* en 1534.

14. Le Portugais Diego de Gouvea dirige le collège de Sainte-Barbe depuis 1520. Le récit d'Ignace n'évoque qu'une menace du châtiment (le délinquant, nu jusqu'à la ceinture, était fouetté par les maîtres en présence de tous les étudiants rassemblés). Lainez raconte qu'à la rentrée d'octobre, Gouvea voulut mettre la menace à exécution parce qu'Iñigo détournait les étudiants des disputes scolastiques des dimanches et jours de fêtes, en les exhortant à se livrer plutôt à des exercices de piété. Iñigo se présenta alors au principal et parla de telle sorte que celui-ci, entré dans la salle, fit son éloge devant tous les maîtres et étudiants déjà rassemblés (FN II, p. 139). Par la suite, leurs rapports furent excellents : de retour dans son pays, Gouvea recommanda les compagnons au roi du Portugal pour qu'ils soient envoyés comme missionnaires aux Indes (FN II, p. 379-382). Pierre Favre, au nom de tous, lui écrivit alors pour lui expliquer qu'ils avaient fait l'offrande de leur personne au pape (23 novembre 1538. Cf. A. Ravier, *op. cit.*, p. 26-27).

qui avait dépensé son argent sans le lui rembourser, partit pour l'Espagne en passant par Rouen. Alors qu'il attendait un passage à Rouen, il tomba malade. Et comme il était ainsi malade, il en informa le pèlerin par une lettre. Et le désir vint à ce dernier d'aller lui rendre visite et de l'aider. Il pensait aussi qu'en cette conjoncture il pourrait le gagner à l'idée de quitter le monde et de se consacrer tout entier au service de Dieu[15].

Pour pouvoir obtenir ce résultat, il lui vint le désir de faire les vingt-huit lieues qu'il y a de Paris à Rouen à pied, déchaussé, sans manger ni boire. En faisant oraison sur cela, il se sentait rempli de peur. A la fin il alla à Saint-Dominique, et là il résolut d'y aller de la manière dite ; et voilà qu'avait disparu la grande peur qu'il avait de tenter Dieu[16].

Le lendemain, le matin du jour où il devait partir, il se leva de bonne heure ; et tandis qu'il commençait à s'habiller, il lui vint une si grande crainte qu'il lui semblait presque impossible de s'habiller. En dépit de cette répugnance, il sortit de la maison et aussi de la ville avant qu'il ne fît tout à fait jour. Cependant sa peur durait toujours et persista jusqu'à Argenteuil, qui est une bourgade à trois lieues de Paris en direction de Rouen et où l'on dit que se trouve la tunique de notre Seigneur. Ayant dépassé cette bourgade avec cette épreuve spirituelle, alors qu'il montait sur une hauteur, cette chose commença à passer et il lui vint une grande consolation et une force spirituelle, en même temps qu'une telle allégresse qu'il se mit à crier au milieu des champs, à parler avec Dieu, etc. Et ce soir-là il logea, avec un pauvre mendiant, dans un hôpital, après avoir marché quatorze lieues pendant

15. Ici prend fin le texte écrit en espagnol. La suite est en italien comme l'explique Louis Gonçalves de Câmara à la fin de sa préface (n° 5).

16. Comme à Manrèse (*supra*, n° 24), Iñigo décide de faire pénitence pour obtenir une grâce particulière (*Ex.spir.*, n° 87). Ce moment du récit marque un nouveau progrès spirituel dans le sens du respect de Dieu : il a eu peur de « tenter Dieu » (Matthieu 4, 7). Il présente aussi une intéressante analyse de la peur et de la manière de la traiter (*Ex.spir.*, n° 319). On notera cependant que c'est le dernier « exploit » (*supra*, n° 7), quasi sportif, d'Ignace.

la journée. Le lendemain, il alla loger dans une grange ; et le troisième jour il arriva à Rouen. Pendant tout ce temps il avait été sans manger ni boire et nu-pieds, comme il l'avait décidé. A Rouen, il consola le malade et l'aida à prendre un navire pour aller en Espagne ; et il lui donna des lettres l'adressant aux compagnons qui étaient à Salamanque, c'est-à-dire Calixto, Cáceres et Arteaga[17].

80 Et pour ne pas parler davantage de ces compagnons, voici ce qui leur arriva[18].
Alors que le pèlerin était à Paris, il leur écrivait souvent, selon ce qu'ils avaient décidé, leur disant le peu de facilité qu'il avait de les faire venir étudier à Paris. Cependant, il imagina d'écrire à Doña Leonor de Mascarenhas[19] pour qu'elle aide Calixto en lui donnant des lettres pour la cour du roi de Por-

---

17. On a dit plus haut (n° 67) que le plus jeune du groupe, Juanico, s'est fait moine ; selon Nadal, il est entré chez les franciscains (FN II, p. 76).

18. Pourquoi Ignace ouvre-t-il ici cette parenthèse ? Il désirait « garder » ses compagnons d'Espagne et, si possible, les faire venir à Paris (*supra*, n° 71), ayant distingué particulièrement Calixto, le plus fidèle dans l'épreuve (n°s 62, 64). Après son départ, il leur a « écrit souvent », mais il ne paraît pas avoir reçu de réponse. En ouvrant la parenthèse sur leur aventure postérieure, il exprime peut-être une déception, mais surtout, dans la visée du « testament », il semble vouloir tirer deux leçons. En effet, il dira par la suite, à propos de Pierre Favre et de François Xavier, qu'il les « gagna au service de Dieu par le moyen des Exercices » (n° 82). Or les compagnons recrutés en Espagne n'ont pas fait cette expérience, du moins dans sa forme intégrale. D'autre part, le groupe de Paris, apparemment plus fragile en raison de son internationalité, s'est maintenu et même accru après le vœu de Montmartre et le départ d'Ignace, tandis que le groupe espagnol s'est rapidement disloqué, comme si sa cohésion n'avait tenu qu'à la présence physique de son tuteur spirituel. L'aspect international de la Compagnie de Jésus est souligné dans les bulles pontificales et les *Constitutions* (n° 605).

19. Éléonore Mascarenhas (1503-1584), issue de la grande aristocratie portugaise, avait suivi l'infante Isabelle quand elle épousa Charles Quint (1526) et, à la naissance du prince Philippe, devint sa gouvernante (1527). C'est à cette époque qu'elle fit la connaissance d'Iñigo (dès Alcalá, selon Ribadeneira, ou à Valladolid lorsque, quittant Salamanque, il alla consulter l'archevêque Fonseca). Sur leur amitié et leur correspondance, voir Rahner, *Ignace...*, II, p. 229-252.

tugal, afin qu'il puisse avoir une des bourses que le roi du Portugal donnait pour Paris. Doña Leonor donna les lettres à Calixto et une mule pour voyager ainsi que des *quatrini* pour ses dépenses. Calixto se rendit à la cour du roi de Portugal, mais finalement ne vint pas à Paris ; mais, après être revenu en Espagne, il se rendit aux Indes de l'empereur avec quelque dame spirituelle[20]. Après quoi, revenu en Espagne, il se rendit une nouvelle fois en ces mêmes Indes. Puis il revint riche en Espagne et fit à Salamanque l'étonnement de tous ceux qui l'avaient connu auparavant.
Cáceres retourna à Ségovie, sa patrie, et se mit à y vivre de telle façon qu'il semblait avoir oublié son premier dessein. Arteaga fut nommé commandeur. Puis, alors que la Compagnie était à Rome, on lui donna un évêché aux Indes. Il écrivit au pèlerin pour qu'il donne cet évêché à quelqu'un de la Compagnie ; comme il lui fut répondu négativement, il s'en alla aux Indes de l'empereur, ayant été fait évêque. Il mourut là-bas d'une manière étrange : alors qu'il était malade et qu'il y avait deux flacons d'eau pour se rafraîchir, contenant l'un l'eau prescrite par le médecin et l'autre de l'eau de soliman, un poison, on lui donna par erreur le second, ce qui le tua.

81 Le pèlerin revint de Rouen à Paris et découvrit que, à cause de ce qui s'était passé avec Castro et Peralta, on avait fait grand bruit à son sujet et que l'inquisiteur l'avait fait demander. Mais lui ne voulut pas attendre davantage et se rendit chez l'inquisiteur. Il lui dit qu'il avait appris qu'on le cherchait et qu'il était prêt à tout ce qu'il voudrait (cet inquisiteur s'appelait *Magister Noster* Ory, religieux de Saint-

20. C'était une « béate » du Tiers-Ordre de saint Dominique, Catalina Hernandez, envoyée avec d'autres femmes pour l'évangélisation des « Indes de l'Empereur », ainsi qu'on appelait les possessions espagnoles d'Amérique, par opposition avec ce que nous appelons les Indes, possession portugaise. Les relations de cette dame avec Calixto parurent suspectes aux auditeurs du tribunal de Mexico qui demandèrent à ce dernier de rompre cette amitié ou de retourner en Espagne.

Dominique[21]), mais qu'il le priait d'expédier rapidement l'affaire parce qu'il avait l'intention d'entrer à la Saint-Rémi au cours des Arts, et qu'il voudrait que ces choses fussent réglées auparavant afin de pouvoir mieux s'appliquer à ses études. Mais l'inquisiteur ne le rappela pas, lui ayant seulement dit qu'il était vrai qu'on lui avait parlé de ses faits et gestes, etc.

82 Peu de temps après vint la Saint-Rémi, qui est le premier jour d'octobre, et il commença à suivre le cours des Arts sous un maître appelé Maître Juan Peña[22]. Il le commença avec le propos de garder ceux qui s'étaient proposés de servir le Seigneur, mais de ne plus continuer à en chercher d'autres, afin de pouvoir étudier plus commodément[23].

---

21. Matthieu Ory était prieur du couvent de Saint-Jacques. Le titre de « Magister noster » était donné aux professeurs de théologie de l'université. Selon Polanco (*Sum.Hisp.*, FN I, p. 192) et Ribadeneira (*Vita*, FN IV, p. 216), le théologien de Tolède, Pierre Ortiz, apparenté à Peralta, était également hostile à Iñigo. Ils devinrent amis par la suite et Ignace lui donnera les Exercices au Mont-Cassin en 1538 (*infra*, n° 98).

22. « Cette année-là, Iñigo entra au collège de Sainte-Barbe, dans la même chambrée que nous, avec l'intention de suivre le cours des Arts à la Saint-Rémi suivante, et c'est notre régent qui devait se charger de ce cours » (Favre, *Mém.* n° 7). La faculté des Arts, la plus ancienne, fait la renommée de l'Université de Paris ; c'est elle qui nomme le recteur de l'université, dont les fonctions durent trois mois. Iñigo y expérimenta le « modus parisiensis » dont il fera toujours l'éloge, comme dans cette lettre, de Paris en juin 1532, à son frère Martin, soucieux des études de son fils : « Je ne crois pas que vous trouviez en aucun lieu de la chrétienté une meilleure formation qu'à l'université de Paris » (Dumeige, *Lettres*, p. 33 ; cf. aussi p. 67). Mieux encore, Ignace s'inspirera du « *modus parisiensis* », étendant la méthode des Arts à l'étude de la grammaire, des humanités et de la rhétorique (*Const.*, p. 378-391. Cf. Dominique Bertrand, *op. cit.*, p. 445-448). Le cours des Arts durait trois ans et demi. On y était d'abord initié à la logique pure, puis aux ouvrages d'Aristote à travers ses commentateurs (*Logique* pendant le deuxième cours, puis *Physique, Métaphysique* et *Éthique*). Le collège Sainte-Barbe, où étudiait une majorité de Portugais, était devenu l'un des plus novateurs. Dans ses commentaires, Jean de Celaya s'était vanté de concilier Thomas d'Aquin, Scot et Occam. C'est à lui que se référait Jean Peña, maître-ès-arts depuis 1525, homme à l'esprit très ouvert, qui enseigna la philosophie de 1526 à 1530.

23. Iñigo insiste sur le sérieux avec lequel il est désormais disposé

Quand il commença à suivre les leçons du cours, voici que commencèrent à lui venir les mêmes tentations que celles qui lui étaient venues quand il étudiait la grammaire à Barcelone. Toutes les fois qu'il suivait les leçons, il ne pouvait y être attentif en raison de nombreuses choses spirituelles qui lui survenaient à l'esprit. Voyant que de cette manière il faisait peu de progrès dans les études, il alla trouver son maître et lui fit la promesse de ne jamais manquer de suivre tout le cours tant qu'il pourrait trouver du pain et de l'eau pour subsister. Cette promesse faite, toutes ces dévotions qui lui venaient à contretemps l'abandonnèrent et il avança tranquillement dans ses études. A cette époque, il fréquentait Maître Pierre Favre et Maître François Xavier, qu'il gagna ensuite au service de Dieu par le moyen des Exercices[24]. A cette époque du cours, on ne le persécutait pas comme auparavant. Et à ce propos, le docteur Frago[25] lui dit une fois qu'il s'étonnait de ce qu'il menât une vie tranquille, sans que personne lui cause d'ennui. Il lui répondit : « La raison en est que je ne parle à personne des choses de Dieu ; mais le cours achevé, nous retournerons à nos habitudes. »

83 Tandis qu'ils parlaient tous deux ensemble, un religieux vint demander au docteur Frago s'il voulait bien lui trouver une maison parce que, dans celle où il avait une chambre, beau-

---

à poursuivre ses études. C'est dans ce but qu'il a urgé le règlement de ses problèmes avec l'Inquisition (n° 81). Sa résolution affecte ses activités apostoliques (ne plus chercher d'autres compagnons) et sa vie spirituelle : retour des mêmes tentations qu'à Barcelone, avec le même remède pour le même résultat (*supra* n°s 54-55). Il semble d'ailleurs avoir été sevré de consolations spirituelles à Paris (*infra* n° 96).

24. Pierre Favre a fait les Exercices en janvier-février 1534 ; François Xavier, retenu par sa régence au collège de Dormans-Beauvais, ne les fit qu'en septembre, après le vœu de Montmartre ; les quatre autres compagnons — Simon Rodriguez, Jacques Lainez, Alphonse Salmeron et Nicolas Bobadilla — les firent tour à tour durant le printemps de 1534. Sur la pédagogie d'Ignace au cours des conversations qu'il eut avec Pierre Favre avant de lui permettre de faire les Exercices, voir son *Mémorial*, n°s 4-13.

25. Jérôme Frago, Aragonais, enseignait l'Écriture Sainte à la Sorbonne.

coup étaient morts, de la peste pensait-il ; en effet, la peste commençait alors à Paris. Le docteur Frago et le pèlerin voulurent aller voir la maison et emmenèrent une dame qui s'y connaissait bien ; celle-ci, une fois entrée à l'intérieur, affirma que c'était la peste. Le pèlerin voulut aussi entrer et, trouvant un malade, il le consola, touchant sa plaie de la main ; et après l'avoir consolé et un peu réconforté, il s'en alla tout seul. Sa main commença à lui faire mal, si bien qu'il lui semblait avoir la peste ; et cette imagination était si forte qu'il ne put la vaincre jusqu'à ce que, dans un grand élan, il mette sa main dans sa bouche, l'y tournant en tous sens à l'intérieur et disant : « Si tu as la peste à la main, tu l'auras aussi à la bouche. » Et quand il eut fait cela, cette imagination le quitta ainsi que la douleur à la main[26].

84 Mais quand il revint au collège Sainte-Barbe, où il avait alors sa chambre et où il suivait les cours, les gens du collège, qui savaient qu'il était entré dans la maison de la peste, s'enfuirent devant lui et ne voulurent pas le laisser entrer. Et il fut ainsi contraint de vivre quelques jours dehors.

L'usage est, à Paris, que ceux qui étudient les Arts, la troisième année, pour devenir bacheliers « prennent une pierre[27] », comme ils disent : parce qu'on dépense un écu

26. Le « baiser au lépreux » et autres actes de ce genre sont fréquents dans la littérature hagiographique, dont Iñigo a lu maints exemples dans la *Légende Dorée*, en particulier chez son modèle préféré François d'Assise (Thomas de Celano, *Prima Vita*, n° 17). Mais le geste d'Iñigo présente une originalité par rapport à ces récits : il est présenté comme une manière de vaincre les fantasmes de l'imaginaire. « Faire face » aux tentations, « agir contre » les répugnances sensibles, sont des pratiques recommandées avec prudence dans les *Exercices* (n°s 16, 97, 157, 325...) et les *Constitutions*, n° 265.

27. Le sens de l'expression demeure mystérieux. Le coût des fêtes à l'occasion des examens était un des grands obstacles que rencontraient les étudiants pauvres et était relevé souvent comme un abus scandaleux : le lauréat ayant obtenu le diplôme de licencié devait offrir à ses maîtres et à ses compagnons un banquet dont le prix était évalué à un écu, soit un mois de pension. Ignace a refusé ces coutumes dans les collèges de la Compagnie : l'obtention des grades sera gratuite et « on ne permettra ni les banquets ni les autres fêtes coûteuses et inutiles à notre fin » (*Const.*, n°s 478, 480). Bachelier ès arts, en 1532,

pour cela, certains étudiants très pauvres ne peuvent le faire. Le pèlerin commença à se demander s'il serait bon qu'il la prenne. Et se trouvant dans un grand doute et irrésolu, il décida de mettre la chose entre les mains de son maître ; celui-ci lui ayant conseillé de la prendre, il la prit. Néanmoins il ne manqua pas de gens pour murmurer ; il y eut au moins un Espagnol qui le remarqua.

A Paris, il se trouvait déjà à cette époque très malade de l'estomac, en sorte qu'il avait tous les quinze jours une douleur d'estomac qui durait une grande heure et lui donnait la fièvre ; et une fois la douleur d'estomac dura seize ou dix-sept heures. Ayant à cette époque terminé le cours des Arts, étudié la théologie pendant quelques années[28], et aussi gagné les compagnons[29], la maladie allait toujours s'aggravant, sans qu'on puisse trouver aucun remède, bien qu'il en essayât beaucoup.

---

reçu trentième sur une centaine aux examens de la licence le 13 mars 1533 (FD, p. 391), Iñigo fait part de ses difficultés financières à Inès Pascual dans une lettre du 13 juin : « Mes études ont coûté plus que ce n'avait été le cas jusqu'à maintenant. Car au cours de ce carême j'ai été fait maître, ce qui m'a fait dépenser en choses absolument nécessaires plus que ce que demandait et pouvait mon crédit » (Rahner, *Ignace...*, I, p. 288).

28. Il passa avec succès l'examen qui lui donnait droit au diplôme de maître-ès-arts en avril 1534, mais, à court d'argent, il en différa la réception au 14 mars 1535. Le diplôme est décerné au « *Magister Ignatius de Loyola* » (FD, p. 396). Iñigo a donc donné une forme latine à son nom et on l'appellera désormais « Maestro Ignacio ». Cependant, il n'avait pas attendu pour entreprendre ses études de théologie qu'il fit au couvent Saint-Jacques des dominicains et à celui des cordeliers (franciscains). Un document délivré par la faculté de Théologie, le 14 octobre 1536 (après son départ de Paris), atteste qu'il a étudié la théologie pendant un an et demi (FD, p. 523).

29. Le mot « compagnon », au singulier et au pluriel, a déjà été employé quinze fois dans le *Récit*, pour désigner d'abord des compagnons occasionnels, d'armes ou de voyages (nos 1, 35, 41), puis le premier groupe espagnol (nos 56, 57, 64, 66, 67, 69, 79, 80). Mais l'expression « *li compagni* », avec l'article défini, apparaît ici pour la première fois comme terme spécifique appliqué au groupe fondateur de la Compagnie de Jésus. Elle reviendra dix-sept fois dans la suite du récit, exclusivement réservée à la désignation de ce groupe.

85 Les médecins lui disaient seulement qu'il ne lui restait rien d'autre que l'air natal qui puisse lui venir en aide[30]. Les compagnons aussi lui conseillaient la même chose et insistèrent beaucoup auprès de lui.
Et déjà à cette époque tous avaient décidé de ce qu'ils devaient faire, à savoir[31] : aller à Venise et à Jérusalem et dépenser leur vie pour être utiles aux âmes; et, si la permission ne leur était pas donnée de rester à Jérusalem, retourner à Rome et se présenter au Vicaire du Christ[32] pour qu'il les emploie là où il jugerait que ce serait davantage à la gloire de Dieu et plus utile pour les âmes. Ils s'étaient aussi proposés d'attendre pendant un an une embarcation à Venise; et s'il n'y avait pas d'embarcation pour le Levant pendant cette année, ils seraient relevés du vœu d'aller à Jérusalem et se rendraient auprès du pape, etc.
A la fin, le pèlerin se laissa persuader par les compagnons parce que, de plus, ceux qui étaient Espagnols avaient certaines affaires à arranger qu'il pourrait régler. Et ils convinrent que, une fois qu'il irait bien, il irait arranger leurs affaires et se rendrait ensuite à Venise, où il attendrait les compagnons.

---

30. Ces douleurs qu'Ignace a toujours localisées dans l'estomac provenaient en réalité d'une lithiase biliaire, comme le révéla l'autopsie pratiquée après sa mort en 1556. La thérapie de l'« air natal » a toujours été préconisée par Ignace. D'autre part, un chapitre des *Constitutions* est consacrée à la santé (n°s 292-306).

31. Cette décision a précédé le vœu de Montmartre du 15 août 1534. Ignace n'en mentionne qu'une partie (« ce qu'ils devaient faire ») et omet la question de la pauvreté qui fit partie intégrante du vœu : les compagnons vivraient dans la pauvreté effective et exerceraient gratuitement leurs apostolats; toutefois, ces dispositions ne prendraient effet qu'à la fin de leurs études (cf. Lainez, *Lettre*, n°s 35, 36, *infra*, p. 174; Favre, *Mém.*, n° 15; Rodriguez, *Origine et développement de la Compagnie de Jésus*, FN III, p. 20-22).

32. Cette manière de désigner le pape, unique dans le *Récit*, est une des expressions les plus fréquentes des *Constitutions*. Elle marque l'unité du projet des compagnons en 1534 : l'imitation littérale du Christ dans la pauvreté au pays de l'Évangile et le travail au service du pape son vicaire sur terre. Elle ajoute cependant la dimension de l'universalité de la mission.

86 On était alors en 1535 et les compagnons devaient partir, conformément à leur pacte, en 1537, le jour de la conversion de saint Paul ; cependant, en raison des guerres qui survinrent, ils partirent en novembre 1536[33]. Alors qu'il était sur le point de partir, le pèlerin apprit qu'on l'avait accusé auprès de l'inquisiteur et qu'on avait intenté un procès contre lui. Apprenant cela et voyant qu'on ne l'appelait pas, il se rendit auprès de l'inquisiteur, lui dit ce qu'il avait appris, qu'il devait partir en Espagne et qu'il avait des compagnons ; il le priait de bien vouloir rendre son jugement. L'inquisiteur dit, au sujet de l'accusation, que c'était vrai, mais qu'il ne voyait pas que c'était une chose importante. Il voulait seulement voir ses écrits des *Exercices*. Quand il les eut vus, il les loua beaucoup et demanda au pèlerin de lui en laisser une copie[34] ; et ainsi fit-il. Néanmoins le pèlerin demanda à nouveau avec insistance que l'inquisiteur veuille bien poursuivre le procès jusqu'au jugement. Celui-ci s'excusant, il vint chez lui avec un greffier public et des témoins et il prit acte de tout cela[35].

33. Le 15 novembre 1536 (Favre, *Mem.*, n° 15, Lainez, *Lettre*, n° 30, cf. *infra* p. 172). En février 1536, pour obtenir le duché de Milan en faveur de son fils, François Ier occupa les États du duc de Savoie. Charles Quint répliqua par l'invasion de la Provence et de la Picardie. C'est pourquoi les compagnons, au lieu de transiter par le Midi, durent traverser la Lorraine et l'Allemagne pour gagner Venise (Lainez, *Lettre*, n°s 32-34, p. 173-174).

34. Alors qu'à Salamanque, il était question de « papiers » (*supra*, n° 67), l'expression *li suoi scritti degli Essercitii* et le fait qu'une « copie » puisse en être remise à l'inquisiteur peuvent laisser entendre qu'il s'agit maintenant d'un texte rédigé, même si le manuscrit a été complété par la suite.

35. Selon une habitude qui s'est de plus en plus enracinée en lui lorsqu'il s'agissait des *Exercices spirituels*, Ignace a voulu obtenir une sentence en bonne et due forme qui les lave de tout soupçon, avant de quitter Paris. Le document n'est pas parvenu jusqu'à nous. Mais à Venise, en 1536, alors que de nouvelles rumeurs couraient sur son compte et entraînaient un nouveau procès (*infra*, n° 93), Ignace obtint un témoignage en sa faveur, daté du 23 janvier 1537 à Paris, qui fait clairement allusion à la sentence dont il est ici question. Nous apprenons que, contrairement à l'affirmation de Polanco (*Sum.Hisp.*, FN I, p. 180), l'inquisiteur n'était plus Matthieu Ory, mais Valentin Liévin ; qu'« il a fait une enquête sur la vie, les mœurs et la doctrine d'Ignace

de Loyola; qu'il n'a rien trouvé en lui qui ne fût catholique et chrétien ». L'inquisiteur de 1537, Thomas Laurent, qui était secrétaire de Liévin en 1535, ajoute : « De plus, nous avons connu ledit Loyola et maître Pierre Favre et vu quelques-uns de leurs compagnons vivre toujours catholiquement et vertueusement, et nous n'avons jamais rien remarqué que ce qui convient à des hommes très chrétiens et très bons. De plus, les Exercices que donne ledit Loyola, pour autant que nous puissions en connaître, nous paraissent catholiques. »

8
Espagne

87 Ceci fait, il monta sur un petit cheval que les compagnons lui avaient acheté et s'en alla tout seul vers son pays[1]. En cours de route, il se trouva beaucoup mieux. En arrivant dans la Province[2], il quitta la route normale et prit celle de la montagne, qui était plus solitaire. Il y avait quelque peu cheminé quand il rencontra deux hommes armés qui venaient en sens inverse (cette route a assez mauvaise réputation en raison des assassins). Après l'avoir un peu dépassé, ceux-ci revinrent en arrière, le suivant en grande hâte ; et lui eut un peu peur. Cependant, il leur parla et apprit qu'ils étaient des serviteurs de son frère, lequel avait donné l'ordre de le retrouver. En effet, à ce qu'il semble, de Bayonne, en France, où le pèlerin avait été reconnu, son frère avait reçu la nouvelle de sa venue. Les serviteurs prirent alors les devants, et lui continua par la même route. Et un peu avant d'arriver à sa terre, il retrouva les susdits[3], qui venaient à sa rencontre ;

1. Après un mois de voyage, Ignace est arrivé à Azpeitia à la fin d'avril 1535. Outre les deux motifs du voyage dits plus haut (sa santé et les commissions à faire pour les compagnons), Polanco en ajoute un troisième : « Là où il avait été un sujet de scandale pour beaucoup, c'est-à-dire dans sa propre patrie, il voulait donner un exemple édifiant (*Vita*, FN II, p. 568).

2. La province du Guipúzcoa. D'après un témoin au procès de béatification, il aurait été reconnu dans une auberge, près de Béhobie, par Jean de Eguibar, « fournisseur des boucheries » d'Azpeitia.

3. Le copiste d'un manuscrit a lu « *li preti* » (les prêtres) au lieu de « *li predetti* » (les susdits), ce qui a donné naissance à une tradition

ils lui firent de grandes instances pour le conduire à la maison de son frère ; mais ils ne purent l'y contraindre[4]. Il s'en alla donc à l'hôpital[5] ; puis, à l'heure qui convenait, il alla demander l'aumône dans le pays.

88 Dans cet hôpital, avec beaucoup de gens qui venaient le visiter, il commença à parler des choses de Dieu par la grâce de qui il se fit passablement de fruit. Dès qu'il fut arrivé, il décida d'enseigner chaque jour le catéchisme aux enfants[6] ; mais son frère le reprit fortement, affirmant que

---

selon laquelle Ignace aurait été reçu solennellement par le clergé d'Azpeitia.

4. Martin Garcia, frère aîné d'Ignace et seigneur d'Azpeitia (*supra*, n° 12). Ignace a quitté la maison familiale depuis treize ans. Il n'a pas écrit jusqu'au temps de ses études à Paris et s'en explique dans sa lettre de juin 1532 (*supra*, n° 82, note 22). S'il tient à marquer si nettement son indépendance en refusant de loger à Loyola, c'est pour être libre de vivre dans la pauvreté et d'exercer son apostolat, comme le montre la suite du récit. La même distance doit être prise par le candidat de la Compagnie, selon les *Constitutions* : « Il s'efforcera de perdre, à l'égard de ses proches, tout attachement selon la chair et de le changer en attachement selon l'esprit » (Examen Général, *Const.*, n° 61).

5. L'hôpital de la Magdalena, dont le patron était Martin Garcia, était situé hors de l'enceinte de la ville.

6. L'obligation d'enseigner le catéchisme aux enfants et aux ignorants remonte à la plus ancienne tradition de la Compagnie de Jésus. Déjà, au cours de leurs délibérations de 1539, à Rome, les compagnons avait prévu qu'elle ferait l'objet d'un vœu, inclus dans la formule de profession : « Et, conformément à cette obéissance, je promets un soin particulier pour l'éducation des enfants » (*Const.*, n° 527). Détermination dont les *Constitutions* précisent le sens et la portée : « La promesse d'instruire les enfants et les gens sans culture, conformément aux Lettres apostoliques et aux Constitutions, n'oblige pas plus que les autres exercices spirituels par lesquels on aide le prochain... Si le cas des enfants est mentionné dans le vœu, c'est pour que l'on regarde ce saint exercice comme particulièrement recommandé, et pour qu'on le pratique avec plus de dévotion à cause du service singulier qui est rendu par là à Dieu notre Seigneur pour l'aide des âmes ; et aussi parce que cet exercice risque d'être oublié et de tomber en désuétude plus facilement que d'autres, plus brillants, comme la prédication, etc. » (n° 528). En 1555, ce risque est encore présent à la pensée d'Ignace lorsqu'il fait mémoire de son activité apostolique à Azpeitia : dès 1539, alors que Paul III confiait aux compagnons l'humble mission de catéchiser les enfants de Rome, l'un d'eux, Bobadilla, avait déjà manifesté ses réticences...

personne ne viendrait. Il lui répondit qu'un seul suffirait. Mais après qu'il eut commencé à le faire, beaucoup venaient continuellement l'écouter, et même son frère.

En plus du catéchisme, il prêchait aussi les dimanches et les jours de fête, avec utilité et profit pour les âmes de ceux qui venaient, de plusieurs milles, pour l'écouter. Il s'efforça aussi de supprimer certains abus et, avec l'aide de Dieu, ordre y fut mis pour l'un ou l'autre[7]. Par exemple, pour le jeu, il obtint qu'il fut interdit avec efficacité, après en avoir persuadé celui qui était chargé de la justice. Il y avait là-bas un autre abus : les jeunes filles, dans ce pays, vont toujours la tête découverte et ne la couvrent que lorsqu'elles se marient. Mais il y en a beaucoup qui deviennent concubines de prêtres et d'autres hommes et qui leur sont fidèles, comme si elles

7. « Instituée très précisément pour rechercher comme fin principale de procurer le progrès des âmes dans la vie et la doctrine chrétienne, et la propagation de la foi » (Bulle *Regimini militantis*, 27 septembre 1540), la Compagnie de Jésus s'est aussi préoccupée, dès l'origine, de ce que nous appelons les réformes sociales, et d'agir dans ce sens auprès des autorités compétentes. Le récit du séjour d'Ignace dans sa patrie en offre le témoignage, corroboré par ceux qui ont été apportés au procès de béatification et par des documents contemporains (FD, p. 397-462). Ignace n'a retenu que quatre réformes auxquelles il a apporté son initiative ou son concours : le jeu, la moralité des jeunes filles et du clergé, les mesures en faveur des pauvres, la récitation de l'*Ave Maria* au son de la cloche. Les documents mentionnent en outre un traité de concorde entre le clergé et les moniales franciscaines d'Azpeitia (FD, p. 397-439 : le nom d'Iñigo figure en tête des témoins) ; un règlement sur la répartition du casuel entre les membres du clergé (P. Dudon, *Saint Ignace de Loyola*, p. 227-229), œuvre de justice et de réconciliation rappelée par Ignace dans une lettre à son neveu Bertrand, devenu seigneur de Loyola (1539) : « J'espère en Dieu notre Seigneur que sa divine Majesté vous a placé et gardé jusqu'à maintenant là où vous êtes pour pacifier et réformer votre peuple et surtout son clergé... Je vous demande donc encore une fois, pour l'amour et la révérence de Dieu notre Seigneur, de vous rappeler les fréquents entretiens que nous avons eus sur cette question et d'y appliquer toute votre énergie » (Dumeige, *Lettres*, p. 67). Réforme religieuse et morale et justice sociale apparaissent ici au centre des préoccupations d'Ignace. Les récentes orientations prises par les dernières congrégations générales de la Compagnie de Jésus (1975 et 1983), sur « le service de la foi et la promotion de la justice » trouvent dans l'exemple d'Azpeitia en 1535 une justification (cf. Dominique Bertrand, *op. cit.*, p. 367-379).

étaient leurs femmes. Et cela est si commun que les concubines n'ont aucune honte de dire qu'elles se sont couvert la tête pour un tel et elles sont connues comme telles.

89 De cet usage naît beaucoup de mal. Le pèlerin persuada le gouverneur de faire une loi selon laquelle toutes celles qui se couvriraient la tête pour quelqu'un sans être sa femme seraient châtiées par la justice[8]; et, de cette manière, cet abus commença à disparaître. En faveur des pauvres, il fit édicter qu'il soit pourvu à leurs besoins d'une manière officielle et habituelle[9]; et aussi qu'on sonne trois fois l'*Ave Maria* le matin, à midi et le soir, afin que le peuple se mette en prière, comme à Rome[10]. Mais, quoiqu'il se portât bien au début, il tomba ensuite gravement malade. Lorsqu'il fut guéri il décida de partir pour régler les affaires dont les compagnons l'avaient chargé et de partir sans argent, ce dont son

8. Il suffisait de remettre en vigueur une ordonnance de Ferdinand et Isabelle (1484) qui punissait toute femme reconnue coupable de s'être couvert la tête pour un mari illégitime : un marc d'amende et un bannissement d'un an hors de la juridiction d'Azpeitia. La peine était doublée en cas de récidive, etc.

9. Ces ordonnances furent signées le 23 mai 1535. Elles stipulent que deux personnes — un clerc et un laïc — seront élues pour exercer la charge de collecter et de distribuer les aumônes aux pauvres, selon leurs besoins; que les pauvres pèlerins ou étrangers ne mendieront pas de porte à porte, sauf en cas de nécessité et à certaines conditions; que parmi ceux qui se disent pauvres de la juridiction d'Azpeitia, on distinguera ceux qui sont aptes à travailler et que les vrais pauvres seront inscrits sur un registre pour être secourus sans avoir recours à la mendicité (FD, p. 456-460). Bien que la signature d'Ignace ne figure pas sur ce document, le notaire Jean de Aquemendi rappela en 1542, qu'Ignace en avait été l'initiateur : « Ce saint homme, selon l'Évangile et la sainte Écriture qui est son exercice habituel et continuel, procura autant qu'il put, que les vrais pauvres de sa patrie, qui souffrent de la faim et de nombreuses autres nécessités fussent secourus... Il fut à l'origine et posa les fondations du bien qui s'est fait depuis et se fera » (FD, p. 441-443). L'intérêt d'Ignace pour ce problème social est également signalé dans les règles qu'il a données concernant « le ministère de distribuer les aumônes » (*Ex.spir.*, n°s 337-344).

10. Sur l'*Ave Maria*, cf. *supra*, n° 74, note 5. Dans son testament du 18 novembre 1538, Martin Garcia laissa une somme d'argent pour que soit perpétué cet usage, et évoqua le souvenir de son frère Iñigo qui en était à l'origine (FD, p. 582-583).

frère s'irrita beaucoup, honteux de ce qu'il voulait s'en aller à pied. Le soir, le pèlerin voulut bien condescendre à aller à cheval jusqu'à la frontière de la Province, avec son frère et ses parents[11].

90 Mais quand il fut sorti de la Province, il mit pied à terre, sans rien accepter et s'en alla vers Pampelune. Il alla à Almazán, patrie du Père Lainez ; puis à Sigüenza et à Tolède ; et de Tolède à Valence[12]. Dans tous ces pays qui étaient ceux des compagnons, il ne voulut rien accepter, bien qu'on lui ait proposé de grandes offrandes avec beaucoup d'insistance. A Valence, il parla avec Castro, qui était chartreux[13]. Comme il voulait s'embarquer pour aller à Gênes, des amis dévoués de Valence le prièrent de n'en rien faire parce que, disait-on, Barberousse se trouvait en mer avec de nombreuses galères, etc.[14] Et bien qu'on lui ait dit de nombreuses choses qui devaient suffire à lui faire peur, néanmoins aucune ne le fit hésiter.

---

11. Après son départ, fin juillet, Ignace n'oublia pas ses compatriotes. En août 1540, de Rome, il leur écrivit une lettre pour leur communiquer une bulle de Paul III, avec les indulgences qu'elle contient, en vue d'ériger une confrérie du Saint-Sacrement. Il les exhorte à tenir ou à reprendre les résolutions qui ont été prises lors de son séjour : faire sonner la cloche et prier « pour ceux qui sont en état de péché mortel », secourir les pauvres, supprimer les jeux de cartes, extirper « l'abus qui permettait aux concubines de se couvrir la tête » (Dumeige, *Lettres*, p. 70-73).

12. Dans le bourg d'Obanos, près de Pampelune, il rencontra Jean de Azpilcueta, frère de François Xavier, à qui il remit une lettre où François Xavier fait l'éloge d'Ignace et prie son frère de ne pas tenir compte des informations fausses qui pouvaient circuler à son propos (Saint François Xavier, *Correspondance (1535-1552), Lettres et documents*, traduction intégrale, présentation, notes et index de Hugues Didier, coll. Christus 64, Desclée de Brouwer, 1987, p. 36-40). Ignace était également porteur d'une lettre de Jacques Lainez qu'il remit à son père à Almazán. A Tolède, il rencontra les parents d'Alphonse Salmeron et sans doute Pierre de Peralta (*supra*, n° 77, note 12). Selon Polanco, il avait aussi l'intention de revoir ses compagnons d'Espagne (*Sum.Hisp.*, FN I, p. 187-188).

13. Cf. *supra*, n° 77, note 12.

14. Kahyr-Al-Dîn (1476-1546), dit Barba rossa, vassal du sultan ottoman, fut l'allié de la France contre Charles Quint. Délogé de Tunis par l'empereur, il sillonnait la Méditerranée près des côtes espagnoles.

91 Embarqué sur un grand navire, il subit la tempête dont il a été fait mention plus haut, quand il a été dit qu'il fut par trois fois sur le point de mourir[15].

Arrivé à Gênes, il prit la route de Bologne sur laquelle il souffrit beaucoup, surtout une fois où il perdit son chemin et se mit à marcher près d'une rivière qui était en contrebas alors que le chemin était en hauteur. Plus il marchait, plus ce chemin devenait étroit ; et celui-ci en vint à devenir si étroit qu'il ne pouvait plus ni avancer ni revenir en arrière. Aussi se mit-il à cheminer à quatre pattes ; et il chemina ainsi un bon bout de chemin avec une grande peur car, chaque fois qu'il faisait un mouvement, il croyait qu'il allait tomber dans la rivière. Ce furent la plus grande fatigue et la plus grande peine physique qu'il eut jamais ; mais à la fin, il s'en sortit. Lorsqu'il voulut entrer à Bologne, il lui fallut passer un petit pont de bois et il tomba de ce pont. Se relevant couvert de boue et d'eau, il fit rire beaucoup de gens qui se trouvaient là. Étant entré à Bologne, il se mit à demander l'aumône et ne trouva pas même un seul *quatrino*, bien qu'il eût cherché par toute la ville.

Il resta quelque temps à Bologne, malade[16]. Puis il s'en alla à Venise, toujours de la même manière.

---

15. Cf. *supra*, n° 33.

16. Recueilli quelque temps au collège des Espagnols, selon Polanco, Ignace avait l'intention de rester à Bologne pour y reprendre ses études de théologie à l'université (*Sum.Hisp.*, FN I, p. 188). On ignore quels motifs le firent partir pour Venise dès la fin de décembre 1535.

9
Venise, Vicence

92 A Venise[1], en ce temps-là, il s'exerçait à donner les Exercices et autres entretiens spirituels. Les personnes les plus en vue auxquelles il les donna sont Maître Pedro Contarini et Maître Gaspar de Doctis ainsi qu'un Espagnol du nom de Rozas[2]. Il y avait encore là un autre Espagnol qui s'appelait le bachelier Hoces[3] ; celui-ci fréquentait beaucoup le pèlerin, ainsi que l'évêque de Cette[4] ; et, bien qu'il eût un

1. Ignace ne dit rien ici de ses études à Venise. Il s'y adonne, mais seul, à l'aide de livres, car il n'existe pas d'université à Venise. Le 12 février 1536, il écrit à l'archidiacre de Barcelone Jayme Cazador : « Isabelle Roser m'a averti que d'ici avril prochain elle me fournira assez de ressources pour achever mes études, car je pourrai me procurer pour toute l'année aussi bien les livres que tout ce qui m'est nécessaire... Je vis dans la maison et dans la compagnie d'un homme savant et bon » — peut-être André Lippomani, qui sera un bienfaiteur de la Compagnie de Jésus (Dumeige, *Lettres*, p. 43-48). Il prévoit d'achever ses études au carême 1537, date présumée de l'arrivée des compagnons, comme il le précise dans une lettre à une certaine « dame Marie », de Paris, inconnue par ailleurs : « J'attends le carême pour abandonner les études et entreprendre d'autres travaux plus grands et de qualité plus considérable » (1er novembre 1536, citée par Rahner, *Ignace...*, I, p. 294).

2. Pierre Contarini, procureur de l'hôpital des Incurables, était parent du cardinal Gaspard Contarini qui, en 1539, présentera au pape le projet de fondation de la Compagnie élaboré par les compagnons. Gaspard de Doctis était vicaire du nonce apostolique à Venise. De Rozas, nous ne savons rien.

3. Jacques de Hocès était prêtre, originaire de Malaga. Il travaillera à Trévise et à Padoue avec Jean Codure. Sur sa mort en 1538, cf. *infra*, n° 98.

4. Il n'existe pas de diocèse de ce nom. On a lu Ceuta (Mauritanie),

peu d'attrait pour faire les Exercices, néanmoins il ne passait pas à l'exécution. A la fin, il se résolut à y entrer pour les faire. Après les avoir faits pendant trois ou quatre jours il ouvrit son âme au pèlerin et lui dit qu'il avait peur que celui-ci ne lui enseignât dans les Exercices quelque doctrine mauvaise, en raison des choses qu'un tel lui avait dites. Et pour cette raison, il avait apporté avec lui certains livres pour y recourir au cas où l'on voudrait le tromper. Cet homme trouva une aide très remarquable dans les Exercices et, à la fin, il résolut de suivre le genre de vie du pèlerin. Ce fut aussi le premier qui mourut.

93 A Venise, le pèlerin fut aussi l'objet d'une autre persécution, car bien des gens disaient qu'il avait été brûlé en effigie en Espagne et à Paris. Et la chose alla si loin que l'on fit un procès ; le jugement fut rendu en faveur du pèlerin[5]. Les neuf compagnons arrivèrent à Venise au début de 1537[6]. Là ils se séparèrent pour servir dans divers hôpi-

---

dont l'évêque, Diego da Silva, ne pouvait se trouver à Venise à cette époque. Le père de Dalmasès (*op. cit.*, p. 158) pense qu'il s'agit de Chieti, dont l'évêque était Jean-Pierre Carafa (1504-1559), cofondateur avec Gaëtan de Thiene de l'ordre de clercs réguliers des Théatins, et qui résidait à Venise depuis 1527. C'est lui qui, dans ses entretiens avec Hocès, aurait tenté de le détourner de faire les Exercices. Les difficiles relations entre Ignace et le futur pape Paul IV (1555) paraissent remonter à ce temps de Venise. Dans une lettre autographe, qui n'est peut-être qu'un « premier brouillon » et ne fut pas expédiée, Ignace exprime à Carafa ses critiques sur les Théatins en exposant ce que doit être, selon lui, un groupe apostolique (Dumeige, *Lettres*, p. 59-63). Sur ce texte, voir l'analyse d'A. Ravier, *op. cit.*, p. 76-77.

5. D'après Ignace, c'est son septième procès (Lettre à Jean III de Portugal, 15 mars 1545 ; Dumeige, p. 101). La sentence fut rendue par Gaspard de Doctis le 13 octobre 1537. Les accusations sont déclarées « frivoles, vaines et fausses », silence est imposé aux détracteurs, Ignace est dit « prêtre de bonne et religieuse vie et sainte doctrine, d'excellente condition et renommée, qui jusqu'à ce jour a enseigné à Venise la doctrine et les bons exemples » (FD, p. 535-537).

6. Au groupe laissé par Ignace en 1535 s'étaient joints trois nouveaux compagnons : Claude Jaÿ, ancien camarade de collège et ami de Pierre Favre, prêtre depuis 1528, arrivé à Sainte-Barbe en 1534 ; Paschase Broët, de Picardie, prêtre depuis 1524, arrivé à Paris à la fin de 1534 ; Jean-Baptiste Codure, provençal, venu en 1534 pour préparer la maîtrise

taux[7]. Au bout de deux ou trois mois, ils s'en allèrent tous à Rome pour recevoir la bénédiction pour faire la traversée vers Jérusalem. Le pèlerin n'y alla pas, à cause du docteur Ortiz et aussi du nouveau cardinal théatin[8]. Les compagnons revinrent de Rome avec des lettres de crédit de deux ou trois cents écus qui leur furent données en aumône pour la traversée vers Jérusalem ; ils n'avaient voulu les prendre qu'en lettres de crédit. Dans la suite, ne pouvant aller à Jérusalem, ils les rendirent à ceux qui les leur avaient données. Les compagnons revinrent à Venise[9] de la même manière qu'ils y étaient allés, c'est-à-dire à pied et en mendiant, mais répartis en trois groupes et de telle manière qu'ils étaient toujours de nationalités diverses. C'est à Venise que furent ordonnés prêtres ceux qui ne l'étaient pas, permission leur ayant été donnée par celui qui était alors nonce à Venise, qui devint plus tard cardinal Verallo. Ils furent ordonnés *ad titulum paupertatis*, et tous firent vœu de chasteté et de pauvreté[10].

ès Arts. Ils avaient fait les Exercices sous la direction de Pierre Favre et renouvelé avec les compagnons le vœu de Montmartre, les deux premiers en 1535 et 1536, le troisième en 1536. Tous arrivèrent à Venise le 8 janvier 1537.

7. En deux groupes de cinq, le premier à l'hôpital Saint-Jean et Saint-Paul, le second aux Incurables (Polanco, *Vita*, FN II, p. 576).

8. Il s'agit de Jean-Pierre Carafa, créé cardinal le 22 décembre 1536. Quant au docteur Ortiz, il s'était opposé à Ignace à propos de Jean Castro et de Pierre de Peralta (*supra*, n° 81, note 21). Si le premier se montra « en partie contraire » aux compagnons, le second, dit Lainez, « nous accueillit avec une grande charité et servit d'intermédiaire pour que nous soyons introduits auprès du pape » (*Lettre*, n° 39, *infra*, p. 176). Les compagnons furent reçus à la table de Paul III, où ils participèrent à un débat théologique le 3 avril.

9. Ils revenaient à Venise avec deux documents qui leur avaient été remis le 27 avril. Le premier leur permettait d'aller à Jérusalem et même « d'y demeurer et de revenir quand il leur plairait », ce qui éviterait les désagréments qu'avait subis Ignace en 1523 ; le second était les lettres dimissoriales permettant à ceux qui n'étaient pas prêtres d'être ordonnés par n'importe quel évêque (FD, p. 526-527).

10. L'ordination peut être conférée à divers titres : bénéfice, patrimoine, science suffisante, pauvreté. Les compagnons ne seraient pas ordonnés aux deux premiers titres, qui supposent le rattachement juridique à un diocèse. Ils choisirent de l'être « *ad titulum sufficientis scien-*

94 Cette année-là il n'y eut pas de navires passant au Levant, parce que les Vénitiens avaient rompu avec les Turcs[11]. Aussi eux, voyant que s'éloignait l'espoir d'une traversée, se répartirent en Vénétie, avec l'intention d'attendre que soit écoulée l'année qu'ils s'étaient fixée[12]. Une fois qu'elle serait achevée sans qu'il y eut de traversée, ils se rendraient à Rome. Il échut[13] au pèlerin d'aller à Vicence avec Favre et Lainez. Là ils trouvèrent une maison en dehors de la ville, qui n'avait ni portes ni fenêtres ; ils y dormaient sur un peu de paille qu'ils avaient apportée. Deux d'entre eux allaient toujours chercher des aumônes en ville deux fois par jour ; et ils en rapportaient si peu qu'ils ne pouvaient presque pas se sustenter. Ils mangeaient d'ordinaire un peu de pain cuit, quand ils en avaient, et celui qui restait à la maison s'occupait de le faire cuire. Ils passèrent quarante jours de cette manière, ne s'occupant de rien d'autre que de prières[14].

---

tiae ac voluntariae paupertatis ». Auparavant, ils émirent les vœux de chasteté perpétuelle et de pauvreté entre les mains du cardinal légat Jérôme Verallo. L'évêque d'Arbe, Vincent Negusanti conféra les ordres à Ignace, Bobadilla, Codure, François Xavier, Rodriguez et Salmeron : le 15 juin, sous-diaconat ; le 17, diaconat ; le 24, fête de saint Jean-Baptiste, prêtrise. Cependant l'ordination sacerdotale d'Alphone Salmeron fut retardée jusqu'en octobre, car il n'avait pas en juin l'âge requis de vingt-deux ans.

11. Le départ des pèlerins avait habituellement lieu en juin. Mais les Turcs alliés aux corsaires barbaresques commandés par Barberousse étaient en train de s'assurer la suprématie en Méditerranée. C'est alors que les flottes du pape, de Gênes et de Venise unirent leurs forces pour lui résister.

12. Cf. *supra*, n° 85. Les compagnons se sont séparés à la fin de juillet.

13. Le verbe *toccare* pourrait indiquer que la répartition s'est faite par tirage au sort, compte tenu du mélange des nationalités. Bobadilla et Broët allèrent à Vérone, Jaÿ et Rodriguez à Bassano, Codure et Hocès à Trévise, François Xavier et Salmeron à Monselice. Dans une lettre à Pierre Contarini (août 1537), Ignace précise le lieu du séjour à Vicence : « Près de Vicence, à un mille de la porte de Sainte-Croix, nous avons trouvé un monastère. Il s'appelle San-Pietro-in-Vivarolo et personne n'y habite. Les moines de Sainte-Marie des Grâces, à Vicence, veulent bien que nous y demeurions comme il nous plaira » (Dumeige, *Lettres*, p. 63-64).

14. Des compagnons ont apporté quelques précisions sur ce que projetait le groupe pour ce temps de retraite. Favre : « pour avoir trois

95 Au bout de quarante jours, Maître Jean Codure arriva et tous quatre décidèrent de commencer à prêcher ; et se rendant tous quatre à différentes places, le même jour et à la même heure, ils commencèrent leur prédication en criant d'abord très fort et en appelant les gens avec leur bonnet. Ces prédications firent beaucoup de bruit dans la ville, et beaucoup de personnes furent touchées de dévotion. Et ils eurent en plus grande abondance les biens matériels nécessaires.

Pendant ce temps de son séjour à Vicence, il eut beaucoup de visions spirituelles et beaucoup de consolations presque habituelles, au contraire du temps où il fut à Paris ; surtout quand il commença à se préparer au sacerdoce à Venise, et quand il se préparait à dire la messe, pendant tous ces voyages, il eut de grandes visites surnaturelles, du genre de celles qu'il avait habituellement quand il était à Manrèse. Alors qu'il était encore à Vicence, il apprit que l'un des compagnons qui était à Bassano était malade et sur le point de mourir[15] ; lui-même se trouvait aussi alors malade atteint par la fièvre. Néanmoins il se mit en route ; et il marchait si vigoureusement que Favre, son compagnon, ne pouvait pas le suivre. Au cours de ce voyage, il eut de Dieu l'assurance — et il le dit à Favre — que le compagnon ne mourrait pas de cette maladie. A leur arrivée à Bassano, le malade fut très consolé et guérit rapidement.

Tous revinrent ensuite à Vicence et tous les dix y restèrent quelque temps[16]. Quelques-uns allaient chercher des aumônes dans les villages des environs de Vicence.

---

mois de solitude, sans aucun souci, et pour que ceux qui n'étaient pas encore prêtres s'y préparent mieux » (*Mém.*, n° 17). Lainez : « parce que nous avions beaucoup à faire avec les pauvres et que nous ne pouvions pas ainsi nous préparer à dire la première messe » (*Lettre*, n° 41, *infra*, p. 176-177).

15. C'était Simon Rodriguez, qui précise : « Dès qu'il fut auprès de Rodriguez, il l'exhorta à la confiance, l'assurant qu'il ne mourrait pas. Voyant que le malade gisait tout habillé sur une table, il fit trouver un lit où le malade pourrait reposer sans garder son vêtement » (FN III, p. 86).

16. Cette réunion à Vicence, en septembre-octobre 1537, a été marquée par plusieurs événements : 1) Trois des compagnons récemment

96 Ensuite, une fois l'année écoulée, et ne trouvant pas de traversée, ils décidèrent de se rendre à Rome[17], y compris le pèlerin, parce que l'autre fois, lorsque les compagnons s'y étaient rendus, les deux hommes dont il n'était pas sûr s'étaient montrés très bienveillants. Ils se rendirent à Rome répartis en trois ou quatre groupes, le pèlerin avec Favre et Lainez. Et au cours de ce voyage, il fut très spécialement visité par Dieu.

Il avait décidé, après avoir été ordonné prêtre, de rester un an sans dire la messe, se préparant et priant la Madone de bien vouloir le mettre avec son Fils[18]. Un jour, à quelques milles

Et moi qui écris ces choses, je dis au pèlerin, lorsqu'il me

ordonnés, François Xavier, Lainez et Bobadilla, célébrèrent leur première messe. 2) La République de Venise ayant signé un traité d'alliance avec le pape et se trouvant de ce fait en état de guerre contre les Turcs, les compagnons décidèrent de se « répartir (espérant toujours un passage) entre différentes universités d'Italie pour voir si notre Seigneur daignerait appeler quelque étudiant à notre institut » (*Lettre* de Lainez, n° 42, *infra*, p. 177) : Broët et Salmeron à Sienne, François Xavier et Bobadilla à Bologne, Jaÿ et Rodriguez à Ferrare, Hocès et Codure à Padoue. 3) Pour répondre à ceux qui les interrogeaient sur leur identité commune, ils décidèrent de s'appeler la compagnie de Jésus : « On prit ce nom avant d'arriver à Rome ; se demandant entre eux comment ils s'appelleraient pour répondre à ceux qui leur demanderaient à quelle congrégation ils appartenaient, eux qui étaient neuf ou dix personnes. Ils commencèrent par se mettre en prière et à penser au nom qui conviendrait le mieux. Et, étant donné qu'il n'y avait aucun chef parmi eux, ni aucun supérieur si ce n'est Jésus-Christ, le seul qu'ils désiraient servir, il leur sembla bon de tirer leur nom de Celui qu'ils avaient pour chef en se disant la compagnie de Jésus » (Polanco, *Sum.Hisp.*, FN I, p. 204).

17. Ignace, Favre et Lainez allèrent à Rome tandis que les autres se répartissaient dans les villes universitaires. Selon Favre, ils y furent invités (peut-être par le docteur Ortiz) : « Nous fûmes invités à Rome et nous nous y rendîmes, nous trois qui nous trouvions à Vicence. C'était en octobre » (*Mém.*, n° 17). Les autres compagnons (moins Hocès qui est mort à Padoue) n'arriveront qu'à Pâques 1538 (*Lettre* de Lainez, n° 47, *infra*, p. 178).

18. Cette manière de prier, recommandée par les *Exercices spirituels* (n°s 62-63, 147) était familière à Ignace comme en témoigne son *Journal*, par exemple, à la date du 8 février 1544 : « Voulant présenter cela au Père par l'entremise et les prières de la Mère et du Fils, et lui adressant d'abord ma prière pour qu'elle m'aide auprès de son Fils et du

raconta cela, que Lainez le racontait avec d'autres détails, selon ce que j'avais entendu dire. Et lui me dit que tout ce que disait Lainez était vrai, car lui-même ne se rappelait pas cela si en détail, mais que, au moment où il l'avait raconté il sait avec certitude qu'il n'avait dit que la vérité. Il me fit la même réponse au sujet d'autres choses.

avant d'arriver à Rome, alors qu'il était dans une église et faisait oraison, il sentit un tel changement dans son âme et vit si clairement que Dieu le Père le mettait avec le Christ son Fils qu'il n'aurait pas l'audace de douter de cela, à savoir que Dieu le Père le mettait avec son Fils[19].

97 Puis, en arrivant à Rome, il dit aux compagnons qu'il voyait les fenêtres fermées, voulant dire qu'il leur faudrait subir de nombreuses contradictions. Et il dit aussi : « Il faut que

Père, et priant ensuite le Fils pour qu'il m'aide auprès du Père en compagnie de la Mère... » (*Journal*, n° 8).

19. L'événement est couramment appelé « la vision de La Storta » nom du lieu où il se produisit, sur la via Cassia, à seize kilomètres de Rome. Il a fait l'objet de nombreux commentaires qui y voient la confirmation du pèlerin dans l'itinéraire qu'il a suivi depuis Manrèse, alors que la route de Jérusalem semble barrée et que s'ouvre celle de Rome [cf. H. Rahner, « *La vision de la Storta* », revue *Christus*, n° 1 (1954), p. 48-65, et P. de Leturia, *Aux sources de la "romanité" de la Compagnie de Jésus, ibid.*, n° 5 (1955), p. 83-93]. Parmi les compagnons, le témoin le plus autorisé est Jacques Lainez, dans une exhortation prononcée à Rome en 1559. Selon son témoignage, l'événement se déroula en deux étapes (cf. A. Ravier, *op. cit.*, p. 471) : « Quand nous allions à Rome par la route de Sienne, notre Père éprouvait de nombreux sentiments spirituels, spécialement dans la très sainte Eucharistie qu'il recevait chaque jour et qui lui était donnée par maître Pierre Favre ou par moi, qui célébrions la messe chaque jour, et pas lui. Il me dit qu'il lui semblait que Dieu le Père imprimait dans son cœur cette parole : « Je vous serai propice à Rome. » Et, ne sachant pas ce que cela voulait signifier, notre Père disait : « Je ne sais pas ce qui va nous arriver, peut-être serons-nous crucifiés à Rome. » Puis, une autre fois, il me dit qu'il lui semblait voir le Christ avec la croix sur l'épaule, et le Père auprès de lui, qui disait : « Je veux que tu prennes celui-ci pour ton serviteur. » Et alors Jésus le prenait et disait : « Je veux que tu nous serves » (FN, II, p. 133). Comme le note Câmara, en 1555 Ignace ne récuse pas ces détails, mais il s'en tient à ce qui est gravé dans sa mémoire et dans sa dévotion trinitaire, comme il l'avait déjà noté, dans les mêmes termes, en les encadrant, le 23 février 1544, dans son *Journal* : « Il me paraissait en quelque façon que c'était l'œuvre de la très Sainte Trinité que Jésus se montrât ou se fît sentir, me souvenant du jour où le Père me mit avec le Fils » (*Journal*, n° 67).

nous soyons beaucoup sur nos gardes et que nous n'engagions pas de conversation avec des femmes, à moins qu'elles ne soient de haut rang[20]. » Par la suite, à Rome — pour parler de cette décision —, Maître François[21] confessait une dame et la visitait parfois pour des entretiens sur des choses spirituelles. Elle fut ensuite trouvée enceinte ; mais le Seigneur voulut qu'on découvrît celui qui avait commis le mal. La même chose arriva à Jean Codure avec une de ses filles spirituelles, surprise avec un homme.

---

20. Sur cette recommandation, qui fait partie du testament d'Ignace, voir *supra*, n° 59, note 22.
21. François Xavier.

10
Rome

98 De Rome[1], le pèlerin se rendit au Mont Cassin pour donner les Exercices au docteur Ortiz[2]. Il y resta quarante jours, pendant lesquels il vit une fois le bachelier Hoces qui entrait au ciel ; et il en eut de grandes larmes et une grande consolation spirituelle. Il vit cela si clairement que, s'il disait le contraire, il lui semblerait dire un mensonge[3]. Du Mont Cassin il emmena avec lui Francisco Estrada[4].

De retour à Rome, il s'exerçait à aider les âmes. On demeu-

1. Quelques lignes, sans doute dictées à la hâte en raison du proche départ de Câmara, achèvent le *Récit*. Ignace ne dit rien des ultimes étapes de la fondation de la Compagnie de Jésus (l'arrivée des compagnons à Rome, l'offrande de leur personne au pape, fin novembre 1538, la délibération de 1539, etc.). En revanche, il peut être significatif qu'il ne retienne que quatre choses : les *Exercices*, les persécutions, quelques œuvres de portée caritative et sociale, sa façon de rédiger les *Constitutions*. Ce sont les derniers mots du testament.

2. Selon la tradition des bénédictins, ils n'ont pas résidé dans le grand monastère, mais dans un prieuré voisin dépendant de celui-ci. Sur l'évolution des sentiments de Pierre Ortiz à l'égard des compagnons, voir *supra*, n° 81, note 21, et n° 93, note 8. On lui attribue, ainsi qu'à son frère François, des « annotations » sur la manière de faire élection, inspirées par l'expérience du Mont-Cassin. Cf. C. Abad., *Unas « annotationes » del Doctor Pedro Ortiz y su hermano Fray Francisco sobre los Ejercicios espirituales de san Ignacio*, AHSI, 25 (1956), p. 437-454 ; Bernard-Maître, *Les « Annotations » des deux frères Ortiz sur le traité de l'élection des Exercices spirituels (vers 1541-1546),* Revue d'Ascétique et de Mystique, 34 (1958), p. 393-434.

3. Cf. *supra*, n° 92, et *Lettre* de Lainez, n° 58, *infra*, p. 182.

4. Ce jeune Espagnol entra ensuite dans la Compagnie de Jésus.

rait encore à la vigne[5]. Et il donnait les Exercices spirituels à diverses personnes en même temps, dont l'une se trouvait à Sainte-Marie-Majeure et l'autre au Ponte Sixto[6].

Puis les persécutions commencèrent; et Michel commença à créer des ennuis et à dire du mal du pèlerin[7]. Celui-ci le fit appeler devant le gouverneur, après avoir montré auparavant au gouverneur une lettre de Michel dans laquelle celui-ci louait beaucoup le pèlerin. Le gouverneur examina Michel; et la conclusion fut qu'on le bannit de Rome.

Puis Mudarra et Barreda commencèrent à le persécuter, en disant que le pèlerin et ses compagnons étaient des fugitifs bannis d'Espagne, de Paris et de Venise[8]. A la fin, en présence du gouverneur et du légat, qui se trouvait alors à Rome, tous deux confessèrent qu'ils n'avaient rien de mal à dire des compagnons, ni de leurs mœurs, ni de leur doctrine. Le légat ordonna que l'on fît silence sur toute cette affaire; mais le pèlerin ne l'accepta pas, en disant qu'il voulait un jugement définitif. Ceci ne plut pas au légat, ni au gouverneur, ni non plus à ceux qui auparavant avaient été favorables au pèlerin. Mais à la fin, après quelques mois, le pape vint à Rome. Le pèlerin va lui parler à Frascati et lui expose

---

5. Dans une maison appartenant à Quirino Garzoni, sur les pentes du Pincio, à quelques pas de l'église de la Trinité-des-Monts. Ils y demeurèrent jusqu'en juin, où ils se rapprochèrent du centre de la ville.

6. Polanco donne les noms de quelques-unes de ces personnes, parmi lesquelles le cardinal Gaspard Contarini (*Sum.Hisp.*, n° 78, FN I, p. 196). Le trajet, aller et retour, entre les trois lieux, représente environ quatre heures de marche!

7. Michel Landívar avait été domestique de François Xavier à Paris. Congédié par celui-ci après sa conversion, il avait tenté de tuer Ignace (Ribadeneira, FN II, p. 332). Plus tard, il se joignit aux compagnons à Venise pour partager leur vie. Exclu du groupe, il demeura à Rome. Sur l'instabilité psychologique de Landívar, cf. G. Wilkens, *Compagnons de Jésus*, CIS, Rome, 1978, p. 242-247.

8. L'affaire avait commencé pendant le carême, lorsque Favre et Lainez avaient demandé à Agostino Mainardi, religieux de Saint-Augustin, de rétracter les propos luthériens qu'il tenait en chaire. Mudarra et Barrera, ses amis espagnols, étaient influents à la Curie romaine. C'est pour faire taire les rumeurs, selon son habitude, qu'Ignace prit l'initiative de demander un procès au légat Vincent Carafa, alors que les calomniateurs avaient déjà retiré leurs accusations.

quelques-unes de ses raisons[9]. Le pape se charge de l'affaire et commande que l'on rende un jugement, lequel fut rendu en sa faveur, etc.[10]

Avec l'aide du pèlerin et des compagnons, quelques œuvres pies se firent à Rome, comme celles des Catéchumènes, de Sainte-Marthe, des Orphelins, etc.[11]

Pour les autres choses, Maître Nadal pourra les raconter[12].

---

9. Le pape avait quitté Rome le 20 mai pour Nice afin de tenter une réconciliation entre François Ier et Charles Quint. Ignace a raconté l'audience qui eut lieu dans la deuxième quinzaine d'août : « Je parlai à Sa Sainteté seul à seul dans sa chambre pendant une bonne heure. L'entretenant longuement de nos projets et de nos intentions, je lui racontai avec précision toutes les fois qu'on avait fait un procès contre moi en Espagne et à Paris, et aussi toutes les fois où j'avais été en prison, à Alcalá et à Salamanque... Finalement, comme il nous était très nécessaire, pour prêcher ou exhorter, d'avoir une bonne renommée non seulement devant Dieu notre Seigneur, mais aussi devant les gens, afin qu'aucun soupçon ne pesât sur notre doctrine ou sur nos mœurs, je suppliai Sa Sainteté, au nom de tous, qu'elle ordonnât de porter remède, pour que notre doctrine et nos mœurs fissent l'objet d'une enquête et fussent examinés par un juge ordinaire que Sa Sainteté désignerait » (à Isabelle Roser, le 19 décembre 1538, citée par Rahner, *Ignace...*, II, p. 37).

10. Le procès commença le 26 septembre et la sentence fut rendue le 18 novembre par le gouverneur Benedetto Conversini. Par chance, se trouvaient à Rome plusieurs des anciens juges d'Ignace à Alcalá, Paris et Venise : Figueroa (*supra*, nos 58-61), Ory (n° 84), de Doctis (nos 92-93), qui témoignèrent pour lui et ses compagnons, ainsi que d'autres personnages importants comme le docteur Ortiz (FD, p. 442-557).

11. L'œuvre des Catéchumènes (une maison pour les juifs convertis et une autre pour les juives) fut approuvée par Paul III en 1543 ; Ignace avait déjà obtenu du pape le renouvellement de l'interdiction d'une ancienne coutume selon laquelle les biens des juifs convertis leur étaient confisqués et leurs enfants déshérités. L'œuvre et la maison de Sainte-Marthe (1543) recueillit des anciennes prostituées. L'œuvre des Orphelins (1541) ne fut pas directement fondée par Ignace, mais reçut son appui efficace. Il aurait pu citer aussi (*et cœtera*, dit-il) la confrérie des jeunes filles pauvres qui vivaient avec des courtisanes, et son affiliation à la confrérie de l'hôpital du Saint-Esprit et à la confrérie du Saint-Sacrement (*supra*, n° 89, note 11).

12. Non seulement Jérôme Nadal connaissait bien les actions d'Ignace, mais il devait être le compagnon de voyage de Louis Gonçalves da Câmara, de Rome à Gênes, puis en Espagne. Ce dernier a préféré, semble-t-il, s'en tenir aux propos recueillis de la bouche même d'Ignace.

99 Pour moi, une fois toutes ces choses racontées, le 20 octobre, j'interrogeais le pèlerin sur les *Exercices* et sur les *Constitutions*, voulant comprendre comment il les avait faits. Il me dit, pour les *Exercices*, qu'il ne les avait pas tous faits en une fois, mais que, lorsqu'il observait certaines choses dans son âme et les trouvait utiles, il lui semblait qu'elles pourraient aussi être utiles aux autres ; aussi les mettait-il par écrit, par exemple examiner sa conscience avec le moyen de lignes, etc.[13]

Pour les élections spécialement, il me dit qu'il les avait tirées de cette diversité d'esprit et de pensées qu'il avait connue quand il était à Loyola et que sa jambe était encore malade[14]. Il me dit que, pour les *Constitutions*, il m'en parlerait le soir.

Le même jour, avant le souper, il m'appela avec l'air d'une personne qui était plus recueillie qu'à l'ordinaire. Il me fit une espèce de déclaration qui, en substance, consistait à manifester quelles étaient l'intention et la simplicité avec lesquelles il avait raconté ces choses, disant qu'il était bien certain qu'il ne raconterait rien de plus. Il avait commis bien des offenses envers notre Seigneur depuis qu'il avait commencé à le servir, mais il n'avait jamais donné son consentement à un péché mortel. Au contraire, il croissait toujours en dévotion, c'est-à-dire dans la facilité à trouver Dieu, et maintenant plus que jamais durant toute sa vie. Toutes les fois et à toute heure où il voulait trouver Dieu, il le trouvait[15]. Et il dit que maintenant encore, il avait très souvent des visions, surtout de celles dont il a été parlé plus haut : voir le Christ comme un soleil[16]. Et cela lui arrivait souvent quand il était en train

13. *Ex.spir.*, n° 30.

14. *Ex.spir.*, nos 169-189. Cf. *supra*, nos 7-9.

15. Ces phrases, qui expriment dans toute sa force le sens du mot « dévotion » pour Ignace, caractérisent la grâce d'union habituelle avec Dieu qui lui fut donnée spécialement dans les dernières années de sa vie. L'expression « chercher et trouver Dieu en toutes choses » et d'autres équivalentes sont fréquentes dans les écrits ignatiens. C'est en quelque sorte la pointe de ce que nous appelons sa spiritualité (cf. Josef Stierli, *Chercher Dieu en toutes choses*, Le Centurion, 1985).

16. *Supra*, nos 29, 41, 48.

de parler de choses importantes ; et cela le faisait *venire in confirmatione*[17].

100 Quand il disait la messe, il avait aussi beaucoup de visions ; et quand il faisait les *Constitutions*, il en avait aussi très souvent. Maintenant il peut l'affirmer plus facilement parce qu'il écrivait chaque jour ce qui se passait dans son âme et qu'il le trouvait maintenant par écrit. C'est ainsi qu'il me montra une assez grande liasse de manuscrits, dont il me lut une bonne partie. C'était en majorité des visions qu'il voyait en confirmation de quelque point des *Constitutions*, voyant parfois Dieu le Père, parfois toutes les trois personnes de la Trinité, parfois la Madone qui intercédait et parfois confirmait. Il me parla en particulier de décisions pour lesquelles il dit chaque jour la messe pendant quarante jours, et chaque jour avec beaucoup de larmes. La question était : l'église aurait-elle un revenu quelconque et la Compagnie pourrait-elle en tirer profit[18] ?

101 La méthode qu'il observait, quand il faisait les *Constitutions*, était de dire la messe chaque jour, de présenter à Dieu le point qu'il traitait et faire oraison sur celui-ci ; et toujours il faisait son oraison et disait la messe avec larmes.
Je désirais voir tous ces papiers sur les *Constitutions* et je le priai de me les laisser quelque temps. Il ne le voulut pas.

---

17. En latin dans le texte. La recherche d'une confirmation de son choix par les trois Personnes divines est un trait dominant du *Journal spirituel* du 18 février au 12 mars 1544 (cf. aussi *Ex.spir.*, n° 183).

18. C'est précisément sur cette question que porte le premier des deux cahiers du *Journal* qui ont été conservés (2 février-12 mars 1544). Cf. l'introduction de Maurice Giuliani, p. 8 et 19.

Lettre du Père Lainez (1547)

1 Dans la mesure où notre mémoire nous y aidera, nous dirons fidèlement et simplement en quelques mots ce qui se présentera concernant notre père Maître Ignace ; nous rapporterons ce que, pour notre édification ou celle des autres qui étaient présents, en son temps et en son lieu, nous l'avons entendu dire et ce que nous aurons recueilli de ses propres paroles. Pour le reste, qui touche aux débuts de la Compagnie, nous parlerons en témoin de ce que nous avons entendu ou de ce que nous avons vu ; et dans l'un et l'autre cas, nous nous en remettons au sens de la vérité et au bon jugement que, nous l'espérons, le Seigneur nous donnera pour prendre ou laisser ce qui vous paraîtra le mieux convenir, pour la gloire de Sa Majesté et l'édification du prochain.

2 Laissons de côté le fait que le père Maître Ignace est, selon le siècle, noble et membre de l'une des principales maisons de sa province ; laissons aussi de côté le fait que, selon la nature, il était déjà même dans le monde un homme doué, prudent, courageux, plein d'ardeur, porté aux armes et à d'autres dérèglements. Ce qui fut l'occasion de sa conversion et à l'origine de son service de Notre Seigneur fut que, se trouvant à Pampelune, alors que cette ville était encerclée par les Français et que la citadelle refusait de se rendre, en grande partie parce que tel était son avis, un tir d'artillerie le blessa, brisa l'une de ses jambes, cassant l'os en de nombreuses parties ; quant à l'autre, elle fut aussi endommagée, du moins dans la chair.

3 Lui-même étant ainsi blessé et le pays étant passé aux Français, ceux-ci usèrent de courtoisie envers lui et le portèrent dans son pays et à sa maison, où il souffrit pendant quelques mois de diverses épreuves dues à la maladie et aux soins donnés à sa jambe. Et au milieu de ces épreuves, il s'est vu, à diverses reprises, attaqué et

mû par divers esprits; certaines fois il était incliné et attiré à faire de grandes choses, grandement vaines, dans le monde; d'autres fois il se sentait encouragé par Notre Seigneur à se consacrer totalement à son service. Et alors qu'il n'avait pas l'expérience de ces mouvements, à la fin il remarqua que ces mouvements du Seigneur, outre qu'ils étaient bons, lui laissaient l'esprit consolé et rassasié, et que les autres, comme ils étaient vains, lui laissaient à la fin l'esprit vide et désolé. Et ainsi, avec la grâce du Seigneur, lequel lui donnait alors une intention droite et une volonté bonne plus que des lumières donnant une intelligence des choses divines, peu à peu au cours de sa convalescence, il s'acheminait vers une décision. Et en même temps, il lisait la vie des saints en langue vulgaire et tirait de celle-ci ce qui lui semblait convenir à son dessein, fixant davantage son regard sur les exercices extérieurs et les pénitences que sur d'autres choses intérieures, qu'il ne comprenait pas encore.

4 Ainsi donc, avec une bonne intention, il lui semblait que la sainteté devait se mesurer à l'austérité, de telle sorte que celui qui ferait une pénitence plus austère serait plus saint devant Dieu Notre Seigneur. Et ceci lui faisait former le dessein de mener une vie très austère. Et alors, sans aucun Maître que lui, et sans faire part de sa décision à d'autres, il décida, sous prétexte de se rendre à la cour du duc de Najera, de partir de chez lui et de renoncer complètement à son pays et aux siens, et même à son corps, et de s'engager sur la voie de la pénitence.

5 Et pour réaliser son dessein, il décida de se rendre en Catalogne à Notre-Dame de Montserrat. Et parce qu'il craignait d'être davantage vaincu en ce qui touche à la chasteté qu'en d'autres choses, il fit en route vœu de chasteté et cela à Notre-Dame, pour laquelle il avait une dévotion spéciale, bien que ce ne fut pas alors *secundum scientiam*. Mais Notre Seigneur, qui lui donnait cette intention pure et prenait le moyen de sa Très Sainte Mère pour aider cette créature, sembla accepter ce sacrifice et le prit sous sa protection; si bien que, alors qu'il avait été jusque-là attaqué et vaincu par le vice de la chair, à partir de ce moment-là et jusqu'à maintenant, Notre Seigneur lui a donné le don de la chasteté et, à ce que je crois, à un très grand degré.

6 Au cours de cette même route, il abandonna la monture sur laquelle il allait, ainsi que ses vêtements et son argent; pour les vêtements, il les troqua avec un pauvre; peu après, un alguazil voulut s'en

prendre à celui-ci pensant qu'il avait volé ces vêtements ; si bien que le père Maître Ignace dut témoigner qu'il les lui avait donnés. Et, si je me souviens bien, lorsqu'il vit que, par son aumône, il avait mis ce pauvre en difficulté, ce furent les premières larmes qu'il versa depuis qu'il avait quitté son pays.

7 Poursuivant donc son voyage, il arriva au sanctuaire de Notre-Dame. Et parce que, comme il a été dit, il n'avait pas de lumières sur les choses spirituelles et, aussi, parce que Notre Seigneur meut ordinairement chacun selon son entendement et ses inclinations, ayant lu comment les nouveaux chevaliers ont coutume de s'adouber et de se consacrer à la vie des armes, le désir lui vint de les imiter au moment de se consacrer au service de Dieu. Aussi, après avoir acheté une toile à sac, ainsi qu'une corde pour s'en ceindre, et un bâton ou bourdon, il demeura pendant une nuit à prier et à faire une veillée d'armes. N'ayant que ce seul vêtement, sans coiffure ni souliers, se nourrissant de pain et d'eau, prenant la discipline, je crois, plusieurs fois par jour, cachant son nom et les autres signes qui auraient pu le faire reconnaître ou lui valoir quelque estime, et disant de nombreuses prières vocales, il continua pendant quelques mois des pénitences si austères qu'il n'accordait à peu près aucune satisfaction à son corps ; et alors qu'au début il était robuste et de bonne complexion, il changea totalement pour ce qui était de son corps.

8 Mais pendant les quatre premiers mois, il ne comprenait quasiment rien aux choses de Dieu ; celui-ci cependant l'aidait, particulièrement dans la pratique des vertus de constance et de force. En effet, de même qu'au début pour tout ce qui touche à la chasteté il reçut de telles faveurs qu'il ne ressentit ensuite que très peu de difficultés, de même en fut-il pour ce qui touchait à sa vie de pénitence et de pauvreté ; si je me souviens bien, il disait qu'après avoir donné ses vêtements au pauvre, alors qu'il se trouvait seul dans un hôpital, il lui vint seulement une fois une pensée qui lui disait : « Si tu avais en ce moment tes vêtements, ne serait-ce pas mieux que tu les mettes ? » Se sentant quelque peu triste, il partit de là et se joignit aux autres pauvres ; et cette pensée disparut.

9 Une autre fois, se voyant faible et épuisé, une tentation intérieure lui vint, lui disant : « Malheureux que tu es, vas-tu passer cinquante ans dans cette vie ? » ; mais lui, comprenant que c'était le mauvais esprit, lui répondit avec force : « Promets-moi par écrit que je vivrai

un jour, et je changerai de vie », voulant dire par là qu'il était l'ennemi et n'était pas le Maître d'un seul moment de notre vie, notre vie qui, aussi bien que la sienne, est entre les mains du Seigneur. Par la grâce de Dieu, il n'eut plus quasiment jamais aucune tentation grave de revenir en arrière, ce que j'attribue à des dons particuliers et considérables et à l'assistance particulière du Seigneur : ce sont là les marques et les effets d'une élection spéciale et de l'amour de Dieu qui l'a prévenu *in benedictione dulcedinis*.

10 Au bout de quatre mois, soudainement, étant assis, si je me souviens bien, près d'un peu d'eau ou d'un fleuve ou d'arbres, il fut spécialement aidé, informé et intérieurement éclairé par la Divine Majesté, en sorte qu'il commença à voir toutes les choses avec d'autres yeux, à discerner et expérimenter ce qu'étaient les bons et les mauvais esprits, à goûter les choses du Seigneur et à les communiquer au prochain avec simplicité et charité, selon qu'il les recevait de Dieu. Je pense que cela eut lieu à Manrèse, près de Barcelone, où il fut, si je me souviens bien, pendant une année.

11 Et pendant ce temps, il repassait peu à peu sa vie passée : et reconnaissant profondément la gravité de ses péchés, il les pleurait amèrement et fut plongé dans toutes sortes de scrupules, d'angoisses, de tentations et d'afflictions spirituelles. Et en tout cela, Notre Seigneur lui donnait une grande force et une grande humilité pour rechercher et trouver les remèdes. Une fois, parmi d'autres, se voyant ainsi par trop tenté et affligé et ne trouvant pas de remède par des moyens humains, animé par l'Esprit du Seigneur, comme l'a montré la fin heureuse de cela, il fut sept jours sans manger ni boire ; au terme de ceux-ci, il fut aidé et consolé par Notre Seigneur.

12 Vers cette époque, il fit une confession générale de toute sa vie et arriva, quant à la substance, à ces méditations que nous appelons les Exercices. Il vivait d'une manière très ordonnée, persévérant dans la réception fréquente des sacrements et dans la prière, à laquelle il passait sept heures par jour à genoux. Ainsi au cours de l'année où il fut à Manrèse, il eut tant de lumières du Seigneur qu'il fut particulièrement éclairé et consolé par le Seigneur dans presque tous les mystères de la foi ; particulièrement dans le mystère de la Trinité, dans lequel son esprit se délectait tellement que, bien qu'homme simple et ne sachant lire et écrire qu'en espagnol, il se mit à écrire un livre sur ce sujet. Et un jour, suivant, si je me rap-

pelle bien, une procession, il eut une telle visite concernant ce mystère, qu'il versait même extérieurement des larmes continuelles.

13 Et en même temps que ces progrès personnels, il fit progresser à Manrèse de nombreuses âmes, lesquelles en profitèrent notablement, firent des changements et des mortifications et parvinrent à une grande connaissance et un grand goût des choses du Seigneur. Certaines firent une bonne fin, d'autres vivent encore et répandent la bonne odeur de leur édification auprès du prochain.

14 Je me souviens à ce sujet avoir entendu le père Maître Ignace dire, parlant des dons que Notre Seigneur lui fit là-bas à Manrèse, qu'il lui semblait que si, par impossible, les Écritures et autres documents de la foi venaient à se perdre, lui suffiraient, pour tout ce qui touche au salut, la connaissance et le souvenir imprimés en lui des choses que Notre Seigneur lui avait fait connaître à Manrèse.

15 De là il se rendit à Barcelone où Notre Seigneur se servit aussi de lui par le moyen d'entretiens particuliers et d'exercices spirituels. Si je me souviens bien, il avait l'habitude d'aller manger là où il était invité et de se taire pendant le temps du repas ; après le repas, il prenait occasion de ce qui avait été dit pour traiter des choses de Dieu, en venant tout particulièrement à des choses concrètes, et à des manières de faire portant sur ce que l'on a à réaliser. Il donnait aussi des méditations ou exercices spirituels, ce qu'il faisait avec une grâce et une efficacité spéciales, avec un don pour discerner les esprits, pour aider et guider une âme, que celle-ci soit tentée ou qu'elle soit visitée par le Seigneur.

16 A Barcelone, il commença à étudier la grammaire, vivant d'aumônes, comme il en avait l'habitude depuis le moment où il était allé à Manrèse ; et là lui vint le désir d'aller à Jérusalem, avec la pensée, si Notre Seigneur en était servi, d'y rester toujours pour en tirer profit lui-même et pour que, s'il plaisait au Seigneur, les infidèles eux aussi en tirent profit. Et parce qu'il aimait et a toujours aimé aller totalement dépouillé de confiance en lui-même et dans les autres créatures, il voulut partir de Barcelone sans aucun subside pour son voyage, bien qu'on lui en offrît ou qu'il eût facilement pu en avoir. Et cela à tel point qu'il se demanda s'il prendrait avec lui un peu de provisions pour le bateau ou s'il s'embarquerait sans cela, confiant que Dieu Notre Seigneur y pourvoirait par le moyen de ceux qui voyageaient sur le bateau ; et finalement, sur le conseil

de son confesseur, il se résolut à prendre avec lui je ne sais quel biscuit.

17 Une fois arrivé à Rome, comme il avait reçu en aumône quelques écus pour son voyage et s'était mis en route, il commença à éprouver des scrupules et à estimer qu'il y avait moins de confiance en Dieu à aller ainsi pourvu de ces quelques *quatrini*. Aussi commença-t-il à les distribuer largement, donnant d'abord de petites pièces de monnaie, puis de plus importantes. C'est ainsi qu'à Padoue, alors qu'il entendait une grand-messe un jour de fête, un pauvre vint lui demander l'aumône ; il lui donna une petite pièce de monnaie ; après celui-ci il en vint un si grand nombre, les uns après les autres, sans doute informés de l'aumône qu'il avait faite aux précédents, qu'il dut épuiser toutes les pièces. Et alors, la messe achevée, lorsqu'il sortit de l'église, tous les pauvres disaient : le saint, le saint. Et il resta sans un sou, et alla demander pour l'amour de Dieu de quoi manger.

18 Après cela, il alla à Venise où il lui fallut, parce qu'il n'avait pas d'argent, dormir la première nuit sur la place, étendu sur une planche. Il rencontra là quelqu'un de son pays ; celui-ci s'informa de ses intentions et de son voyage, et, apprenant qu'il n'avait pas d'argent, il lui conseilla vivement de retourner chez lui. Mais le père, en plus d'autres raisons, lui dit ces mots : « J'ai cette espérance en Dieu Notre Seigneur que si un bateau ou une planche va cette année à Jérusalem, je dois y aller par ce moyen. » Et il en fut ainsi, car, sans autre connaissance humaine et sans savoir l'italien, il se rendit auprès du doge Gritti et lui demanda, en espagnol, que, pour l'amour de Notre Seigneur, il lui assure le passage ; celui-ci le lui accorda gracieusement.

19 Le moment de partir étant arrivé, il était malade et gardait encore dans le corps une purge qu'il avait prise ; le médecin lui dit qu'il mourrait s'il s'embarquait ; mais lui, conduit par un autre plus grand médecin, s'embarqua et fut en bonne santé pendant le voyage. Il fit celui-ci non sans donner le bon exemple et non sans profit pour beaucoup de ceux qui étaient sur le bateau, car tous les pèlerins avaient amour et respect pour lui.

20 Arrivé à Jérusalem, il fut abondamment visité par Notre Seigneur. Et il était si comblé que, outre les pèlerinages qu'il faisait avec les autres, il allait seul, et non sans danger, dans ces lieux saints. Et

il donna en un autre endroit des ciseaux à ceux qui gardaient les lieux saints. Il visitait ceux-ci avec beaucoup de larmes et d'émotion. Pensant rester là, il fit tout son possible pour que les moines lui permettent de rester. Au début, ils ne firent pas grande difficulté ; à la fin, ils lui dirent qu'il ne lui était pas possible de rester. Il leur demanda seulement un toit et proposa de demander l'aumône aux chrétiens, aux maures et aux juifs qui étaient là, de vivre de cela sans être un poids pour le monastère ; il y était résolu quant à lui, bien que les pères fussent d'un avis différent ; eux lui montrèrent le pouvoir qu'ils avaient d'excommunier quiconque resterait là malgré eux.

21 Ayant vu cela et croyant que la volonté de Notre Seigneur n'était pas qu'il restât là, sans avoir fait provision de reliques, comme font ordinairement les autres pèlerins, parce qu'il avait pensé rester là, il revint en Italie. D'Italie, il passa par la France, au milieu de diverses épreuves et divers dangers dûs à la guerre, aidé et consolé en tout cela par Notre Seigneur au milieu de divers opprobres et d'événements qui lui arrivèrent : comme d'être pris pour un espion et conduit de-ci de-là, objet de toutes sortes de moqueries. Il arriva à Barcelone où, je crois, il poursuivit l'étude de la grammaire ; persévérant dans les choses spirituelles, il répandait toujours une bonne odeur de ses vertus.

22 Et parce qu'il avait grand goût pour les choses spirituelles et qu'il s'y trouvait très incliné, il ressentait une grande répugnance pour l'étude parce qu'il s'agissait de la grammaire et de choses humaines et insipides en comparaison des choses célestes. Mais parce qu'il s'était engagé dans cette étude pour le service de Notre Seigneur, malgré ce qui vient d'être dit, malgré son âge assez avancé, malgré sa pauvreté et sa mauvaise santé, il se dominait en cela avec une grande constance. Et se voyant éprouvé, pour mieux vaincre la tentation et pour trouver la paix, il se rendit chez son maître de grammaire et, à genoux devant lui, il s'engagea à être son élève pendant tout le temps qui lui paraîtrait nécessaire pour savoir la grammaire ; et il lui demanda, s'il était en faute, de prendre soin de le corriger et de le punir, pas seulement en paroles, mais aussi de ses mains, comme il le ferait avec le plus petit enfant qu'il aurait.

23 Et grâce à cet engagement humblement et courageusement fait à Dieu Notre Seigneur en la personne de son professeur, il trouva le repos pendant tout le temps où il étudia la grammaire. Il en fut

ainsi jusqu'à ce que, étudiant les Arts à Paris, il eut davantage d'occasions d'éprouver les mêmes difficultés et tentations, étant davantage en proie à la maladie et vivant davantage dans la pauvreté. Il en arriva à bout en recourant aux mêmes moyens ; il fut parmi les bons étudiants et fut le plus diligent de tout son cours et, je crois, de beaucoup d'autres, si l'on tient compte de toutes les difficultés.

24 Ayant achevé l'étude de la grammaire à Barcelone, il se rendit à Alcalá pour suivre les autres études ; et il chercha à y poursuivre ses études. Mais à Alcalá il en fut considérablement empêché, étant fort occupé aux choses spirituelles et à parler de points particuliers concernant Notre Seigneur, ainsi qu'à des entretiens sur les commandements de Dieu et sur le catéchisme qu'il avait dans l'hôpital où il se trouvait. A tel point qu'il eut ainsi l'occasion de susciter la jalousie du démon qui, voyant que quelques âmes renonçaient au péché mortel et que d'autres progressaient dans la voie de Dieu, provoqua des persécutions contre lui ; et, sous prétexte qu'il avait conseillé à certaines femmes d'aller en pèlerinage à la Véronique de Jaén, il fut jeté dans la prison publique. Après y avoir été pendant dix-sept jours, y parlant des choses de Dieu et édifiant par l'exemple qu'il donnait en balayant la prison et par d'autres choses semblables, à la fin on le laissa libre sans qu'on ait rien trouvé contre lui, après que soient venus pour cette affaire les inquisiteurs de Tolède et que le vicaire ait fait une enquête et un procès.

25 Mais parce qu'il était occupé par les choses spirituelles, il décida d'aller à Salamanque. Là aussi, au début de ses études, on provoqua une autre persécution contre lui, par suite du grand zèle de certains religieux qui, se mêlant de ce qui ne les regardait pas, le retinrent un jour chez eux et lui posèrent diverses questions de théologie, auxquelles il leur répondit d'une manière satisfaisante. A la fin, l'un d'eux voulut l'enfermer dans un dilemme, en disant: « Ou bien il savait ces choses de manière naturelle, ou bien il les savait de manière surnaturelle ; or comme il n'avait pas étudié, il s'ensuivait que c'était la seconde chose », ce qui lui paraissait extrêmement dangereux. Et comme le père Maître Ignace ne voulut pas répondre à sa curiosité, ils lui dirent : « Nous ferons en sorte que vous répondiez. » Et alors ils l'arrêtèrent et le firent mettre dans la prison publique. Il y fut pendant je ne sais combien de jours et fut examiné sur les choses les plus subtiles de la foi, comme sur la Trinité, l'Incarnation, l'Eucharistie et sur d'autres choses.

Comme, par une grâce spéciale de Notre Seigneur, il répondit tout à fait à propos, on lui rendit sa liberté, tout en l'exhortant à étudier la théologie, et, avant de l'avoir fait, à se garder de définir la différence entre péché mortel et péché véniel. Bien que le père ait répliqué à cet avis ou sentence des juges et qu'il ait fait appel de ce qu'on l'empêchait de parler, puisque, en tout ce qu'il avait dit jusque-là, on n'avait rien trouvé qui fut faux, comme les juges eux-mêmes le reconnaissaient, cependant les juges voulurent maintenir leur sentence.

26 Dans toutes ces difficultés il trouvait de grandes consolations et visites du Seigneur ; si bien qu'à quelqu'un ou à quelques-uns venant dans le but de s'affliger avec lui, de le consoler selon la prudence humaine et de lui conseiller de se garder de tout excès, il disait (et c'est ce qu'il ressentait dans son cœur) que toutes les chaînes et prisons du monde ne suffiraient pas pour satisfaire le désir qu'il avait de souffrir par amour pour le Christ Notre Seigneur.

27 Ce jugement ayant été rendu à Salamanque, il en prit occasion pour aller étudier à Paris ; ne connaissant pas la langue et n'ayant pas ainsi le moyen de parler de choses spirituelles, il pourrait rencontrer moins d'obstacles et serait davantage aidé dans ses études grâce à cette circonstance. Et alors il partit à pied. Une fois arrivé, il demeura au début à l'hôpital Saint-Jacques, vivant de ce qu'il mendiait. Il allait chaque jour jusqu'au collège de Montaigu pour y entendre les leçons de grammaire. Mais voyant qu'aussi bien la distance que le fait de mendier lui étaient un grand obstacle, il rechercha pendant de nombreux jours un ou des « patrons » qu'il pourrait servir, décidé à les servir avec grand zèle comme tenant la place de Notre Seigneur. Mais bien qu'il cherchât et demandât à plusieurs personnes de chercher, et cela dans divers couvents, Notre Seigneur ne voulut pas qu'il en trouvât. Et alors, peu de temps après, lui arriva d'Espagne une aumône régulièrement assurée ; grâce à celle-ci et au fait qu'il allait chaque année en Flandres, où beaucoup furent édifiés par lui, il avait de quoi vivre et aidait même matériellement diverses personnes.

28 Et c'est de cette manière qu'il vécut pendant dix ans à Paris. Quant aux études, bien qu'il rencontrât plus d'obstacles que personne en son temps, et même plus tard, il fit preuve d'une application aussi grande ou même plus grande, *ceteris paribus*, que ses contemporains. Il progressa passablement dans les lettres, comme il l'a montré

par les réponses qu'il donnait publiquement et, pendant le temps de son cours, par les entretiens spirituels qu'il avait avec ses condisciples.

29 Pour ce qui est des choses spirituelles, il semble que Notre Seigneur ait toujours par lui touché des âmes diverses. C'est ainsi que dans le collège où il était, beaucoup furent poussés à se confesser et à communier, d'autres à abandonner totalement le monde et à s'engager sur la voie de la pauvreté et de la croix. Parmi ces derniers, certains sont revenus en arrière; cependant ils restent marqués par le Seigneur et vivent chrétiennement; d'autres sont entrés en religion et y persévèrent, donnant le bon exemple, certains chez les franciscains, d'autres chez les dominicains, d'autres chez les chartreux. Parmi les autres, au moment où le père Maître Ignace quitterait Paris après avoir achevé ses études, parce que le pays était mauvais pour son estomac, ils seraient douze ou quatorze compagnons de Paris qui s'étaient décidés, par la voie de la prière, à servir Notre Seigneur après avoir abandonné toutes les choses du monde. Deux d'entre eux se firent franciscains; et j'ai su que l'un d'eux persévère encore, qu'il est un grand serviteur de Dieu et fait beaucoup de fruit; l'autre est retourné chez lui renonçant à ses bons desseins, et par la suite les châtiments extérieurs de cette vie ne lui ont pas manqué.

30 Les neuf autres, nous sommes restés à Paris pour achever les études, en nous fixant, comme délai, le jour de la fête de la Conversion de saint Paul de 1537, bien que par la suite, en raison des choses qui survinrent à cause des guerres et de je ne sais quelles autres choses, nous soyions partis le 15 novembre 1536. Et à Paris nous nous sommes affermis en partie dans l'oraison, la confession et la communion fréquentes, en partie dans nos études qui portaient sur les sciences sacrées, et en partie par le vœu que nous avions fait de nous consacrer au service du Seigneur, dans la pauvreté, à partir du délai dont il a été parlé; ce vœu, nous l'avons chacun renouvelé et confirmé le jour de Notre-Dame d'août à Sainte-Marie de Montmartre, où nous l'avions fait une première fois après nous être confessés et avoir communié. Nous le confirmions ainsi dans la suite, restant là ensuite pour manger unis dans la charité. Nous continuions à le faire aussi pendant l'année, car nous allions, à jour fixe, avec nos provisions, manger chez l'un, puis chez l'autre. Je crois que cela, ainsi que le fait de nous rendre souvent visite et de nous encourager, nous a beaucoup aidés à persévérer. Pendant cette

période, le Seigneur nous a aussi particulièrement aidés dans les lettres où nous avons fait de bons progrès, orientant toujours ces études à la gloire du Seigneur et à l'utilité du prochain, cherchant à avoir un amour spécial des uns envers les autres et à nous aider aussi matériellement dans la mesure où nous le pouvions.

31 Avant notre départ, le père Maître Ignace nous avait laissé cette règle de vie et confiés au bon Maître Pierre Favre en tant que notre frère aîné à tous. Lui-même partit et se rendit à pied, comme il avait l'habitude de faire dans ses autres voyages, jusqu'en Espagne. Il passa par son pays où, une fois entré, il se rendit à l'hôpital et se mit à demander l'aumône pour l'amour de Dieu. Il resta là environ un mois et Notre Seigneur y fit par lui un fruit notable. Non seulement beaucoup renoncèrent au péché mortel et embrassèrent la voie de la pénitence ; non seulement il enseigna le catéchisme et prêcha à plusieurs centaines de personnes, tellement qu'elles ne pouvaient trouver place dans l'église et qu'il était nécessaire de prêcher en plein air ; non seulement il rétablit la paix entre plusieurs personnes : mais encore il fit instituer dans le pays une loi et des décrets contre les jeux ; et fit pourvoir aux besoins des pauvres, de sorte qu'ils n'aient pas à mendier, et il fit faire des prières publiques pour ceux qui sont en état de péché mortel. De là, il traversa l'Espagne jusqu'à Tolède, non pas en prêchant, mais en visitant spécialement diverses personnes et en les édifiant.

32 Après ce voyage à travers l'Espagne, il alla en Italie, d'abord à Bologne, puis de là à Venise, où nous l'avons retrouvé. En effet, partis de Paris au jour que j'ai dit, en raison de la guerre en Provence entre l'empereur et le roi de France, on nous avait conseillé d'aller par la Lorraine et l'Allemagne ; et c'est ainsi que nous sommes arrivés à Saint-Nicolas-de-Port.

33 Notre manière de voyager était la suivante. Nous étions à pied, avec des vêtements de peu de valeur, avec nos livres sur le dos. Chaque jour, les prêtres qui étaient au nombre de trois, Maître Pierre Favre, Maître Claude et Maître Paschase, disaient la messe, et nous autres, qui étions laïcs, nous nous confessions et nous communiions. En entrant à l'auberge, la première chose que nous faisions était de prier un peu, rendant grâce à Notre Seigneur pour les bienfaits reçus ; et en partant, nous priions aussi un peu. Pour la nourriture, nous mangions ce qui nous suffisait, et plutôt moins que plus. Pendant le chemin, ou bien nous marchions en priant et en pensant aux choses

de Dieu, selon qu'il nous en donnait la grâce, ou en parlant de choses bonnes. Et de cette manière, bien que nous fussions novices en fait de marche et bien que nous eûmes de la pluie presque chaque jour pendant tout le temps où nous avons traversé la France et que nous dûmes marcher sur la neige pendant toute la route en Allemagne, Notre Seigneur dans sa bonté nous a aidés et délivrés des dangers, tellement que même les soldats et les luthériens nous guidaient et nous faisaient bonne compagnie.

34 En particulier, au cours de ce voyage, je me rappelle qu'un homme, le premier jour, animé par je ne sais quel esprit et interrogé par d'autres gens, leur dit : « Ils vont à réformer quelque pays. » En Allemagne aussi bien des catholiques étaient consolés et édifiés grâce à nous. Il en était de même quand nous discutions aussi avec les hérétiques ; un prédicateur au moins reconnut qu'il se voyait confondu ou convaincu. Et partout où nous arrivions, aussi, parce qu'intervenaient toujours quelques paroles de Dieu et parce que nous ne donnions pas de mauvais exemples, il se faisait toujours quelque fruit.

35 Et nous sommes ainsi arrivés à Venise le 8 janvier 1537, où nous avons trouvé le père Maître Ignace et un autre serviteur de Dieu qu'il avait retiré des choses du monde et qui s'appelait le bachelier Hozes, ainsi que don Diego de Eguía et son frère Estevan de Eguía, qui étaient revenus de Jérusalem. Arrivés là, nous nous sommes séparés, les neuf qui étions arrivés et le bachelier Hozes ; cinq allèrent demeurer à l'hôpital des incurables et cinq à l'hôpital des Saints-Jean-et-Paul où, jusqu'au milieu du carême, ayant laissé nos études, nous nous sommes employés au service des pauvres. Maître Favre se consacrait particulièrement aux confessions ainsi que le bachelier Hozes. Maître François, avec une ferveur et une charité remarquables, vainqueur de lui-même jusqu'à lécher ou boire le pus de quelqu'un qui avait le mal français, se consacrait à servir ces pauvres et à les satisfaire. En tout cela chacun faisait ce qu'il pouvait et répandait une si bonne odeur que celle-ci dure jusqu'à aujourd'hui à Venise.

36 Et parce que notre intention à Paris n'était pas encore de créer une congrégation, mais de nous consacrer dans la pauvreté au service de Dieu Notre Seigneur et au bien du prochain en prêchant et en servant dans les hôpitaux, etc. nous fîmes le vœu, quelques années avant de partir pour réaliser notre intention, d'aller si nous le

pouvions aux pieds du pape, vicaire du Christ, et de lui demander la permission d'aller à Jérusalem ; et si la possibilité se présentait, de rester là-bas pour y progresser, si Notre Seigneur en était servi, et de faire progresser les autres, fidèles ou infidèles ; et s'il n'y avait pas de possibilité d'aller là-bas à Jérusalem dans l'année ou, en y allant, de rester là-bas, nous avions précisé dans le vœu que nous n'avions pas l'intention de nous obliger davantage à y aller, mais de retourner auprès du pape et de nous mettre sous son obéissance, en allant là où il nous enverrait.

37 Pour tenir notre promesse, nous sommes partis pour Rome au milieu du carême 1537, en mendiant notre nourriture pour l'amour de Dieu, divisés en trois groupes de trois, deux étudiants allant avec un prêtre. Bien que nous allions à pied et que nous jeûnions chaque jour, ne trouvant souvent que du pain et de l'eau ou peu davantage, Notre Seigneur nous donna la force et nous libéra de diverses difficulés. Entre autres, une fois, nous avons fait vingt-huit milles, un dimanche où il pleuvait, pieds nus et, parfois avec de l'eau jusqu'à la poitrine sans avoir rien mangé d'autre qu'un peu de pain le matin ; et nous marchions joyeux tout en chantant des psaumes ; et le bon Maître Jean, — puisse-t-il être dans la gloire ! —, qui avait alors plein de pus sur les jambes, guérit ce jour-là.

38 Pendant ce même voyage, nous recourions à la confession et à la communion. Et nous avons vu, quand il s'agissait des nécessités matérielles, la spéciale providence de Notre Seigneur pour émouvoir les cœurs et nous aider, etc., alors que l'on ne croyait pas que nous étions dans le besoin parce que nous n'étions pas en guenilles et que nous allions avec des sacs où se trouvaient nos livres ; à tel point qu'une fois, alors que nous devions traverser un fleuve, mais que nous n'avions pas d'argent et que le batelier ne voulait pas nous faire passer, un brave homme vint et dit : « Je vois que vous ne voulez pas changer vos écus ; je veux payer pour vous. » Une autre fois, l'un de nos compagnons prêtre, qui est maintenant au ciel, sans nous en avoir parlé demanda pendant la messe, contrairement à nos habitudes, des *quatrini* pour le passage d'une rivière qu'il nous fallait passer ; et on ne lui donna que deux *quatrini*. Une fois sortis de l'église et alors que nous allions vers le fleuve, sans que nous ayons rien demandé, on nous donna quatorze ou quinze *quatrini* ; de telle sorte qu'il y eut exactement ce qu'il fallait pour passer le fleuve, plus précisément deux *quatrini* de trop, ceux que le prêtre avait demandés à la messe ; nous les lui avons rendus en

disant : « Prenez vos *quatrini*; sachez, en effet, que Dieu n'a pas besoin des *quatrini* que vous avez demandés pendant votre messe. » Alors, heureux dans le Seigneur, après avoir passé le fleuve, nous trouvons un homme qui nous fait manger à sa table, nous donnant ainsi matière à rendre grâce.

39 Nous sommes arrivés à Rome. A Venise, on nous avait informés que deux personnages importants pourraient nous être contraires. L'un le fut en partie; quant à l'autre, qui était le docteur Ortiz, Notre Seigneur voulut qu'il nous accueillît avec une grande charité et servît d'intermédiaire pour que nous soyions introduits auprès du pape. Et Sa Sainteté, le premier jour où nous avons été introduits et avons discuté à sa table, manifesta une joie particulière et nous alloua une aumône de pas moins de soixante écus pour notre voyage à Jérusalem, avec sa permission et sa bénédiction. Et le cardinal des Quatre-Saints-Couronnés donna aux sept laïcs que nous étions, y compris le père Maître Ignace, la permission de nous faire ordonner sans patrimoine ni bénéfice, *ad titulum paupertatis voluntariae et sufficientis literaturae*, et cela sans nous demander un seul *quatrino* ni pour les frais d'office, ni pour quelque autre raison.

40 Les autres membres de la Curie, spécialement les Espagnols, nous donnèrent de même des aumônes. Si bien que, entre eux et le pape, ils nous donnèrent pas moins de deux cent dix écus pour notre voyage à Jérusalem.
De Rome nous sommes retournés à Venise où l'aumône nous avait été envoyée par une lettre de change. Alors que nous étions arrivés, Notre Seigneur voulut que cette année (ce qui n'était pas arrivé pendant de nombreuses années et n'arriva pas ensuite) les pèlerins de Jérusalem ne puissent pas passer, en raison de la rupture entre les Vénitiens et le Turc. C'est ainsi que, ne pouvant pas y aller, et sans que nous demandions de dispense, nous avons accompli notre vœu. Et alors nous avons servi les pauvres jusqu'à la fin de juillet environ.

41 Entre temps nous nous sommes préparés au sacerdoce, que nous avons reçu en la fête de saint Jean-Baptiste, avec beaucoup de consolation pour nous et aussi pour l'évêque d'Arbe qui nous ordonna sans nous prendre ni un quatrino ni un cierge; et il disait que, de toute sa vie, il n'avait fait une telle ordination avec autant de satisfaction de sa part. Une fois ordonnés, parce que nous avions beaucoup à faire avec les pauvres et que nous ne pouvions pas ainsi nous préparer à dire la première messe, nous nous sommes mis

d'accord pour quitter Venise et, sans quitter la Seigneurie (parce que nous attendions, au cas où l'année suivante un bateau passerait à Jérusalem), nous nous sommes répartis par deux en différents lieux : Maître Ignace, Maître Pierre Favre et Maître Lainez à Vicence ; Maître François et Salmeron à Monselice ; Maître Jean Codure et le bachelier Hozes à Trévise ; Maître Claude et Maître Simon à Bassano ; Maître Paschase et Maître Bobadilla à Vérone.

42 En ces lieux, en plus de nous préparer à célébrer la messe, et d'aller demander l'aumône, nous avons commencé à prêcher avec peu ou pas de préparation et cela sur les places publiques, plus par mortification personnelle que pour toute autre chose ; et pourtant il se faisait toujours quelque fruit. A Vicence, au début, il fallait aller deux fois par jour demander l'aumône pour avoir le pain qui nous était nécessaire, sans recevoir ni vin ni viande, mais quelquefois un peu de beurre ou d'huile. Nous étions sans lit, ni porte, ni fenêtre, sur un peu de paille, etc., et malades. Dans la suite, on s'était enfin mis à nous prendre en si grande affection qu'on nous donnait abondamment l'aumône pour les onze qui se réunirent là. Tous les prêtres ayant dit leur première messe, sauf le père Maître Ignace qui dit la sienne beaucoup plus tard, nous nous sommes réunis à Vicence et avons décidé de nous répartir (espérant encore un passage) entre différentes universités d'Italie, pour voir si Notre Seigneur daignerait appeler quelque étudiant à notre institut.

43 Et ainsi, vers le début de l'hiver, nous sommes partis, le père Maître Ignace, Maître Favre et Maître Lainez pour Rome ; Maître Paschase et Maître Salmeron pour Sienne ; Maître François et Maître Bobadilla pour Bologne ; Maître Claude et Maître Simon pour Ferrare ; le bachelier Hozes et Maître Jean pour Padoue. En tous ces endroits, avec la grâce de Dieu, il se fit quelque fruit. A Padoue, cependant, au début, l'évêque suffragant plein de zèle, les fit mettre en prison et dans les chaînes ; ils y passèrent une nuit avec une si grande joie de la part du bachelier qu'il ne faisait que rire pendant toute la nuit ; mais le lendemain, mieux informé, il les fit sortir ; et il les traitait comme ses fils, leur donnant toute la faveur spirituelle nécessaire ; si bien que beaucoup d'âmes changèrent et qu'il leur fallait prêcher et confesser depuis le matin jusqu'au soir.

44 A Ferrare, de même, ils prêchaient, confessaient et aidaient les pauvres à l'hôpital. Et le duc entendit quelques-unes de leurs prédications, se confessa à eux et communia de leur main. Il leur fit

de nombreuses offrandes ; et entre autres il leur offrit toutes les aumônes nécessaires pour aller à Jérusalem. Mais cela ne fut pas nécessaire puisque même l'aumône que l'on avait faite à Rome fut renvoyée à celui-là qui avait servi d'intermédiaire, pour qu'il la répartisse.

45 De même à Bologne, il se fit beaucoup de fruit, aux prix de grandes mortifications ; Maître François, étant particulièrement malade, prêchait sur les places et confessait presque toute la journée, si bien que la bonne odeur en dure aujourd'hui du fruit qu'il fit alors ; cela commença si bien que le fruit en augmente et augmentera davantage chaque jour.
A Sienne, leurs occupations étaient les mêmes : prêcher, confesser, être au service des pauvres et enseigner le catéchisme à de nombreux enfants avec grande édification, non seulement de ceux-ci, mais aussi de leurs parents.

46 A Rome, sur l'ordre de Sa Sainteté, deux des nôtres enseignaient à la Sapience, l'un l'Écriture et l'autre la théologie scolastique. On donna les Exercices Spirituels à différentes personnes, et beaucoup entrèrent dans la Compagnie, qui aujourd'hui se consacrent aux études ou prêchent et produisent beaucoup de fruit ; en effet, presque tous ceux qui sont dans les études, pour parler des plus anciens, sont venus de Rome ; et bien qu'ils aient commencé ailleurs, c'est là spécialement qu'ils trouvent de l'aide et font leurs preuves.

47 Une fois passés l'année 1537 et les premiers jours de 1538, après le carême, nous nous sommes tous réunis à Rome. Au début, nous étions dans une maison près de la Trinité ; entre les deux Pâques nous avons tous commencé à prêcher dans différentes églises : Maître Ignace prêchait en espagnol à Sainte-Marie-de-Montserrat, les autres en italien, Maître Favre à Saint-Laurent-in-Damaso, Maître Jaÿ avec beaucoup de satisfaction à Saint-Louis, Maître Salmeron à Sainte-Lucie, Maître Simon à Sant'Angelo in Pescheria, Maître Bobadilla dans une église qui se trouve à Bancos, Maître Lainez à San-Salvatore-in-Lauro.

48 Ces prédications étaient au moins une mortification personnelle ; par la suite quelques âmes s'en satisfaisaient les unes plus, les autres moins. Du moins on commença en exhortant à la confession et à la communion, en sorte que depuis lors elles sont plus fréquentes à Rome qu'auparavant. Et ce fut l'occasion de diverses œuvres pies

de caractère général, comme celle des orphelins, celle des catéchumènes, celle de Sainte-Marthe, celle ayant pour but de recueillir les pauvres. En un temps de pénurie, on donnait à manger à quatre cents personnes. On pourra savoir là-bas comment cela se faisait. Outre cela, on dispensait par le moyen du Père Maître Ignace de nombreuses aumônes, aussi bien à des monastères qu'à des particuliers, et cela très fidèlement, sans laisser un quatrino à la maison, bien que, je crois, ceux qui donnaient les aumônes eussent préféré qu'elles demeurent ici. Diverses personnes importantes se sont confessées et ont entendu des sermons, etc. On prêchait dans divers monastères et hôpitaux, auxquels se sont aussi consacrés des gens pour servir par amour de Dieu, etc.

49 Étant donc à Rome en l'année susdite, après avoir d'abord fait oraison, nous nous sommes ensuite réunis. En passant d'un article à un autre article sur les choses qui touchaient à notre vocation, chacun apportait les raisons pour et les raisons contre. Sans aucun désaccord de la part de personne, nous avons d'abord décidé qu'il serait bon de faire en sorte qu'il y ait une Compagnie qui dure et de ne pas tenir seulement compte de nos personnes. Ensuite nous avons statué sur des points particuliers concernant la pauvreté, l'obéissance, les probations, les collèges et les autres exercices de notre vocation.

50 Cela achevé, quelques-uns d'entre nous commencèrent à quitter Rome; en effet le cardinal de Sant'Angelo allant à Parme comme légat demanda deux d'entre nous au pape, et les compagnons envoyèrent Maître Favre et Maître Lainez. Par grâce de Notre Seigneur, il se fit un grand fruit dans cette ville et quasi partout ailleurs dans tout le pays ainsi que dans quelques-unes des bourgades des environs. Il en fut de même à Plaisance : on y prêchait, enseignait, confessait et donnait des exercices. Beaucoup furent poussés à sortir du péché, à ordonner leur vie, et à se donner à la Compagnie comme étudiants, lesquels y persévèrent encore aujourd'hui. Il y eut aussi un autre fruit : ils furent l'objet de persécutions, etc.

51 Entre temps le roi du Portugal demanda d'autres compagnons, et deux lui furent donnés pour l'Inde : Maître François et Maître Simon. Et Maître François ne sut seulement que la veille de son départ qu'il lui fallait partir. Ils furent d'abord au Portugal, et ensuite Maître François s'en alla en Inde. Le fruit qui se fit ainsi au Portugal comme dans les Indes se verra en partie dans les lettres.

Maître Paschase fut envoyé à Sienne par le pape pour réformer un monastère, ce que, avec la grâce de Notre Seigneur, il fit de telle sorte que jusqu'à maintenant ce monastère a répandu une bonne odeur ; et les gens s'arrangèrent si bien qu'ils le retinrent là longtemps avec une grande édification de nombreuses âmes de ce pays. Maître Bobadilla fut envoyé en Calabre, où il se fit aussi du fruit.

52 Entre-temps, ceux qui restèrent à Rome, occupés aux exercices déjà dits, déposèrent auprès de Sa Sainteté la demande de la confirmation de la Compagnie. Et bien qu'il y eût certaines personnes qui étaient favorables et que des lettres de recommandation soient venues des différents endroits où étaient ceux de la Compagnie, il y en eut beaucoup qui furent spécialement opposés. Aussi ceux qui étaient à Rome furent-ils engagés dans de grandes difficultés et de grands soucis pendant plus d'un an. Finalement il plut à Notre Seigneur, touché, je crois, par les nombreuses prières que le Père Ignace fit faire, entre autres les trois mille messes qu'il fit dire, de faire en sorte que les personnages importants qui y étaient opposés ouvrirent eux-mêmes la route à l'expédition de la Bulle ; et ainsi l'expédition se fit l'année, le jour et le mois que l'on sait. Et cela en limitant le nombre des compagnons, ce qui fut ensuite élargi, etc., et en accordant d'autres privilèges, etc.

53 Avant l'expédition, parce que nous avions contredit un certain père Augustin du Piémont, qui était alors secrètement et est aujourd'hui publiquement luthérien, — on dit qu'il est l'auteur du petit livre intitulé *Sommaire de l'Écriture* —, certains Espagnols qui l'admiraient provoquèrent une grande persécution contre nous, en sorte qu'il fut nécessaire d'aller en justice, ce à quoi s'opposaient amis et ennemis. A la fin le pape, seul, ordonna qu'un jugement soit rendu. Et il fut rendu en notre faveur, etc. Et parce que ceux qui répandaient des bruits accusaient spécialement le père Maître Ignace, contre qui le démon a le plus de jalousie, Dieu permit que, au moment où se rendait le jugement, se trouvèrent à Rome tous les juges qui, à Alcalá, à Paris et à Venise avaient dû, en raison de jalousies semblables, entendre et juger ce qui concernait Maître Ignace et l'avaient libéré de toute accusation. Et le père Maître Ignace exposa au pape toutes ses difficultés et querelles, pour qu'il fasse examiner la chose et rendre la sentence.

54 Tout ceci se passa avant la confirmation de la Compagnie. Après cette confirmation, plusieurs quittèrent Rome ; Maître Jaÿ se rendit

d'abord à Faenza, où il fit un bon fruit ; il se rendit ensuite avec Maître Favre et Bobadilla en Allemagne où il fit aussi du fruit dans les Diètes, en prêchant devant le roi des Romains et devant l'empereur, en confessant à la cour, en enseignant dans les universités telles que celles de Cologne, de Mayence, d'Ingolstadt, de Passau et de Ratisbonne ; et à Cologne il laissa un premier groupe de scolastiques. Maître Paschase et Maître Salmeron furent envoyés en Écosse où ils rencontrèrent nombre de difficultés et de périls tels que la maladie, les dangers sur mer et celui d'être arrêtés par le roi d'Angleterre ; cependant, pendant le temps où ils furent là, ils firent du fruit, aussi bien en amenant diverses personnes à se confesser qu'en accordant des dispenses (ils étaient en effet nonces apostoliques) ; et en accordant ces dispenses, ils ne demandaient rien aux pauvres et, à ceux qui avaient de l'argent, ils demandaient de donner des aumônes et de les déposer en faveur de ces mêmes pauvres, en sorte qu'eux-mêmes ne prenaient pas un quatrino de qui que ce soit ; et leur départ en chagrina beaucoup.

55 Maître Lainez fut envoyé à Venise, parce que la Seigneurie demanda deux compagnons au pape. Et il se rendit à Venise, à Padoue, à Brescia, à Bassano, etc. Araoz et Maître Favre se rendirent en Espagne, où ils firent du fruit en différents lieux, etc.
Après cela furent envoyés au Concile à Trente Maître Jaÿ, comme « procureur » du cardinal d'Augsbourg, Maître Lainez et Maître Salmeron au nom de la Compagnie avec la permission du pape. Et voici ce qui est arrivé jusqu'à présent, sans trop y réfléchir ; pour tout cela, je m'en remets à la vérité et à ceux qui sont présents là-bas (à Rome), comme aux lettres des absents, ainsi qu'à votre bon jugement qui pourra garder, mettre en ordre, etc.

56 Au sujet du père Maître Ignace, j'ai noté plusieurs choses que j'avais oubliées : sa grande connaissance des choses de Dieu, sa grande affection pour celles-ci et surtout pour les plus abstraites et les plus élevées, sa grande sagesse et sa prudence *in agendis* et son don *discretionis spiritus*, son grand courage et sa magnanimité dans les épreuves, sa grande simplicité faisant qu'il ne jugeait personne et interprétait tout en bien, la grande manière dont il usait pour traiter des affaires et se consacrer aussi bien lui-même que les autres au service de Dieu.

57 Diverses personnes étaient à la mort et abandonnées par les médecins : je crois que Notre Seigneur les a délivrées grâce à ses prières ;

et lui-même avait prédit qu'elles le seraient, comme ce fut le cas pour Stephano, qui est actuellement à Bassano, et pour Maître Simon. Ignace était malade à Vicence ; sachant que Maître Simon était à la mort, il partit à pied et avec une si grande rapidité que, selon ce que me disait Maître Favre qui l'accompagnait, — il m'avait laissé malade à l'hôpital —, il ne pouvait marcher avec lui ; au cours de la route, il recommanda le malade à Dieu notre Seigneur et fut tout à fait assuré qu'il ne devait pas mourir de cette maladie ; et c'est ce qu'il lui dit.

58 J'ai oublié que, Maître Jean étant à Padoue, le bon bachelier vint à mourir ; et Maître Jean disait que, alors que son visage était noir et laid avant sa mort, après celle-ci le cœur de Maître Jean changea tellement qu'il fut tout rempli d'allégresse ; et, pleurant de joie, il ne se lassait pas de le baiser, et son visage lui semblait aussi beau que celui d'un ange. Maître Ignace se trouvait, lui, dans le royaume de Naples ; avant qu'il n'apprenne sa mort, il redoutait celle-ci. Après l'avoir apprise, alors qu'il le recommandait à Dieu, il le vit par deux fois dans le ciel au milieu des autres saints ; et le père Maître Ignace en fut si consolé, ceci durant je ne sais combien de temps, qu'il ne faisait que pleurer de joie et de consolation. Et cela nous a été raconté par Maître Ignace lui-même, à don Diégo, je crois, ainsi qu'à moi, et je ne sais si ce fut aussi à Maître Favre.

59 Il m'a conté diverses autres choses sur les visites qu'il a eues concernant les mystères de la foi, par exemple sur l'Eucharistie, sur la personne du Père tout spécialement et pendant un certain temps ensuite, je crois, sur la personne du Verbe, et enfin sur la personne de l'Esprit Saint. Et je me rappelle qu'il me disait que, maintenant, dans les choses de Dieu Notre Seigneur il était plus passif qu'actif ; c'est ce que les contemplatifs, comme Sagerus et d'autres, placent au plus haut degré de la perfection. Il est si prompt aux larmes quand il s'agit des choses éternelles et abstraites que, me disait-il, il pleurait facilement six ou sept fois par jour. Il prend si grand soin de sa conscience que chaque jour il compare une semaine à une autre semaine, un mois à un autre mois, un jour à un autre jour, en s'efforçant chaque jour de progresser. C'est ainsi qu'il me disait un jour, si je me souviens bien, que ce qu'il avait eu à Manrèse (ce que, au temps où le prenaient les études, il avait l'habitude d'admirer et d'appeler sa primitive église) était peu de chose en comparaison de ce qu'il vivait maintenant.

60 Il est quelque peu sévère avec celui qui ne veut pas se renoncer et s'offrir à Notre Seigneur, comme aussi avec celui qui retourne en arrière. Il est plein de bonté avec les autres. Il est ferme en ce qu'il décide une bonne fois, que ce soit à la lumière de Dieu ou à celle de la raison ; et il ne se laisse pas facilement ébranler ; mais pour les choses au sujet desquelles il n'a pas de lumières, il abandonne facilement son opinion pour celle des autres. Il est vraiment *contemptor mundi*. Et, comme il me l'a dit, s'il pouvait agir selon ses désirs, il le montrerait sans se préoccuper d'être regardé comme fou et irait, comme il disait, les pieds nus et sa jambe malade visible, avec des cornes au cou ; mais, pour pouvoir gagner les âmes, il ne fait rien de cela. Quant à la chasteté, il l'a à un degré élevé, parce qu'il est très maître de ses instincts, en même temps qu'il a une grande pureté d'esprit, comme ne ressentant rien en la partie inférieure. Il a plusieurs maladies, et y a peu de consolation spirituelle, mais il a beaucoup de patience, etc.

61 Pour ce qui est de Maître Pierre Favre, je veux seulement transcrire un fragment d'une lettre qu'il m'écrivit de Spire le 30 août 1542, alors que j'étais à Venise, car on y voit le fruit qui se fit dans son âme depuis le moment où il me laissa à Plaisance au mois d'août 1541 jusqu'à la date de cette lettre. Il me dit donc, mot pour mot : « Plaise à la Mère de Dieu Notre Seigneur que je puisse vous faire savoir tout le bien qui a pénétré dans mon âme et y est resté depuis que je vous ai laissé à Plaisance jusqu'au jour d'aujourd'hui ; tout ce que j'ai appris et senti concernant les choses de Dieu Notre Seigneur, sa Mère, ses saints anges et les saintes âmes du ciel et du purgatoire ; les choses qui sont pour moi capitales, les hautes et les basses, tout ce qui entre en moi et ce qui en sort, comment purifier le corps, l'âme et l'esprit, comment purifier le cœur et le désembarrasser pour qu'il reçoive le flot des grâces divines, les retienne et les garde, en demandant pour toutes ces choses diverses grâces, les recherchant et les implorant sans relâche. De même pour ce qui touche au prochain, Notre Seigneur m'a donné les moyens et les voies, m'a montré les vérités et les vies me permettant de le connaître, de ressentir quels étaient ses biens et ses maux dans le Christ, de l'aimer et de le supporter, de le souffrir et de compatir avec lui, de rendre grâce et de demander les grâces pour lui, de chercher à lui pardonner et à l'excuser, parlant en sa faveur en présence de la Divine Majesté et des saints. En bref, mon frère Maître Lainez, je dis que je ne saurai jamais reconnaître, je ne dis pas par mes œuvres, mais pas même en pensée et en une simple intuition, les

faveurs que Notre Seigneur m'a faites et me fait et qu'il est tout prêt à me faire, liant ensemble toutes mes contritions, guérissant toutes mes infirmités, et se montrant si bon pour toutes mes iniquités. A Lui la gloire, amen. Qu'il soit béni par toutes choses et par toutes les créatures, amen. Que l'honneur lui soit toujours rendu à lui, à sa Mère, à ses anges, à ses saints et à ses saintes, amen. Qu'il soit magnifié et exalté par-dessus tout, par le moyen de toutes ses créatures, amen. Pour moi je dis : amen ; et je vous demande de le louer, ce frère qui est le vôtre, comme je le fais moi pour toute la Compagnie. »

62 Pour les autres sujets dont vous me demandez que je vous écrive lors de votre dernière lettre du 11 juin, étant donné qu'il me faut partir demain et qu'il est maintenant presque midi, et que je n'ai encore pris congé de presque personne du Concile, je ne pourrai en traiter maintenant. Si je le pouvais plus tard, je le ferais, bien que je n'aie pas réfléchi à de telles choses. Et même pour ce que j'ai écrit ici, j'ai peur que cela soit en dehors du sujet. Acceptez ma bonne volonté et suppléez à mes manques. Quant à ce que vous dites des lettres de Maître Salmeron, et de l'époque où il écrit, il a été à Rome occupé à prêcher et à enseigner et n'a été que quelques mois à Modène y faisant du fruit, pour la consolation des catholiques et la haine du démon, lequel provoqua des séditions par le moyen des hérétiques, etc.

De Bologne, le 16 juin 1547,
Votre serviteur dans le Christ,
Lainez

INDEX DES NOMS DE PERSONNES ET DE LIEUX

ADRIEN VI, R 18*, 40
ALBRET Henri d', R 1*
ALBERT LE GRAND (saint) R 57
ALCALÁ R 5*, 29*, 50*, 56-61, 64, 66, 68*, 73, 77*, 80*, 93*, 98* - L 24, 53
ALLEMAGNE, R 86* - L 32, 54
ALMAZÁN, R 90
« ALUMBRADOS », R 58*, 61*, 65*
AMADIS DE GAULE, R 5*, 6*, 17
AMADOR, voir ELDUAYEN
AMIGANT, Angèle d', R 34*
ANDRÉ (saint), R 24*
ANGLETERRE, R 76 - L 54
ANTEZANA (hôpital) R 56*
AQUEMENDI, Jean d', R 89*
ARAGON Catherine d', R 6*
ARANZAZU, R 13, 15*
ARAOZ Antoine de, R 16*, 18*
ARDEVOL Jérôme, R 54
AREVALO, R 1*, 2*, 5*, 7*, 53*
ARGENTEUIL, R 79
ARISTOTE, R 82*
ARTEAGA Jean de, R 56*, 58, 67, 79, 80, 84*
AUGSBOURG, L 55
AUTRICHE Eléonore d', R 6*
AVIGNON, N 6*
AZPEITIA, R 6*, 87*, 88*, 89*
AZPILCUETA Jean de, R 90*
BANCOS, L 47
BARBEROUSSE (KAHYR-AL-DIN), R 90, 94*
BARCELONE, C 1, R 18, 35-38, 46, 49*, 50, 53, 55-58, 71, 72, 82* - L 10, 15, 16, 21, 24
BAROELLO Etienne (Stefano), L 57
BARREDA, R 98
BASSANO, R 94*, 95 - L 41, 55, 57
BAYONNE, R 53, 87
BEDA Noël, R 73*
BEHOBIE, R 87*
BELGRADE, R 43*
BERNARD (saint), R 54
BERQUIN Louis, R 77*
BETHLÉEM, R 45
BETHPHAGÉ, R 46
BILBAO, R 59*
BISCAYE, R 53
BOBADILLA François de, R 67*
BOBADILLA Nicolas, R 82*, 88*, 93*, 94*, 95* - L 41, 43, 47, 51, 54
BOLOGNE, R 91, 95* - L 32, 43, 45, 62
BOURGOGNE, R 72*
BRESCIA, L 55
BROET Paschase, R 93*, 94*, 95* - L 33, 41, 43, 51, 54
BRUGES, R 76*
BURGOS, R 69*, 77*, 78

Dans les deux index, les lettres précédant les numéros renvoient :

N à la préface du Père Nadal;

C à la préface du Père Gonçalves de Camarâ;

R au Récit;

L à la Lettre du Père Lainez.

Les numéros de l'index onomastique suivis d'un * renvoient aux notes.

BUSTAMANTE Barthélémy de, R 59
CACERES Lope de, R 56*, 58, 67, 79, 80, 84*
CALABRE, L 51
CALIXTO, voir SA
CALVIN Jean, R 73*, 77*
CÂMARA Louis Gonçalves da, N 1*, 4 - R 1*, 18*, 26*, 30*, 37*, 42*, 53*, 56*, 57*, 79*, 87*, 96*, 98*, 99*
CAMBRAI, 51*, 72*
CANO Melchior, R 64*, 66*
CANYELLES Michèle et Anne, R 34*
CARAFA Jean-Pierre, voir PAUL IV
CARAFA Vincent, R 98*
CARDENAS Thérèse de, R 60
CARDONA (duc de), R 35
CARDONER, R 19*, 29*, 30*, 54*
CASTILLE, R 1*, 56*, 58*
CASTRO Jean, R 75, 77, 78, 81, 82*, 90
CATALOGNE, L 5
CAZADOR Jacques, 92*
CELANO Thomas de, R 6*, 83*
CELAYA Jean de, R 82*
CETTE (CEUTA ? CHIETI ?), R 92
CHANON Jean, R 17*
CHARLES QUINT, R 19, 6*, 43*, 51*, 53*, 63*, 80*, 86*, 90*, 98* - L 32
CHARTREUSE, R 12, 45*, 75, 77*
CHIOGGIA, R 41
CHYPRE, R 43, 44, 49, 50, 53*
CIRUELO Pierre, R 61
CISNEROS François JIMENES de, R 7*, 56*
CISNEROS Garcia JIMENES de, R 17*, 26*
CLAVERA Jeronima, R 34*
CODURE Jean, R 92*, 93*, 94*, 95 - L 37, 41, 43, 58
COGORDAN Ponce, N 3*
COLOGNE, L 54
COLLÈGE ROMAIN, C 4*
COMPAGNIE DE JÉSUS, N 1, 5* - C 4 - R 27*, 80, 95*, 98* - L 1, 46, 49, 50, 54, 55, 61
CONTARINI Gaspard, R 92*, 98*
CONTARINI Pierre, R 92, 94*
CONVERSINI Benoît, R 98*
COP Nicolas, R 77*
CORIA, R 69*
COUDRAY Annibal du, N 4
DIAZ Anne, R 58*
DOCTIS Gaspard de, R 92, 93*, 98*
DOLFIN Nicolas, R 43*
DOMINIQUE (saint), R 7, 10*, 21*
DORIA André, R 53
ÉCOSSE, L 54
EGUÍA Diego, R 57 - L 35, 58
EGUÍA Miguel, R 57, 58*
EGUÍA Etienne, L 35
EGUIBAR Jean de, R 87*
ELDUAYEN Amador de, R 77, 78, 82*
ÉRASME Désiré, R 21*, 56*, 57*, 64*, 65, 73*, 76*
ESPAGNE, N3 - C 4 - R 21, 78-80, 93, 98 - L 27, 31, 32
ESTRADA François, R 98
ÉTHIOPIE, C 4*
FAENZA, L 54
FAMAGOUSTE, R 43*
FARIA Balthazar de, R 34
FAVRE Pierre, R 77*, 78*, 79*, 82, 85*, 86*, 93*, 94, 95, 96, 98*, - L 31, 33, 35, 41, 43, 47, 50, 54, 57, 58, 61
FERDINAND Ier, R 6*, 15*, 53*, 89*
FERRARE, R 49*, 50, 51, 53, 95* - L 43, 44
FERRERA, R 34
FIGUEROA Rodriguez, R 58, 59, 61, 98*
FLANDRES, R 76 - L 27
FLOR Marie de la, R 57*, 58*
FLOS SANCTORUM, voir *LÉGENDE DORÉE*
FOIX André de, R 1*
FOIX Germaine de, R 6*

FONSECA Alphonse de, R 63, 80*
FRAGO Jérome, R 82, 83
FRANCE, R 72, 87, 90* - L 21
FRANÇOIS BORGIA (saint), C 1*, R 55*
FRANÇOIS d'ASSISE (saint), R 6*, 7, 9*, 13*, 19*, 21*, 83*
FRANÇOIS XAVIER (saint), R 79*, 82, 93*, 94*, 95*, 97, 98* - L 35, 41, 43, 45, 51
FRANÇOIS Ier, R 1*, 51*, 53*, 72*, 86*, 98* - L 32
FRASCATI, R 98
FRIÁS François, R 68, 70
FRIÁS Sancho, R 67, 69
FÜSSLI Pierre, R 43*

GAETE, R 38
GARZONI Quirino, R 98*
GÊNES, C 3, 5 - R 49*, 50, 51, 53, 90, 91, 94*
GOUVEA Diego de, R 78
GRITTI André, R 43 - L 18
GUEVARA Marie de, R 7*
GUIPUZCOA, R 1*, 53, 87*

HAGEN Philippe, R 43*, 46*
HERNANDEZ Catherine, R 80*
HERRERA Miguel de, R 1*
HOCES Jacques de, R 92, 94*, 95*, 96*, 98 - L 35, 41, 43, 58

IMITATION DE JÉSUS CHRIST, R 26*, 35*
INDES orientales, R 78* - occidentales, 80 - L 51
INGOLSTADT, L 54
ISABELLE LA CATHOLIQUE, R 15*, 17*, 89*
ISABELLE, Infante de Portugal, R 80*
ITALIE, R 36, 38*, 49*, 72*, 78 - L 21, 32, 42

JACQUES (saint), R 49
JAEN, R 61 - L 24
JAFFA, R 44*
JAŸ Claude, R 93*, 94*, 95* - L 33, 41, 43, 47, 54, 55
JEAN (saint), R 3, 31*
JEAN III, R 6*, 58*, 93* - L 51
JEAN (« le Prêtre »), C 4*
JEANNE LA FOLLE, R 6*
JÉRUSALEM, C1 — R 8, 9, 12, 36, 38*, 40, 44-48, 50, 53*, 55, 78, 85, 99 - L 16, 20, 36, 40, 41, 44
JUANICO, voir Jean RAYNALD
JULES III, C 5

LAINEZ Jacques, N 3*, 4 - R 13*, 18*, 26*, 30*, 78*, 82*, 85*, 86*, 90, 93*, 94, 95*, 96, 98* - L 41, 43, 47, 50, 55, 61, 62
LANDIVAR Michel, R 98
LAURENT Martin, R 86*
LA STORTA, 52*, 96*
LÉGENDE DORÉE, R 5*, 7*, 8*, 10*, 24*
LES SALINES, R 44
LIEVIN Valentin, R 86*
LIPPOMANI André, R 92*
LISBONNE, N 4* - C 2*
LONDRES, R 76*
LOPEZ Marie, R 7*
LORRAINE, R 86* - L 32
LOYOLA (Maison de), R 8*, 99
LOYOLA Bertrand de, 82*
LOYOLA Martin Garcia, R 1*, 12, 82*, 87, 88
LOYOLA Pero de, R 13*
LOMBARD Pierre de, R 57*
LUDOLPHE LE CHARTREUX, R 5*, 8*
LUTHER Martin, R 77*

MADRID, R 51*, 56*, 61*, 72*
MAGDALENA (hôpital), R 87*
MAINARDI Augustin, R 98* - L 53
MALAGA, R 92*
MANES Diego, R 42*, 44
MANRÈSE, C2 - R 18, 19-31, 32, 37, 43, 50*, 55, 56*, 79*, 95 - L 10-14, 16, 59
MANRIQUE Antoine de, duc de Najera, R 1*, 7*, 12, 13, 35* - L 4
MARCEL II, C 4
MARIE (dame parisienne), 92*

MAROC, R 43*
MASCARENHAS Eléonore de, R 80
MAYENCE, L 54
MÉDITERRANÉE, R 90*, 94*
MENDOZA François de, R 69
MEXICO, R 80*
MILAN, R 51*, 86*
MIONA Manuel, R 60*
MIREPOIX, R 17*
MODENE, L 62
MONSELICE, R 94* - L 41
MONTALVO Garcia, R 5*
MONTAIGU, R 73, 74
MONT-CASSIN, R 81*, 92*, 98
MONTESINO Ambroise, R 5*
MONTMARTRE, R 79*, 85*, 93* - L 30
MONTSERRAT, R 13, 15*, 16-18, 19*, 22 - L 5
MUDARRA François, R 98

NADAL Jérôme, N 1* - C 1, 3, 4 - R 5*, 15*, 30*, 79*, 96*, 98
NAJERA, voir MANRIQUE
NAPLES (royaume de), L 58
NAVARRE, R 1*, 51*
NAVARRETTE, R 12, 13
NEGUSANTI Vincent, R 93*
NICE, R 98*

OBANOS, R 90*
OCCAM Guillaume de, R 82*
OLIVIERS (Mont des), R 47-48
OÑATE, R 13
ORY Matthieu, R 81, 86*, 98*
ORTIZ Pierre, R 81*, 92*, 93, 96*, 98 - L 39

PADOUE, R 29, 41, 92*, 95*, 96 - L 17, 43, 55, 58
PAGUERA Briande, R 34*
PAMPELUNE, R 1*, 2, 12*, 51*, 77*, 90 - L 2
PARADINAS Alonzo Gomez (PARAVINHAS), R 68
PARIS, R 60*, 71*, 73-86*, 93, 95, 98 - L 23, 27-30, 32, 36, 53
PARME, L 50
PASCUAL Inez, R 18*, 38*, 46*, 56*, 73*, 84*
PASSAU, L 54
PAUL (saint), R 3, 86
PAUL III, N 2* - R 89*, 93*, 98 - L 39, 40, 53, 55
PAUL IV (Jean-Pierre CARAFA), C 4 - R 92*, 93
PAVIE, R 51*, 72*
PEÑA Jean, R 82
PERALTA Pierre de, R 77, 78, 81, 82*, 90*
PHILIPPE II, R 63*, 73, 80*
PICARDIE, R 86*
PIÉMONT, L 53
PIERRE (saint), R 3, 21*, 75
PINCIO (Rome), R 98*
PLAISANCE, L 50, 61
POLANCO Jean de, N 3 - C 1 - R 1*, 2*, 19*, 30*, 56*, 57*, 59*, 61*, 64*, 81*, 86*, 87*, 91*, 98*
PONTE-SIXTO (Rome), R 98
PORTUGAL, N 4 - R 80 - L 61
PORTUNDO Rodrigo, R 53
POUILLES, R 49*
PROVENCE, R 53*, 86*

RABELAIS François, R 73*, 77*
RAMIREZ Béatrice, R 58*
RATISBONNE, L 54
RAMIREZ Béatrice, R 58*
RAYNALD Jean dit JUANICO, R 58, 67, 79*, 84*
REJADELL Thérèse, R 20*
RHODES, R 43
RIBADENEIRA Pierre de, R 4*, 11*, 46*, 53*, 57*, 78*, 80*, 81*, 98*
RODRIGUEZ Simon, R 82*, 85*, 94*, 95* - L 41, 43, 47, 51, 57
« ROI CATHOLIQUE », R 17*, 21
ROME, N 4* - C 5 - R 29*, 33*, 36, 37*, 38-40, 54*, 60*, 85*, 89*, 93*, 94-98 - L 17, 37, 39-40, 43, 46-50, 52, 55, 62
ROSER Isabelle, R 54, 92*, 98*
ROUEN, R 73*, 79, 81
ROTTERDAM, R 56*

ROZAS, R 92

SA CALIXTO de, R 50*, 56*, 58, 62, 64, 66, 79, 80, 84*
SAGERUS Gaspard, L 59
SAINT-ÉTIENNE (couvent), R 64, 66*
SAINT-JACQUES (hôpital) R 74, 77 - L 27
SAINT-MARC (place), R 42
SAINT-NICOLAS-DE-PORT (Lorraine), L 32
SAINT-PAUL (Manrèse), R 30, 54*
SAINTE-BARBE (collège), R 77, 78, 82*, 84
SAINTE-MARIE-MAJEURE (basilique), R 98
SAINTE-MARTHE (œuvre), R 98 - L 48
SALAMANQUE, R 63, 64-72, 80, 86*, 93*, 98* - L 25, 27
SALLANCHES, N 4*
SALMERON Alphonse, R 82*, 90*, 93*, 94*, 95* - L 41, 43, 47, 54, 55, 62
SAN ISIDRO Hernán Rodriguez (SANCTISIDORO), R 68
SAN PEDRO Diego de, R 64*
SAN-PIETRO-IN-VIVAROLO (Vicence), R 94*
SANTIAGO, R 63*
SAPIENCE (Université), L 46
SCOT Jean DUNS, R 82*
SÉBASTIEN (roi du Portugal), N 4
SEGORBE, R 77*
SÉGOVIE, R 61*, 62, 80
SÉVILLE, R 12
SFORZA François, R 51*
SICILE, N 3
SIENNE, R 95*, 96* - L 43, 45, 51
SIGUENZA, R 90
SILICEO Jean, R 64*
SORBONNE, R 82*
SOTO Dominique, R 57, 66*
SPIRE, L 61
STANDONCK Jean, R 73*
STRASBOURG, R 43*
SULEYMAN Ier, R 43*
SYRIE, R 48*

THIENNE Gaëtan de, R 92*
THOMAS D'AQUIN (saint), R 82*
TOLÈDE, R 56, 57*, 58*, 63, 64*, 77*, 90 - L 24, 31
TRENTE, R 64* - L 55
TRÉVISE, R 92*, 94* - L 41
TUNIS, R 90*

VADO Marie del, R 61*
VAGAD Gaubert, R 5*
VALENCE, R 33, 78, 90
VALLADOLID, R 63, 64*, 67*, 80*
VELASCO Marie de, R 7*
VELASQUEZ Louise, R 61*
VELASQUEZ DE CUELLAR Jean, R 1*, 7*, 53*
VENETIE, R 94
VENISE, R 40-43, 49-50, 85, 86*, 91-95, 98 - L 18, 32, 35, 39, 40, 41, 53, 55, 61
VERALLO Girolamo, R 93
VÉRONE, R 94* - L 41
VICENCE, R 94-95
VITA CHRISTI, R 5, 8*
VITTORIA François de, R 64*
VIVES Louis, R 76*
VORAGINE Jacques de, R 5*, 7*, 24*

ZURICH, R 43*

INDEX ANALYTIQUE

ABSTINENCE, R 9, 25, 27, 74. Jeûne, R 19, 24, 53, 79 - L 37
ABUS SOCIAUX, R 88-89
ACCEPTER, R 13, 54 - L 37 - Ne pas - R 60, 70, 90, 98
AFFECTION, R 35, 70 - L 42, 56; s'attacher à, R 6, 43; être touché, R 65; attrait, R 92
AIDE, reçue de Dieu : R 24, 30, 71, 88; L 5, 8, 10, 21, 38 - des autres ou des circonstances : R 22, 35, 37, 57, 100; L 1, 27, 33, 46 - apportée à des personnes : R 79, 80, 98 - L 44. Voir : aider les âmes
AIDER LES ÂMES, R 11, 26, 29, 45, 46, 50, 54, 63, 70, 71, 79, 82, 85, 88, 98, 99; L 11, 13, 15, 16, 30, 36
ALLÉGRESSE, R8, 20, 29, 33, 45, 52, 61, 79, L 39, 53, 58
ALLER : 126 emplois dans R; 11 dans L
ÂME, C1; d'Ignace, R 10, 11, 14 15, 20, 21, 29, 32, 40, 42, 96, 99, 100; d'autres personnes, L 29, 48, 60, 61 (voir aussi Aider les âmes)
AMOUR de Dieu, R 14, 17, 32, 60, 69, 70, L 9, 17, 18 - pour Dieu, L 19, 26, 37, 48 - mutuel, L 30
APPARITION, R 21, 31, 37, 41, 44
APPELER, C 2, R 2, 5, 21, 30, 44, 46, 53, 56, 58, 59, 60, 65, 68, 70, 81, 82, 86, 99
APPLIQUER (s'), R 5, 7, 74, 81, 82, L 28
APÔTRE, APOSTOLIQUE, R 52, 64, 75
ARGENT et MONNAIES *(blancas, ducados, escudos, julios, marquete, quatrini)*, R 13, 35, 36, 39, 40, 49, 50, 57, 63, 73, 79, 80, 84, 89, 91, 93, L 6, 16, 17, 18, 38, 39, 41, 48, 54 - acheter, R 16, 64 - dépenser, R 11, 40, 73, 79, 80, 84 - lettre de crédit, R 73, 93, L 40 - bourse pour les études, R 80
ARMES ET ARMÉE, R 1, 6, L 2, 7 - hommes armés, R 77, 87 - armée, R 51 - guerre, R 72, L 21, 30, 32 - fortification, R 1, 51, L 2 - artillerie, R 1, L 2 - poignard, R 15, 16, 17 - épée, R 17 - bâton, R 48 - alcade R 1 - capitaine, R 51-53, 78 - soldat, R 38, 51, 53 - du Christ, R 21
ASSENTIMENT DE LA VOLONTÉ, R 27, 31
AUMÔNE - demander l'-, R 19, 39, 56, 74, 76, 77, 87, 93, 94, L 20, 31, 42 - recevoir des -, R 50, 57, 95, L 16, 17, 27, 39, 40, 44 - distribuer des -, R 50, 57, L 6, 58, 54
AUSTÉRITÉS, R 8, L 4
AUTORITÉ, R 46, 47
AVEUGLE, R 14

BEAUTÉ, R 19, 31, L 58
BOIRE, R 19, 24, 79, L 35

CATÉCHISME (DOCTRINE CHRÉTIENNE), R 57, 58, 60, 70, 88, L 24, 31, 45
CERTITUDE, R 13, 16, 25, 40, 42, 57, 61, 95
CHAMBRE, R 12, 24, 38, 56, 59, 66
CHANGEMENT - dans l'âme d'Ignace, R 10, 93 - dans sa manière de vivre, R 27, L 9 - chez d'autres, R 77, L 13, 43

CHARITÉ, R 14, 35, 66, L 10, 30, 35, 39
CHASTETÉ, R 93, L 5, 8, 60
CHEVALIER, CHEVALERIE, R 1, 5, 15, L 7
CHERCHER, R 13, 16, 26, 42, 48, 74, 81, L 27 - des remèdes, R 39, L 11 - des personnes spirituelles, R 22, 37 - des grâces, L 61
« CHOSES DE DIEU », R 8, 10, 11, 15, 26, 65, 70, 82, 88, L 3, 8, 10, 13, 16, 24, 33, 56, 59, 61
« CHOSES SPIRITUELLES », R 20, 21, 26, 30, 34, 37, 54, 57, 61, 82, 97, L 7, 21, 24, 25, 27, 29
CLARTÉ - du jour, R 19 - de l'expression, C 2, 3, R 30, 64 - d'une perception intellectuelle ou surnaturelle, C 1, R 1, 10, 23, 25, 29, 31, 32, 96, 98 - du jugement, R 17
CŒUR, R 6, 35, L 16, 26, 38, 58, 61
COMMENCER - état physique nouveau, R 3, 43 - dans l'ordre du sentiment, de la perception, de la réflexion, R 8, 9, 20, 21, 26, 29, 30, 74, 84, L 10 - une entreprise, R 22, 23, 25, 28, 32, 35, 38, 39, 45, 46, 54, 55, 56, 70, 77, 79, 82, 88, 91, 95, 99, N 2, C 2, 4, L 16 - initiative des autres, R 12, 40, 80, L 48, 50 - événement nouveau, R 83, 89, 98, L 45 - proverbe cité, R 66
COMMUNION EUCHARISTIQUE, R 21, 25, 59, L 29, 30, 33, 38, 44, 48
COMMUNIQUER, R 21, 33, 54
COMPAGNIE, R 35, 38, 64, 79, 80, L 33 - de Jésus, N 1, C 4, R 80, L 1, 46, 49, 50, 54, 55, 61
COMPAGNON - d'armes, R 1 - de voyage, R 35, 41 - du groupe d'Espagne, R 56, 57, 64, 66, 67, 69, 79, 80 - autour d'Ignace à Paris, L 29 - de la future Compagnie de Jésus, R 84, 85, 86, 87, 89, 90, 92, 93, 95, 96, 97, 98, L 38, 50, 51, 52, 55 - projet d'Ignace, R 71, 82
COMPASSION, R 18, 69, L 61
CONDAMNER, R 33, 68, 70
CONFESSEUR, R 17, 22, 25, 27, 36, 60, 64
CONFESSION - pratique sacramentelle d'Ignace, R 3, 17, 21, 22, 23, 25, 45, 64, L 12 - des compagnons, L 30, 33, 38 - exhortation à la -, L 29, 48, 54 - ministère des compagnons, R 97, L 43, 44, 45, 50 - en dehors du sacrement, R 1, 98
CONFIANCE, N 3, R 3, 35, 71, L 16, 17
CONFIRMATION, R 10, 29, 42, 62, 99, 100, L 30, 54 - de la Compagnie, L 52
CONFUSION, R 33
CONNAÎTRE, CONNAISSANCE - par savoir acquis, R 10, 14, 18, 20, 21, 22, 24, 40, 52, 53, 55, 57, 61, 64, 72, 75, 77, 80, 87, 88, L 7, 11, 13, 18 - de manière surnaturelle, R 26, 29, 30, 31, L 14, 56, 61
CONSCIENCE, R 44 - examiner sa-, R 99, L 59
CONSEILLER - demander conseil, R 84 - en recevoir, R 51, 76, 84, L 18, 26, 32 - en donner, L 24
CONSENTIR, R 10, 15, 99
CONSIDÉRER, R 6, 8, 9, 11, 12, 14, 25, 26, 27, 47, 75
CONSOLATION, R 8, 10, 11, 14, 18, 19, 20, 26, 28, 29, 33, 41, 44, 45, 47, 48, 75, 79, 83, 95, 98, L 3, 11, 12, 21, 26, 34, 41, 58, 60, 62
CONTENTEMENT, R 8, 52
CONTRADICTION, R 97
CONVERSATION, ENTRETIENS SPIRITUELS - converser, traiter avec, fréquenter, R 11, 21, 26, 29, 34, 37, 82, 97 - parler des « choses de Dieu », etc., R 28, 42, 65, 66, 67, 69, 70, 82, 83, 88, 90, L 10, 24 - entretiens spirituels d'Ignace, R 77, 92, 97, L 15, 28 - des compagnons entre eux, L 33
CONVERSION, N 2, L 2
CORPS ET PARTIES DU CORPS - corps et corporel, R 27, 51, 62, 91, L 2, 4, 7, 19 - corps et mem-

bres, R 29 - *Corpus Domini*, R 29 - tête, R 34, 66, 88, 89 - visage, R 30, L 58 - bouche, R 25, 70, 83 - dents, R 66 - cheveux et ongles, R 19, 29 - cou, L 60 - dos, L 33 - poitrine, L 37 - épaules, R 21, 49, 61 - main, R, 18, 19, 31, 36, 57, 61, 63, 77, 83, 84, L 22 - bras, R 48 - pied, à pied, nu-pieds, R 8, 16, 17, 18, 19, 47, 61, 67, 71, 78, 79, 89, 90, 93, L 27, 31, 33, 37, 57, 60 - jambe, R 1, 2, 4, 5, 16, 49, 66, 99, L 2, 37, 60 - genou, à genoux, R 4, 17, 18, 23, 25, 31, 49, L 12, 22 - os, R 2, 4, L 2, 3 - chair, R 5 - choses de la -, R 10, L 5 - estomac, R 34, 50, 55, 74, 84, L 29 - poings, R 2. Voir Maladie, Yeux

CRAINTE - physique, R 32, 42, 46, 52, 72, 87, 90, 91 - spirituelle, R 12, 33, 40, 57, 79, 92, L 62 - effroi d'Ignace, R 21 - des autres, R 4, 36, 38, 41, 51

CRI, CRIER, R 23, 24, 31, 32, 38, 79, 95

CROIX, R 31, 45, L 29

DAVANTAGE, C 4, R 14, 36, 37, 50, 69, 70, 71, 76, 77, 81, 85, 99

DÉCIDER, DÉCISION - d'Ignace, C 1, R 4, 10, 14, 16, 17, 18, 19, 24, 25, 26, 27, 29, 36, 40, 50, 63, 68, 71, 74, 79, 84, 85, 88, 89, 91, 96, 100, L 3, 4, 5, 20, 27, 60 - des compagnons ensemble, R 80, 85, 95, 96, 100, L 29, 42, 49 - d'autres personnes, R 41, 45, 78

DÉGOÛT, R 10, 25

DÉLECTER (se), R 1, 8, 19, L 12

DEMANDER, R 5, 24, 36, 39, 49, 50, 56, 57, 74, 77, L 18, 25, 31, 38, 40, 42, 52, 61

DÉMON, R 8, 20, 28, 31, L 9, 24, 53, 62

DÉSIRER, DÉSIRS - vains et mondains, R 1, 7 - de marcher sur les traces des saints, R 9, 10, 11, 12, 18, 55, L 16 - de la perfection, R 14, 35, 36 - de souffrir pour le Christ, R 69, L 26, 60 - de grâces, N 2, R 22, 24 - d'aider et d'être aidé, R 37, 71, 79 - combat des-, R 7, 15 - divers, R 46, 47, 54, 63 - absence de -, R 27 - exprimés par d'autres, N 3, R 13, 21, 101

DÉSOLATION, R 21, L 3

DÉPLAISIR, R 19

DEVOIR, R 2, 13, 15, 26, 27, 41, 46, 70

DÉVOTION, C 1, R 3, 28, 30, 34, 44, 45, 50, 52, 59, 62, 64, 82, 90, 95, 99, L 5, 53

DIFFICULTÉ, R 7, 9, 59, 70, 74, L 8, 20, 23, 37, 52, 53, 54

DISCERNEMENT, R 14 - des esprits, L 15, 56

DISCIPLINE - se donner la-, R 9, 13, 57, L 7

DIVERSITÉ - des esprits, R 8, 25, 99

DOCTRINE, R 58, 92, 98, Voir Catéchisme

DORMIR, R 17, 26, 41, 42, 67, 94, L 18

DOULEUR - physique, R 2, 4, 34, 55, 74, 83, 84 - confusion et -, R 33

DOUTE - hésitation, R 15, 16, 17, 36, 63, 84 - ne pas douter, R 27, 40, 42, 90, 96

DURER, R 1, 7, 17, 79, 84, L 49 - durée d'un phénomène surnaturel, R 20, 31, 48

ÉCARTS, DÉRÈGLEMENTS de jeunesse, C 2, L 2

ÉCOLE, ÉCOLIER - Dieu comme un maître d'-, R 27 - maître d'-, R 54 - écoliers, R 75, 78

ÉCRIRE, ÉCRITURE, C 2 - par écrit, R 17, 22, 61, 99 - lire un écrit, R 6 - prendre des notes, rédiger, C 3, C 5, R 10, 11, 18, 99, 100, L 12 - une lettre, R 13, 46, 80, L 61, 62 - papiers, manuscrit, R 11, 67, 86 - Écriture sainte, R 29, L 14, 53

EFFET, EFFICACITÉ, R 10, 36, 38, 45, 55, 58, 71, 88, L 9, 15

ÉGLISE - lieu de culte, R 17, 20, 29, 30, 39, 50, 55, 64, 96, 100,

L 17, 31, 38, 47 - Manrèse, « primitive E. », L 59
ENFANT, R 27, 73, 88, L 22 - Enfant Jésus, R 10
ENSEIGNEMENT - par Dieu, R 27, 29 - par Ignace, N 2, R 70, 88, 92 - par les compagnons, R 70, L 50, 54, 62 - par des maîtres, R 54 - renseignement, R 51
ENTENDEMENT, R 17, 28, 29, 30, L 1, 3, 7
ENTENDRE - ouïr, R 14, 18, 20, 29, 38, 43, 45, 53, 55, 56, 63, 86, L 17, 53 - comprendre, R 14, 18, 21, 46, 50, 83, 99
ÉPREUVE, TOURMENT - intérieure, R 20, 22, 23, 28, 32, 36, L 11, 22 — extérieure, R 39, 49, 79, 91, L 3, 21, 25, 56
ERREUR, R 58, 65, 70, 80
ESPAGNOL, R 42, 44, 51, 53, 72, 73, 76, 77, 78, 79, 84, 85, 92, L 40, 53
ESPÉRANCE - théologale, R 35, 36, 44, L 18 - humaine, R 12, 54, 79, 94, L 1 - attente, R 1, 45, 71
ESPRIT - bon et mauvais -, R 8, 25, 26, 99, L 3, 9, 10, 15, 34, 56 - les choses de l'e., R 36, 54, 61 - l'e.humain, L 60, 61 - l'E.Saint, R 65, L 11
ÉTUDES - décisions d'Ignace, R 50, 54, 71, 80 - é. et vie spirituelle, R 58, 82, L 22, 59 - é. et apostolat, R 63, 70, 78, L 25, 29 - é. et pauvreté, R 74, 76, 84, L 24, 27 - progrès d'Ignace, L 23, 28 - les compagnons étudiants, L 30, 37 - habits des étudiants, R 62, 64, 66 - recrutement d'étudiants pour la Compagnie, L 42, 46 - Cours des é., grammaire, R 56, L 21-24, 27 - Humanités, R 56 - Arts, R 56-57, 81, 82, 84, L 24 - Théologie, R 84, L 25, 46
EXAMINER - examen d'une situation R 16, 27, 33 - interrogatoire, inspection, R 42, 51, 56, 61, 62, 67, 98, L 25 - examen de conscience, R 99 - peser, R 8
EXERCICE, S'EXERCER - R 1, 12, 67, L 24, 35, 49 - exercices spirituels, R 23, 25, 57, 60, 77, 82, 92, 98, L 25, 46, 50 - texte des *Exercices spirituels*, N 1, R 8, 67, 68, 86, 99, L 12
EXPLIQUER, C 1, R 30, 36, 55, 57, 65, 68, L 3
EXPLOITS, R 7, 17
EXTÉRIEUR, R 10, 14, L 3, 12, 29

FACILITÉ, R 7, 39, 48, 49, 80, 82, 87, 95, 99
FEMME - béate, R 21, 37, 80 - pieuses f., R 32, 34, 36, 54, 57, 59, 60-62, 64, 69, L 24 - de haut rang, R 6, 34, 39, 60, 80, 97 - pécheresse, R 88-89, 97 - autres, R 38-39, 83
FIÈVRE, R 32, 43, 84, 95
FOI, R 29, 30, 35, 36, 62, 86, L 12, 14, 25, 59
FONDEMENT (absence de bases dans la formation), R 62, 64, 73
FORCE, R 1, 11, 12, 13, 20, 25, 44, 49, 79, 88, L 8, 11, 23, 37, 56
FOU, R 53, 78, L 60
FRANÇAIS, R 1, 2, 51, 53, 58, L 3
FRÈRE, R 4, 10, 12, 13, 35, 57, 87-89, L 31 (P. Favre), 35, 61

GAGNER, R 1, 13, 79, 82, 84, L 60
GARDES, R 41, 42, 47, 51
GLOIRE - de Dieu, R 14, 36, 47, 57, 85, L 1, 30, 61 - des bienheureux, L 37 - vaine gloire, C 1, R 36
GOÛT, GOÛTER, R 4, 11, 21, 54, 57, L 10, 13, 22
GRÂCE, R 9, 33, 88, L 3, 25, 43, 50, 51 - rendre g., R 31, L 33, 38, 61, C 1
GUÉRIR, R 2, 4, 5, 11, 43, 56, 62, 89, 95, L 37, 61

HAINE, R 12
HONNEUR, R 1, 15, 18
HÔPITAL, R 18, 19, 56, 59, 60, 61, 74, 77, 79, 87, 88, 93, L 8, 24, 27, 31, 35, 36, 43, 48, 57
HUMILITÉ, R 14, L 11, 23

ILLUMINATION, R 30, L 10, 12

IMAGE, R 10, 13, 19

IMAGINATION, R 6, 7, 52, 75, 83

IMITER, R 9, L 7

IMPRIMER, IMPRESSION - dans l'âme, R 28, 29, 47, L 14 - imprimerie, R 57

INCLINATION, C 1, R 50, 54, L 3, 7, 22

INJURE, AFFRONTS, R 56, 71, L 21

INQUISITION, INQUISITEUR, R 58, 59, 81, 86, L 24

INTELLIGENCES - connaissances surnaturelles, R 54, 55

INTENTION, R 12, 14, 38, 42, 45, 46, 94, 99, L 3, 4, 36. Voir Propos

INTÉRIEUR, R 10, 14, 20, 29, L 3, 10

JOIE, R 28

JUGER - exercer son jugement, R 2, 3, 4, 10, 14, 27, 29, 32, 33, 46, 47, 85, L 56

JUGEMENT - sentence à la fin d'un procès, R 62, 63, 64, 70, 86, 93, 98, L 25, 53 - faculté du j., R 14, 33, L 1, 55

JURIDICTION, R 63, 70

JUSTICE, R 66, 88, 89, L 53 - monde de la - : juges, R 66, 68, 70, L 25, 53 - avocats et procureurs, R 60, 67 - greffier, R 61, 62, 67, 86

LARMES, C 1, R 18, 28, 33, 98, 100, 101, L 6, 12, 20, 58, 59

LECTURE, LIVRES, R 5, 6, 7, 9, 11, 17, 18, 20, 26, 62, 70, 72, 77, 92, 100, L 7, 12, 33, 38

LETTRES - culture, N 4, R 11, 30, 51, 62, 65, 68, 74, 79, 80, 82, L 28, 20, 39 - correspondance, R 45, 79, 80, L 61, 62 - de crédit, R 73, 93, L 40 - de recommandation, R 45

LIBERTÉ, DÉLIVRANCE, R 25, 60, 62, 85, L 24, 25, 33, 37, 53, 57

LUMIÈRE, R 8, 9, 29, 59, L 3, 7, 12, 60

LUTHÉRIEN, L 33, 53

MALADE, MALADIE, C 3, R 3, 32, 33, 34, 39, 43, 62, 79, 89, 91, 95, L 19, 22, 23, 45, 54, 57, 60, 61

MÉCONTENTEMENT, R 8, 15

MÉDECIN, R 2, 3, 43, 80, 85, L 19, 57

MÉDITER, R 26, L 12, 15

MÉMOIRE, SE SOUVENIR, N 4, R 13, 14, 22, 25, 27, 29, 32, 47, 57

MENDIER, R 36, 38, 39, 42, 56, 61, 73, 74, 79, 93, L 27, 31, 37. Voir Aumône

MÉPRIS, R 31

MESSE, N 3, C 4, R 20, 21, 29, 55, 95, 96, 100, 101, L 17, 33, 38, 41, 42, 52

MŒURS, R 17, 37, 42, 64, 98

MONASTÈRE, R 23, 28, 29, 48, 66, L 48, 51

MONDE - ce qui est mondain, R 1, 4, 5, 7, 8, 12, 29, 35, 79, L 2, 3, 29, 35 - les personnes, R 65 - aller par le m., R 12, 61, 71

MORT, N 2, R 3, 24, 29, 32, 33, 46, 54, 80, 83, 91, 92, 95, L 19, 57, 58

MOTIF, R 15, 19, 34, 36, 43, 45, 55, 59, 60, 61, 63, 73, 77

MOTION, MOUVEMENT INTÉRIEUR, R 15, L 3, 7

MOYEN, MANIÈRE, R 6, 10, 27, 29, 31, 35, 36, 40, 41, 45, 53, 55, 56, 58, 64, 65, 66, 68, 73, 76, 78, 79, 80, 82, 89, 93, 101, L 5, 15, 16, 18, 23, 25, 27, 28, 29, 39, 56, 61

NAVIGATION - embarquement, embarcations, R 33, 35-38, 43-44, 49, 53, 79, 85, 91, 94, L 16, 18, 19, 40, 41, 42, 54 - mer, R 33, 39, 50 - tempête, R 33, 38, 49, 91

NOMS DIVINS - Dieu, 65 emplois dans N, C, R, 12 dans L - Divine Majesté, R 27, L 1 - Seigneur, N 2, 3, R 23, 24, 25, 82, 97, L 9 - Dieu notre Seigneur, R 33, L 4, 16, 18, 23, 36, 57, 59, 61 - notre Seigneur, R 3, 5, 7, 11, 14, 16, 25, 29, 44, 47, 48, 79, 82, 99, L 2, 3, 5, 7, 11, 14, 15, 16, 18, 20, 21, 22, 24, 25, 27, 29, 33, 36, 37, 38, 39, 40, 50, 51, 52, 57, 60, 61 - le Seigneur, L 9, 10, 12, 13, 15, 29 - Dieu le

Père, R 97, 100, L 59 - Jésus-Christ, R 22, 37 - Seigneur Jésus-Christ, R 21 - Jésus-Christ notre Seigneur, R 29 - Christ, R 11, 17, 21, 29, 41, 48, 52, 75, 85, 96, 99, L 61 - Christ notre Seigneur, L 26 - Fils, R 96 - Verbe, L 59 - Enfant Jésus, R 10 - Esprit Saint, R 65, L 11, 59 - Trinité, R 28, 68, 100, L 12, 25

NOTRE-DAME, R 10, 11, 13, 15, 17, 18, 28, 29, 97, 100

NOURRITURE, REPAS, C 1, R 3, 8, 12, 19, 24, 25, 27, 28, 35, 36, 38, 42, 44, 45, 51, 53, 55, 57, 64, 65, 66, 74, 79, 94, L 7, 11, 15, 16, 17, 30, 33, 37, 38, 42, 48 - pain, R 24, 55, 82, 94 - vin, R 19, 38 - biscuit, R 35-36 - viande, R 19, 27

OBÉISSANCE, C 5, R 25, 46, 47, L 36, 49

OBLIGER - être o. par des dettes, R 15 - par un devoir imposé, R 15, 25, 46, 63, 68 - par un vœu, L 36

OBTENIR, R 6, 15, 18, 24, 30, 35, 49, 79

ŒUVRE, R 7, 14, 46, L 48, 61

OFFENSE, R 24, 27, 32, 99

OFFRIR - idées, projets, etc. se présentant à l'esprit, R 6, 7, 9, 12, 15 - des personnes se proposent, R 35, 40, 60 - avantages offerts, R 63, L 16, 44 - offrande de soi, L 60

ORAISON, PRIÈRE, R 11, 13, 17, 21, 23, 24, 25, 26, 28, 29, 47, 55, 64, 79, 89, 94, 96, 101, L 7, 12, 29, 30, 31, 33, 49, 52, 57

ORDONNER, COMMANDER - ordres donnés par Ignace, R 12, 13, 16, 17, 23 - par son confesseur, R 22, 23, 25 - par des autorités ecclésiastiques, R 45, 58, 59, 62-64, 66-68, 70, 78, 98, L 53 - par d'autres autorités, R 43, 88, 89 - par le Christ et les Apôtres, R 75 - commandements de Dieu, R 68 - ordonner sa vie, L 50 - ordination sacerdotale, R 93, L 39, 41

PARAÎTRE - opinion, R 1, 7, 10, 12, 13, 15, 16, 22, 25, 30, 37, 45, 46, 54, 58, 63, 66, 69, 70, 76, 99, L 2, 3, 25 - apparence sensible, R 19, 21, 29, 31, 38, 39, 41, 44, 48, 53, 66, 79, 80, 83, 87, 99, L 5

PARLER, R 15, 21, 28, 40, 42, 43, 52, 53, 61-70, 75, 79, 80, 81, 82, 83, 87, 88, 90, 92, 95, 96, 97, 98, 99, L 25. Voir Conversation, Prédication.

PAROLE, C 3, R 2, 6, 11, 12, 24, 46, 53, 66, 69, L 1, 18, 22, 34

PARTIR, R 12, 13, 17, 18, 34, 35, 37, 40, 41, 43, 47, 48, 49, 50, 51, 53, 55, 56, 61, 63, 64, 68, 72, 73, 78, 79, 86, 89, L 4, 6, 16, 19, 27, 31, 32, 36, 37, 42, 51, 62

PATIENCE, R 4, 14

PAUVRE, R 18, 40, 50, 57, 61, 66, 77, 79, 84, 89, L 6, 8, 17, 31, 35, 40, 41, 44, 45, 48, 54

PAUVRETÉ, R 93, L 8, 22, 23, 29, 30, 36, 39, 49

PÉCHÉ, PÉCHEUR, R 14, 24, 25, 32, 33, 46, 68, 70, 99, L 11, 24, 25, 31, 50

PÈLERIN, désignant Ignace, R 15, 38, 39, 42, 43, 44, 45, 46, 49, 50, 52, 54, 57, 58, 59, 61, 62, 64, 65, 66, 67, 70, 71, 73, 77, 78, 79, 80, 81, 83, 84, 85, 86, 87, 89, 92, 93, 94, 96, 97, 98, 99 - désignant les pèlerins de Jérusalem, R 43, 49, L 19, 21, 40 - pèlerinage, L 24

PÉNITENCE - la p., R 9, L 31 - les p., R 12, 14, 55, 74, L 3, 4, 7 - mortifications, L 42, 45, 48

PENSÉE, PENSER - R 6-12, 14, 15, 16, 17, 18, 20, 22, 23, 24-29, 32, 33, 34, 35, 40, 46, 50, 51, 55, 61, 68, 70, 71, 75, 79, 83, 99, L 6, 8, 61

PERFECTION, N 2, R 36, L 59

PERMISSION, R 85, L 36, 39, 53, 55

PERSÉCUTION, R 93, 98, L 24, 25, 50, 53

PERSÉVÉRER, R 11, 15, 20, 21, 23, 25, 27, 79, L 12, 21, 29, 30, 50

PESTE, R 38, 41, 83, 84

POINT, C 3, R 27, 32, 68, 88, 91, 101, L 49

PRÉDICATION, R 22, 64, 65, 78, 88, 95, L 31, 34, 36, 42, 43, 44, 45, 46, 47, 50, 54, 62
PRÉPARER (se) - à la mort, R 33 - à partir, 42, 44 - à entrer à Jérusalem, R 46 - au sacerdoce et à la première messe, R 95, L 41, 42
PRISON, PRISONNIER, R 46, 60-62, 67-73, L 24, 25, 43 - chaînes, R 67, 69, L 26, 43
PROCÈS, ENQUÊTE, R 58, 59, 86, 93, L 24
PROFIT, PROGRÈS, FRUIT SPIRITUEL, R 23, 29, 36, 55, 56, 57, 74, 88, L 13, 16, 24, 28, 31, 34, 42-46, 50, 51, 54, 55, 59, 61, 62
PROMESSE, R 9, 20, 46, 55, 82, L 9, 37
PROPOS, PROJET, R 7, 11, 14, 17, 27, 45, 46, 61, 71, 75, 78, 80, 82, 85, L 3, 5, 29

RACONTER, N 4, C 1, 3, R 3, 27, 59, 63, 66, 72, 73, 99, L 58, 59
RAISON — argument, R 1, 12, 15, 36, 40, 42, 77, 98, L 49, 60 — raisonnement, R 7
RECOMMANDATION, par lettre, R 45, L 52 - à Dieu, R 70, 76, L 57, 58
RELIGIEUX - entrer en religion, R 71 - moine, R 45, 48, 54, 58, 64-67, 75, 76, 78, 83, 90, L 20, 25 - chartreux, R 75, 78, 90, L 29 - dominicains, R 23, 64, L 29 - franciscains, R 45-46, L 29 - théatins, R 92, 93 - cisterciens, R 54, fonctions : R 45-46 (gardien, provincial), 64 (prieur, sous-prieur), 80 (commandeur)
REMÈDE, C 1, R 5, 22, 23, 39, 56, 76, 84, L 11
RENOMMÉE, R 18
REPRENDRE, R 43, 65, 68
REPRÉSENTATION, R 20, 27, 29, 44, 52
RÉPUGNANCE, REPOUSSER, R 32, 54, 79, 88, L 32
RETOURNER, REVENIR, R 7, 12, 22, 24, 39, 47, 55, 59, 66, 78, 80, 81, 82, 84, 86, 91, 93, 95, 98, L 18, 21, 29, 35, 36, 60
RICHE, R 42, 49, 80
ROUTE, MARCHE, R 2, 11, 13, 14, 15, 16, 17, 18, 29, 30, 38, 39, 41, 44, 48, 51, 53, 79, 87, 91, 92, 95, L 5, 6, 33, 37, 52, 57
RUMEUR, R 57, 58, 61, 69, 76, 78, 84, 95, L 53

SACREMENT, R 3, L 12 - Saint Sacrement, R 29, 59, 61, 68
SAINT - substantif, R 5, 7, 8, 9, 11, 24, L 3, 17, 58 - adjectif, R 10, 30, 44, 45, 46, 47, 49, 64, 79, 81, 82, 84, L 4, 20, 61
SALUT - retour à la santé, R 1, 3, 5, 49, 62 - de l'âme, L 14
SALETÉ, R 43, 67
SATISFACTION, R 14, 22, L 26, 41, 47, 48
SAVOIR, R 12, 13, 14, 15, 29, 30, 31, 35, 36, 39, 40, 41, 42, 46, 48, 49, 51, 53, 61, 62, 64, 65, 67, 68, 77, 79, 84, L 12, 18, 25, 27, 48
SCRUPULE, R 12, 22, 23, 25, 36, L 11, 17
SÉDUCTEUR, R 78
SENTIR, R 3, 5, 6, 11, 13, 20, 28, 35, 45, 96, L 3, 8, 20, 22, 26, 60, 61
SERVIR - une personne ou institution, R 6, 48, 53, 61, L 27 - les pauvres, R 74, 93, L 35, 40 - Dieu, R 11, 14, 21, 27, 60, 79, 82, 96*, 99, L 2, 3, 7, 16, 22, 29, 30, 34, 36, 56
SOUFFRIR, R 4, 20, 38, 71, 91, L 3, 61
SOUCIER (se), R 11, 19, 34, 41
SUIVRE, R 38, L 24 - le monde, R 4 - la perfection, R 36 - Ignace, R 61, 92, 95

TENTATION, R 20, 21, 24, 27, 52, 55, 57, 82, L 9, 11, 15, 22, 23 - tenter Dieu, R 79
TITRES DE NOBLESSE, R 6, 44, 61, L 2 - duc, R 12, 13, 35, L 4, 44 - comtesse, duchesse, R 6
TITRES ET FONCTIONS ECCLÉSIASTIQUES - pape, N 1, C 4,

R 40, 46, 78, 85, 98, L 36, 39, 40, 46, 51, 52, 53, 55 - cardinal, R 69, 93, L 39, 50, 55 - archevêque, R 63 - évêque, R 80, 92, L 41, 43 - nonce, R 93, L 54 - légat, R 98, L 50 - vicaire épiscopal, R 58, 61, 62, L 24 - prêtre, R 59, 88, 93, 95, L 33, 37, 38, 41 - clerc, R 56

TITRES ET FONCTIONS POLITIQUES - empereur, R 42, 58, 80 - roi, R 21, 53, 80, L 54 - doge de Venise, R 43, L 18 - gouverneur, R 43, 89, 98 - ambassadeur, R 42

TRANQUILLE, R 20, 59, 82, 83

TRISTE, TRISTESSE, R 8, 21, 52, L 8

TROUVER - découvrir, R 7, 12, 16, 18, 23, 34, 36, 37, 38, 39, 40, 50, 51, 53, 54, 55, 58, 59, 69, 70, 71, 74, 75, 76, 81, 82, 83, 91, 100, L 11, 24, 25, 27 - rencontrer, R 63, 70, 75, 87 - estimer, R 7 - se trouver en tel ou tel état, R 2, 3, 5, 8, 16, 21, 25, 39, 43, 55, 69, 73, 79, 84, 85, 87, 89 - se trouver en un lieu, R 5, 6, 36, 91 - trouver Dieu, R 99

UNIVERSITÉ, R 77, L 42, 54 - Titres universitaires : docteur, R 22, 56, 61, 62, 68, 70, 82, 83, 93, 98, L 39 - maître, R 75, 77, 78, 81, 82, 84, 92, 95, 97, 98, L 2, 4, 22, 25, 29, 31, 33, 35, 39, 41, 43, 47, 48, 50, 51, 53, 54, 55, 56, 57, 58, 61, 62 - bachelier, R 67, 68, 69, 75, 77, 78, 84, 92, 98, L 35

VAINCRE, R 20, 32, 40, 77, 83, L 5, 22, 23, 35

VANITÉ, R 1, 6, 36, L 3

VEILLER, R 17, 34

VÉRITÉ, VRAI, R 12, 62, 68, 97, L 1, 55, 61

VERTU, N 2, 4, R 14, 35, 65

VÊTEMENT ET DÉTAILS VESTIMENTAIRES, R 16, 17, 18, 34, 49, 50, 51, 52, 55, 58, 59, 62, 95

VICE, C 1, R 65, L 5

VIE, VIVRE - vie du Christ et des saints, R 5, 7, 11, L 3 - vie passée, R 9, 10, 28, 30, L 11, 12 - présente, R 1, 20, 21, 25, 99, L 59 - passer sa vie, R 12, 20, 85, L 4, 9, 29 - ordonner sa vie, L 50 - demeurer, R 53 - manière de vivre, R 36, 56, 58, 64, 70, 74, 80, L 20, 27, 61

VIOLENCE, R 24, 25, 38, 83

VISITE, VISITATION - rendre visite, R 13, 32, 60, 61, 67, 79, 88, 97, L 30, 31 - visiter les Lieux saints, R 45, 47 - visites surnaturelles, R 10, 95, L 12, 15, 20, 26, 59

VISION, R 20, 30, 31, 52, 95, 99, 100

VŒU, R 85, 93, L 5, 20, 36, 40

VOIR - vision corporelle, R 1, 6, 32, 38, 41, 44, 45, 47, 50, 51, 53, 56, 59, 66, 69, 83, L 1 - dans un livre, R 8, 27, 68, 86, 101 - constater un fait, R 29, 36, 45, 61, 62, 71, 82, 86, 97, L 38 - se voir, R 19, L 34 - « vision » d'ordre surnaturel, R 10, 19, 27, 28, 29, 31, 44, 48, 96, 98, 99, 100, L 58 - perception surnaturelle sans « vision », R 30, L 10. Voir Vision, Visitation, Yeux

VOLONTÉ, VOULOIR - désirer, souhaiter, R 12, 13, 16, 35, 36, 38, 42, 43, 45, 47, 57, 59, 61, 64, 65, 66, 67, 70, 81, 83, 86, 89, 90, 91, L 25 - vouloir bien, R 13, 49, 55, 83, 86, 89 - vouloir dire, R 36, 97 - chercher, R 36 - ne pas vouloir, refuser, R 35, 39, 42, 45, 46, 47, 49, 51, 59, 60, 65, 67, 81, 84, 90, 93, 101 - « Notre Seigneur voulut... », R 3, 16, 21, 25, 44, 71, 97, L 27, 39, 40 - volonté, R 21, 27 - assentiment de la volonté, R 27, 31 - bonne volonté, L 62 - volonté du Seigneur, R 47, 50, L 21

VOYAGE, R 9, 12, 40, 52, 95, 96, L 6, 16, 19, 31, 32, 33, 38, 39

YEUX, R 19, 27, 31, L 10 - avoir en vue, R 14 - yeux intérieurs, de l'entendement, R 29, 30 - qui « commencent à s'ouvrir », R 8, 30 - aveugle, R 14

TABLE DES MATIÈRES

Liste des abréviations 7
Introduction 9
Remarques concernant la traduction 42
Préface du Père Nadal 45
Carte des itinéraires du pèlerin 48
Préface de Louis Gonçalves da Câmara 51

1. Loyola 57
2. Vers Montserrat 68
3. Manrèse 75
4. Le voyage de Jérusalem 94
5. Barcelone et Alcalá 108
6. Salamanque 120
7. Paris 129
8. Espagne 144
9. Venise, Vicence 150
10. Rome 158

Lettre du Père Jacques Lainez (1547) 163
Index des noms de lieux et de personnes 185
Index analytique 190

DANS LA MÊME COLLECTION

Textes

1. Saint IGNACE : *Journal spirituel.*
   Traduit et commenté par Maurice Giuliani, s.j.
2. Saint IGNACE : *Lettres.*
   Traduites et commentées par Gervais Dumeige, s.j.
3. Louis LALLEMANT : *Doctrine spirituelle.*
   Introduction et notes par François Courel, s.j.
4. Bienheureux Pierre FAVRE : *Mémorial.*
   Traduit et commenté par Michel de Certeau, s.j.
5. Saint IGNACE : *Exercices spirituels.*
   Traduction, notes et index par François Courel, s.j.
6. *Jésuites de la Nouvelle-France.*
   Textes choisis et présentés par François Roustang, s.j.
7. Pierre de CLORIVIÈRE : *Prière et Oraison.*
   Introduction et notes par François Morlot.
8. Jean-Pierre de CAUSSADE : *Lettres spirituelles I.*
   Texte établi et présenté par Michel Olphe-Galliard, s.j.
9. Bienheureux Claude La COLOMBIÈRE : *Écrits spirituels.*
   Introduction et notes par André Ravier, s.j.
12. Jean-Joseph SURIN : *Guide spirituel.*
   Texte établi et présenté par Michel de Certeau, s.j.
16. Jean-Pierre de CAUSSADE : *Lettres spirituelles II.*
   Texte établi et présenté par Michel Olphe-Galliard, s.j.
19. Pierre TEILHARD DE CHARDIN : *Lettres à Léontine Zanta.*
   Introduction par Robert Garric et Henri de Lubac.
   Texte édité et annoté par Michel de Certeau, s.j.
20. Louis GONÇALVES DA CAMARA : *Mémorial.*
   Traduit et présenté par Roger Tandonnet, s.j.

22. Jean-Pierre de CAUSSADE : *L'abandon à la Providence divine.*
Texte établi et présenté par Michel Olphe-Galliard, s.j.
23. Saint IGNACE : *Constitutions de la Compagnie de Jésus I.*
Traduction et notes par François Courel, s.j.
24. Saint IGNACE : *Constitutions de la Compagnie de Jésus II.*
Introduction par François Roustang, s.j.
Traduction par François Courel, s.j.
28. Saint IGNACE : *Extraits des Constitutions de la Compagnie de Jésus.*
34. Jacques LABERGE : *Pierre Teilhard de Chardin et Ignace de Loyola.*
43. Égide VAN BROECKHOVEN : *Journal spirituel d'un Jésuite en usine.*
Traduction par Georges Neefs, s.j.
45. Matthieu RICCI, Nicolas TRIGAULT : *Histoire de l'expédition chrétienne au royaume de la Chine 1582-1610.*
Introduction par Joseph Ehil, s.j. (traduite par Marie-Alyx Révellat), texte établi et annoté par Georges Bessière.
Tables et index par Joseph Dehergne, s.j.
49. Jean-Pierre de CAUSSADE : *Traité sur l'Oraison du cœur,* suivi des *Instructions spirituelles.*
Textes établis et présentés par Michel Olphe-Galliard, s.j.
59. Pedro ARRUPE : *Écrits pour évangéliser.*
Textes présentés par Jean-Yves Calvez, s.j.
60. Ignace de LOYOLA : *Texte autographe des Exercices Spirituels et documents contemporains (1526-1615).*
Textes présentés par Édouard Gueydan, s.j.
61. Ignace de LOYOLA : *Exercices Spirituels.*
Traduction du texte autographe par Édouard Gueydan, s.j.
62. Marie-Thérèse DE SOUBIRAN : *Écrits spirituels.*
Textes établis sous la direction de Geneviève Perret.
64. Saint FRANÇOIS XAVIER : *Correspondance 1535-1552. Lettres et documents.*
Traduction intégrale, présentation, notes et index de Hugues Didier.

Essais

10. François ROUSTANG : *Une initiation à la vie spirituelle.*
11. Jacques GUILLET : *Jésus-Christ hier et aujourd'hui.*
15. Karl RAHNER : *Éléments de théologie spirituelle.* Traduction de Robert Givord et Germaine Bourboulon.
17. Maurice BELLET : *Ceux qui perdent la foi.*
21. Maurice GIULIANI : *Prière et Action.*
25. Michel de CERTEAU, François ROUSTANG : *la Solitude.*
26. Pierre-Jean LABARRIÈRE : *l'Existence réconciliée.*
27. Maurice PONTET : *Pascal et Teilhard, témoins de Jésus-Christ.*
29. Yves RAGUIN : *Chemins de la contemplation.*
30. Karl RAHNER : *le Dieu plus grand.*
31. Karl RAHNER : *le Courage d'être prêtre.*
32. Joseph THOMAS : *la foi égarée.*
33. Yves RAGUIN : *la Profondeur de Dieu.*
35. William JOHNSTON : *Zen et connaissance de Dieu.* Traduction de Marie-Alyx Révellat.
37. Johannes-Baptista LOTZ : *Pour aimer.*
39. Jacques GUILLET : *Jésus-Christ dans notre monde.*
40. Yves RAGUIN : *l'Esprit sur le monde.*
41. Louis SINTAS : *Vouloir vivre.*
42. Une sœur ermite : *Le buisson ardent de la prière.*
44. John V. TAYLOR : *Puissance et patience de l'Esprit.* Traduction de Marie-Alyx Révellat.
48. Yves RAGUIN : *l'Attention au mystère.*
51. Louis SINTAS : *Ne soyez pas crédules, mais croyants.*
52. Joseph THOMAS : *Jésus dans l'expérience chrétienne.*
53. Une sœur ermite : *la Lutte de la contemplation.*
55. William JOHNSTON : *l'Œil intérieur.*
57. Joseph THOMAS : *Le secret des jésuites. Les Exercices spirituels.*
58. Jean-Yves CALVEZ : *Foi et justice. La dimension sociale de l'évangélisation.*

Biographies — Histoire

13. 14. Hugo RAHNER : *Ignace de Loyola. Correspondance avec les femmes de son temps.*
Traduction de Gervais Dumeige, s.j. et de Frans von Groenendael, s.j.
36. André RAVIER : *Ignace de Loyola fonde la Compagnie de Jésus.*
63. Jean-Claude DHÔTEL : *Les jésuites de France. Chemins actuels d'une tradition sans rivage.*

Études

18. Hervé COATHALEM : *Commentaires du livre des Exercices.*
38. Dominique BERTRAND : *Un Corps pour l'Esprit. Essai sur les Constitutions de la Compagnie de Jésus.*
50. Jean GOUVERNAIRE : *Quand Dieu entre à l'improviste. L'énigme de la consolation sans cause.*

Contemplation

46. Pierre-Jean LABARRIÈRE : *le Feu sur la pierre.*
Poèmes.
47. Lao TSEU : *le Livre de la Voie et de la Vertu.*
Traduction et commentaire de Claude Larre, s.j.
54. Egon SENDLER : *L'Icône, image de l'invisible.*
56. Blaise ARMINJON : *la Cantate de l'amour.*
Lecture suivie du Cantique des Cantiques.

Achevé d'imprimer le 9 janvier 1988
dans les ateliers de Normandie Impression S.A. à Alençon (Orne)
pour le compte des éditions Desclée de Brouwer
N° d'éditeur : 88-8 Dépôt légal : janvier 1988

Imprimé en France